KLEINE WANDER-AUSZEITEN IN DER

PFALZ

KLEINE WANDER-AUSZEITEN IN DER

PFALZ

WOCHENEND & WANDERSCHUH

WANDERUNGEN · HIGHLIGHTS · UNTERKÜNFTE

MARION LANDWEHR

BRUCKMANN

INHALT

VORWORT ... 6
(Wander-)Paradies Pfalz
Kurzurlaub und noch viel mehr!

EINLEITUNG ... 8
Erlebnisreich!
Wälder, Burgen und Felsen

1 Deutsche Weinstraße ... 14
Deidesheim

2 Herz der Weinstraße ... 24
Neustadt

3 Rund um die Domstadt ... 36
Speyer

4 Weinstadt mit Riesenfass ... 44
Bad Dürkheim

5 Wie in der Toskana! ... 54
Neuleiningen

6 Zwei-Tages-Tour ... 66
Hinkelsteinweg Otterberg

7 Natur, Kultur, Historie ... 78
Kaiserslautern

8 Wandern mit Hexen und Teufeln ... 88
Pirmasens

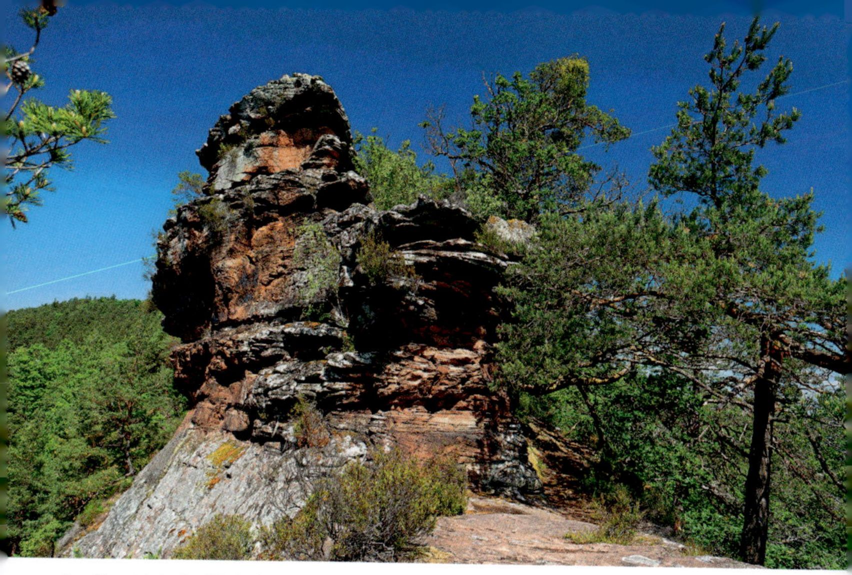

Berühmt ist die Pfalz für ihre bizarren Felsformationen.

9 An der französischen Grenze **100**
Fischbach bei Dahn

10 Naturspektakel Felsenland **112**
Dahn

11 Gekürte Wanderwege **122**
Bruchweiler-Bärenbach

12 Kurstadt mit Charme **134**
Bad Bergzabern

13 Schmucker Ort mit Burg **146**
Annweiler

14 Wein, Berg und Burg **156**
Landau

Orts- und Sachregister 166
Impressum 168

(WANDER-) PARADIES PFALZ

Kurzurlaub und noch viel mehr!

Felsen, Burgen, Wein und Wandern – das sind die Begriffe, die die Pfalz kurz, aber umfassend charakterisieren. Es ist ein ganz besonderes Fleckchen Erde, das im Süden des Bundeslandes Rheinland-Pfalz einen hohen Freizeitwert, ein Eldorado für Wanderer und Outdoor-Enthusiasten sowie das Schlaraffenland für Weinliebhaber bietet. Auch für alle, die sich für Geologie und Geschichte interessieren, ist ein Aufenthalt in der Pfalz eine große Bereicherung.

Aus vielerlei Gründen ist es eine gute Idee, ein Wochenende in der Pfalz zu verbringen, denn die Region ist herrlich abwechslungsreich und insbesondere Wanderer werden angesprochen und können sich hier so richtig austoben. Da aber ein Wochenende bekanntermaßen nicht unbegrenzt Zeit bietet, möchte man gern in einem überschaubaren Zeitrahmen möglichst viel erleben. Ich habe deshalb schöne Regionen und Weinorte zusammengestellt, die eine Besichtigung lohnen und zugleich Ausgangspunkte für ganz besondere Wanderungen sind. So lassen sich zwei Fliegen mit einer Klappe schlagen: Man kombiniert einen schönen Weinort mit zwei Wanderungen, die sich im selben Ort oder zumindest in gut erreichbarer Nähe befinden.

Die meisten Touren sind Ganzjahresziele, denn die Pfalz ist zu allen Jahreszeiten attraktiv. Im Frühjahr berauschen uns rosa blühende Mandelbäume und knallgelber Ginster. Im Sommer heißt uns die Kühle des Pfälzerwaldes und diverser Schluchten willkommen. Im Herbst bezaubert die Laubverfärbung der Weinberge, und im Winter bildet die Schneedecke ein Kontrastprogramm zum roten Buntsandstein.

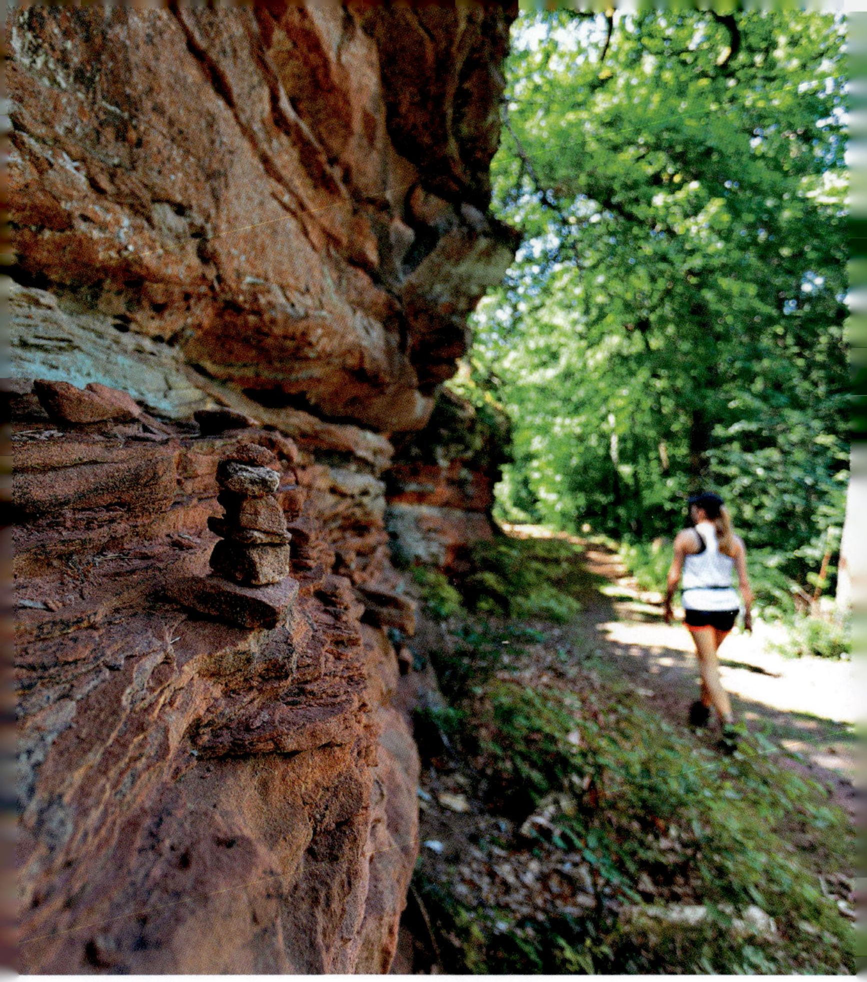

Viele Wanderungen führen an rotem Buntsandstein vorbei.

Es wird also deutlich: Mit einem einzigen Wochenende in der Pfalz ist es vermutlich nicht getan! Sicherlich werden auch Sie zum »Wiederholungstäter«, wenn Sie einmal erlebt haben, was dieses tolle Fleckchen Erde alles zu bieten hat.

Ich wünsche Ihnen viele schöne Wochenenden in der herrlichen Pfalz!

Marion Landwehr

ERLEBNISREICH!

Wälder, Burgen und Felsen

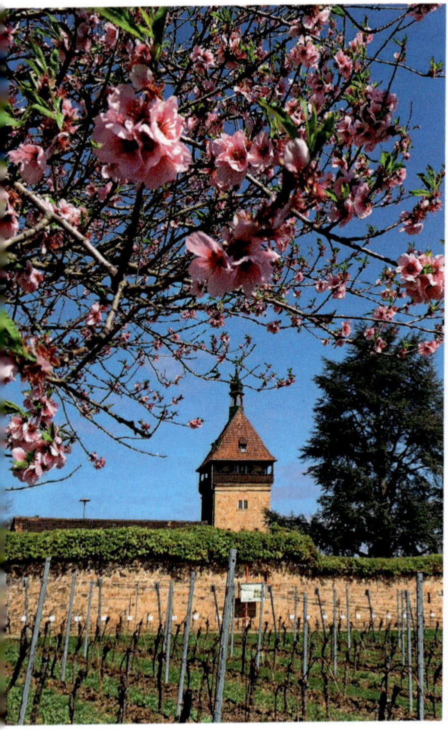

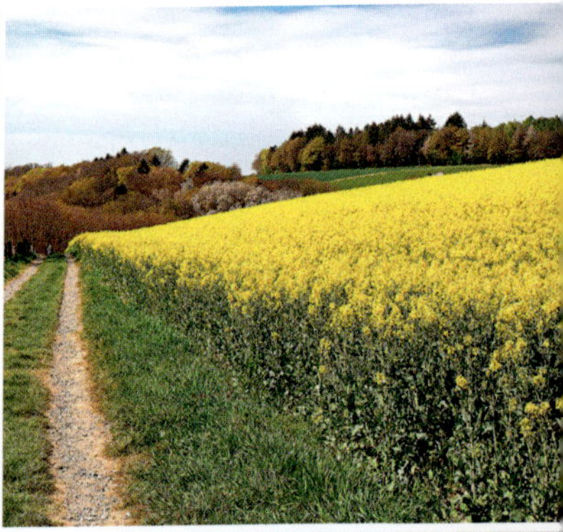

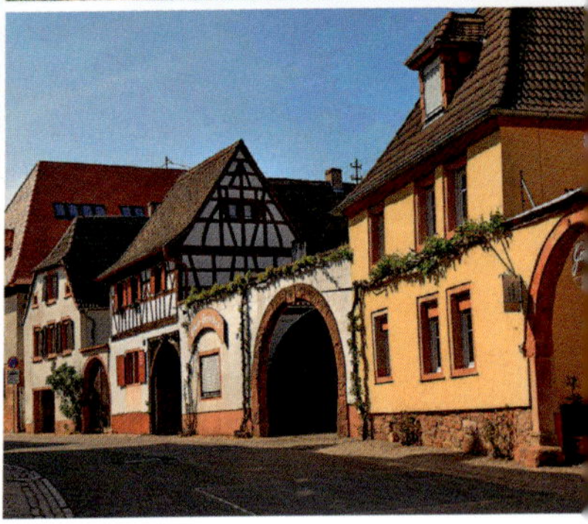

◀ Highlights im Frühjahr: die Mandelblüte … ▲ … und der knallgelbe Ginster! ▼ Schnuckelige Weindörfer zieren die Deutsche Weinstraße.

Es ist ein Wanderparadies, eine landschaftliche Naturgewalt und eine höchst gastfreundliche Region – die Pfalz, im Süden des Bundeslandes Rheinland-Pfalz gelegen, ist charmant, abwechslungsreich und einfach überwältigend schön!

Herzstück der Pfalz ist der Naturpark Biosphärenreservat Pfälzerwald. Die Mittelgebirgslandschaft zeichnet sich aus durch Mischwälder, sonnige Wiesentäler und vor allem jede Menge Felsentürme und Burgruinen. Der Pfälzerwald ist das größte zusammenhängende Waldgebiet Deutschlands und bedeckt gut ein Drittel der Fläche der Pfalz. Er geht in die Vogesen über, die sich südlich der deutsch-französischen Grenze an das Gebiet anschließen, und bildet mit diesem das grenzüberschreitende UNESCO-Biosphärenreservat Pfälzerwald-Nordvogesen.
Besucher finden hier vor allem ein einzigartiges Wandergebiet. Auf etwa 7000 Kilometern markierter Wege kann man nach Lust und Laune wandern. Unzählige vom Pfälzerwaldverein bewirtschaftete Hütten laden auf den Wegen zur Einkehr ein und bereichern die Wanderungen. Die Hütten sind eine solche Besonderheit, dass sie im Frühjahr 2021 als UNESCO-Kulturerbe aufgenommen wurden.

LIEBLICHE WEINSTRASSE

Das zweite Highlight der Pfalz ist die Deutsche Weinstraße. In den schick herausgeputzten Weindörfern entlang der kleinen Straße präsentieren sich herrliche Fachwerkhäuser, eine große Zahl an Weingütern, natürlich üppige Weinberge sowie Obstplantagen und sanfte Hügel. Hier und da wacht eine Burg über der Szenerie. Die Weinberglandschaft ist eine liebliche Region, und dank ihres südländischen Klimas gedeihen hier die besten Pfälzer Weine. Es ist die erste Weintouristikroute; sie startet in Schweigen an der französischen Grenze als Südliche Weinstraße und führt auf einer Länge von 85 Kilometern Richtung Norden bis nach Bockenheim bei Worms. Dabei verbindet sie die Rebenlandschaft harmonisch mit Burgen und Schlössern.

WEINLAND PFALZ

Was die Landschaft an der Weinstraße selbstredend besonders prägt, ist der Wein – fast jede dritte Flasche Wein in deutschen Supermärkten stammt aus der Pfalz. Das Weinspektrum ist groß, Trauben für reife, füllige und elegante Weine gedeihen an den Hängen der Pfalz. Die bekannteste Rebsorte der Region ist der Riesling, und diesen gibt es in vielerlei Geschmacksvariationen. An der Südlichen Weinstraße dominieren die Burgundersorten Weiß-, Grau und Spätburgunder.

So viel Wein will gefeiert werden, und das tun die Pfälzer ausgiebig. Kleine und große Weinfeste überzeugen die Besucher von der besonderen Qualität der Weine. Das Weinfest-Jahr geht im zeitigen Frühjahr los und zieht sich bis in den Herbst hinein – mancherorts gibt es auch stimmungsvolle Winterfeste im Advent. Wenn in den vorgestellten Regionen und Weinorten besonders schöne Feste stattfinden, ist dies als Tipp dort vermerkt. Zwei Dinge sind für Besucher der Pfalz in Sachen Wein überlebenswichtig zu wissen: Es wird zwingend Weinschorle getrunken, und zwar aus dem »Dubbeglas«. Die Schorle heißt auch nicht Schorle, sondern Schoppe und besteht zu einem ansehnlichen Teil aus Wein und nur zu einer geringen Beimengung aus Mineralwasser. Das sollte man stets berücksichtigen, vor allem im Hinblick auf die Fahrtüchtigkeit.

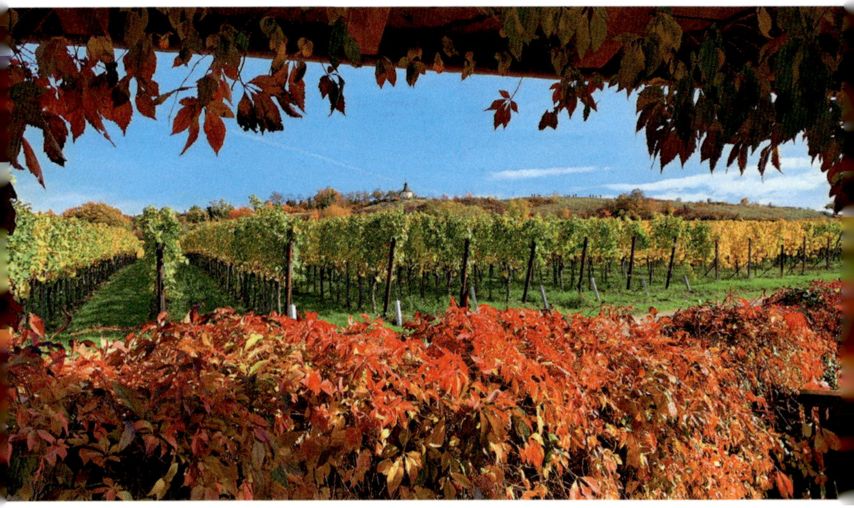

Die herbstliche Laubverfärbung der Weinberge ist ein Augenschmaus.

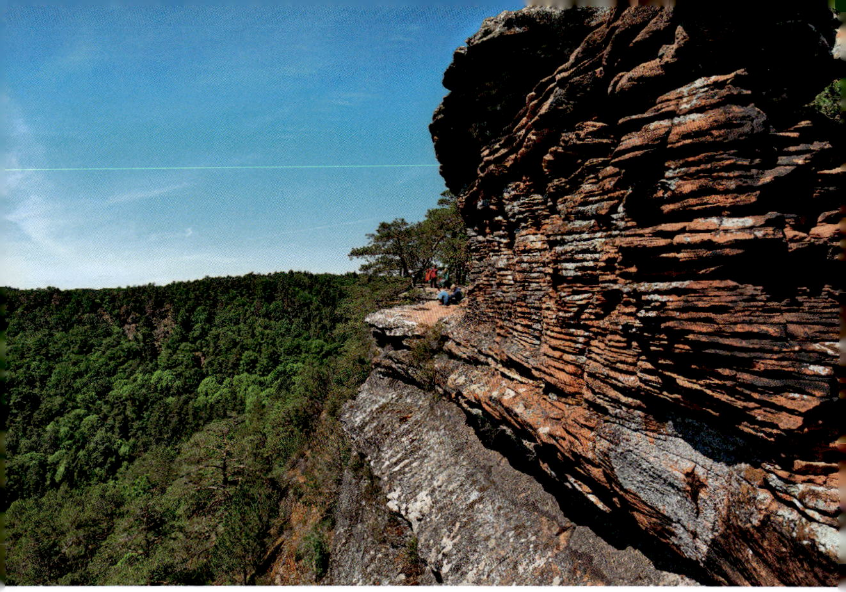

Einer der Giganten im Pfälzerwald ist der Rötzenfels.

PFÄLZER SPEZIALITÄTEN

Zu so viel vorzüglichem Wein gehört auch gutes Essen. Die Pfalz bringt einige kulinarische Köstlichkeiten auf den Tisch, viele typische und weithin bekannte Gerichte gibt es nur hier. Der verstorbene Altkanzler Helmut Kohl machte beispielsweise den Pfälzer Saumagen berühmt – es war sein Leibgericht, so heißt es zumindest. Das Pfälzer Nationalgericht besteht aus einer Mischung aus magerem Schweinefleisch, Bratwurstbrät, Kartoffeln und Zwiebeln – alles zusammen kommt in einen gereinigten Schweinemagen, dieser wird zugebunden und anschließend in Salzwasser zwei bis drei Stunden gesiedet. Dazu wird meist Sauerkraut serviert.

UNTERKÜNFTE

In diesem Wanderführer sind am Ende jedes Kapitels Unterkunftsvorschläge aufgeführt. Sie reichen von einer einfachen Pension oder der Ferienwohnung über einen ortsnahen Campingplatz bis hin zum Wellness-Hotel und decken damit alle Ansprüche ab. Liegen zwei Wochenend-Wanderungen nicht direkt beieinander, sind Übernachtungsoptionen in der Nähe der beiden Startpunkte angegeben. Dann könnte man am Wochenende einmal umziehen, oder man entscheidet sich für die Nähe zu einer der beiden Wanderungen, denn allzu weit ist die zweite nie entfernt.

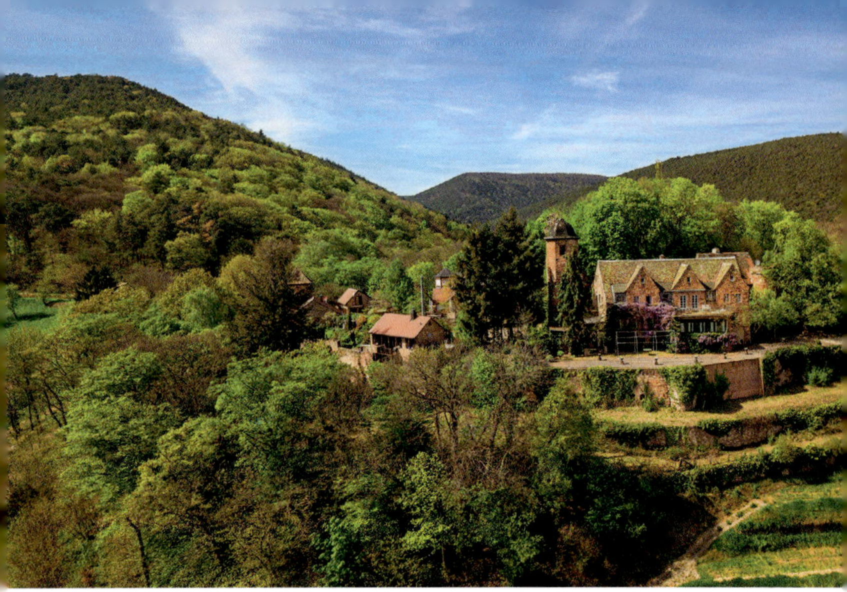

Markenzeichen Burg - hier die gut erhaltene Kropsburg

Einige der genannten Stell- und Campingplätze befinden sich in unmittelbarer Nähe oder direkt am ausgeprägten Wanderwegenetz. Viele Plätze sind so gelegen, dass eine der empfohlenen Pfalzwanderungen am Platz vorbeiführt oder zumindest zu Fuß erreichbar ist und man das Wohnmobil stehenlassen kann. Ausführliche Informationen zu Wohnmobilreisen in der Pfalz mit vielen Stell- und Campingplätzen findet man auch in meinem Buch »Wochenend & Wohnmobil – Pfalz« (Bruckmann Verlag).

WANDERPARADIES

Die Pfalz bietet für Wanderer einfach alles: Vom kurzen Spaziergang auf relativ ebenem Weg über anspruchsvollere Wanderungen mit ein paar Höhenmetern bis hin zu schweißtreibenden Halbtages- oder Tagestouren ist alles dabei. Die Wege folgen oft zuverlässig einer Wergmarkierung, sodass ein Verirren nicht möglich ist. In diesem Reiseführer finden Sie sowohl Klassiker unter den Pfalzwanderungen als auch Geheimtipps, kurze entspannte Touren werden ebenso vorgestellt wie die Zwei-Tages-Tour Hinkelsteinweg. Einen umfassenden Überblick über besonders schöne und empfehlenswerte Wanderungen in allen Längen und Schwierigkeitsstufen gibt Ihnen mein ebenfalls im Bruckmann Verlag erschienener Wanderführer »Wander dich glücklich – Pfalz«.

SCHWIERIGKEITSGRADE

In den Infoteilen der Wanderungen ist immer auch der Schwierigkeitsgrad angegeben. »Leichte« Wanderungen haben wenige Steigungen und verlaufen auf gut begehbaren Wegen, für die kein besonderes Können erforderlich ist. Die Touren mit dem Schwierigkeitsgrad »Mittel« beinhalten schon etwas steilere An- und Abstiege und sind tendenziell länger auf z. T. unwegsamen Pfaden. Bei der Charakterisierung »Schwer« sind eine gute Grundkondition, Trittsicherheit und mitunter auch Schwindelfreiheit Voraussetzung; für geübte Wanderer sind jedoch auch diese Touren unproblematisch.

ZU GAST IN DER PFALZ

Die Pfälzer sind ein höchst gastfreundlicher Menschenschlag. Sie sind weltoffen und umgänglich, man fühlt sich jederzeit willkommen und eingeladen. Vor allem bei den Weinfesten und Veranstaltungen, aber auch beim Wandern oder Sightseeing findet man schnell Kontakt und fühlt die Herzlichkeit, mit der die Bewohner der Pfalz Besucher aufnehmen.
Sie selbst bezeichnen sich gern auch als Urgesteine und sind mitunter etwas eigenwillig, dies aber auf sympathische Art und Weise. Sie sind genussfreudig und gesellig. Was allerdings mitunter schwierig werden könnte, ist die Verständigung. Der Pfälzer Dialekt hat es in sich, und manches kann man mehr erahnen als wirklich verstehen. Aber auch diese Tatsache macht den Reiz der Region aus!

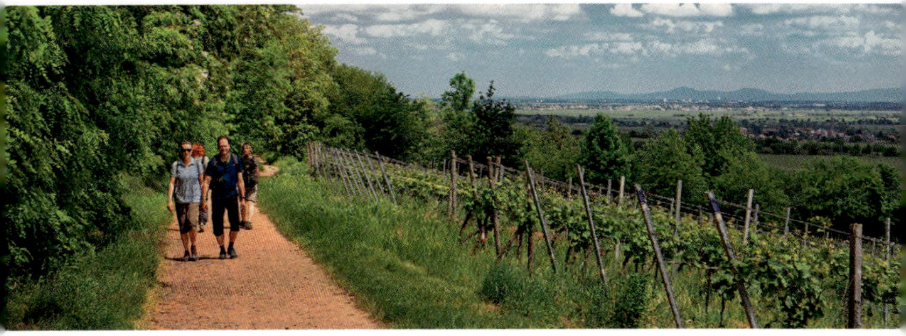

Wandern ist in allen Längen und Schwierigkeitsgraden möglich.

DEUTSCHE WEINSTRASSE

Deidesheim

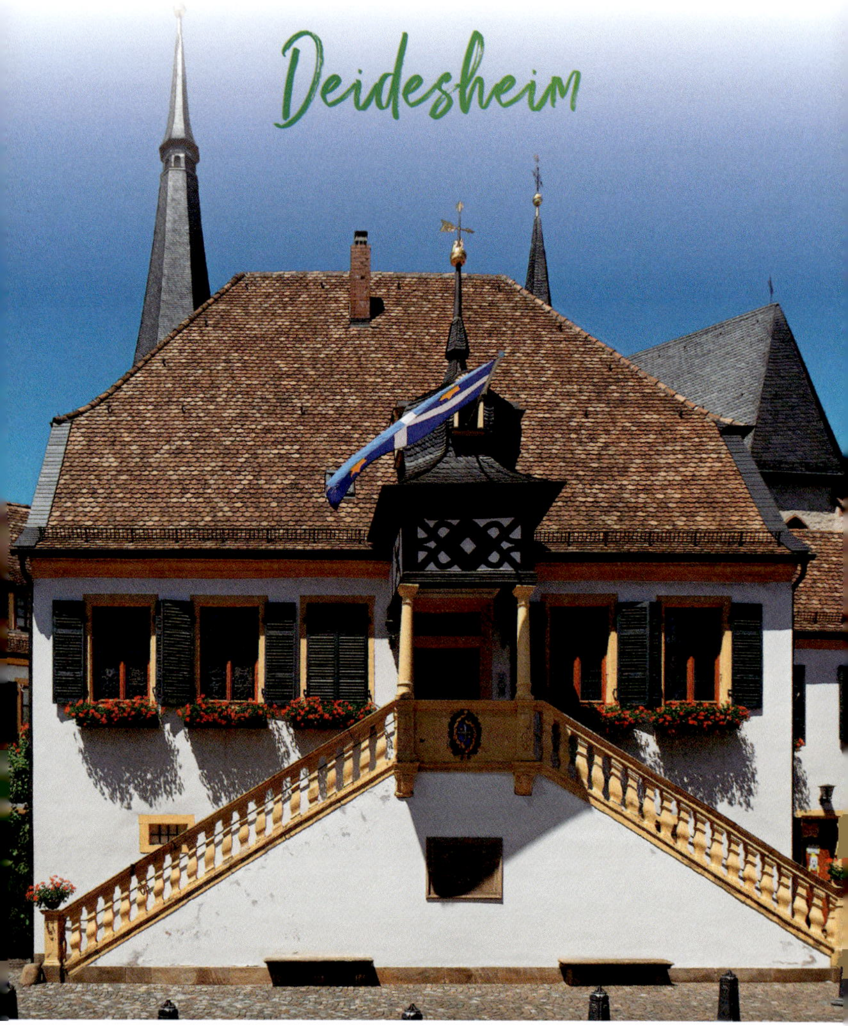

Blickfang und Zentrum des Ortes Deidesheim ist das Rathaus.

1

Die »Rieslingstadt an der Weinstraße« wird Deidesheim genannt – viele sehen in dem Winzerort gar die heimliche Hauptstadt der Pfalz. Damit nicht genug, gilt Deidesheim als Heimatort des legendären Saumagens, einer Pfälzer Spezialität, die insbesondere durch Altkanzler Helmut Kohl berühmt wurde.

Vor allem das **milde Klima** des kleinen Orts – das übrigens charakteristisch für die gesamte Deutsche Weinstraße ist – bezaubert. Wo sonst gedeihen derart prachtvolle Zitronen- und Kiwisträucher sowie Feigenbäume? Und die in diesem herrlichen Klima heimischen Trauben sind natürlich prädestiniert für große Weine. Das **Museum für Weinkultur** bietet in seiner Dauerausstellung Einblicke in die Kulturgeschichte des Weins.
Untergebracht ist das Museum im **historischen Rathaus**, das aus dem 16. Jahrhundert stammt. Es ist das Wahrzeichen der Stadt, in der Denkmalliste des Landes Rheinland-Pfalz geführt und zu den bedeutendsten Gebäuden der Pfalz zählend. Das Rathaus am Marktplatz bildet zusammen mit der **Pfarrkirche St. Ulrich** das Zentrum des **historischen Stadtkerns**.

Tipp

DIE DEIDESHEIMER GEISSBOCKVERSTEIGERUNG findet jährlich am Dienstag nach Pfingsten statt und ist ein historisches Spiel, dessen Höhepunkt die Versteigerung eines Ziegenbocks darstellt. Die historische Ursache für dieses Spektakel war ein immer wieder aufkommender Streit um das Weideland des Ortes, der im Mittelalter meist vor Gericht endete. Inzwischen ist aus der ernsten Angelegenheit das größte Volksfest der Stadt geworden.

Ein amüsantes Relikt der Geschichte um die Geißbockversteigerung (siehe Tipp) ist der **Geißbockbrunnen** in der Bahnhofstraße vor der Tourist-Information. Hier wird die Versteigerung mit einem gut gehörnten Bock auf erhöhter Position dargestellt. Im Dekor des Sockels befinden sich die Fabelwesen Elwedritsche. Ein grünes Kleinod ist der **Stadtgarten mit mediterraner Terrasse**, wo Lavendel, Rosmarin, japanischer Gingko und amerikanische Mammutbäume gedeihen. Im Mittelpunkt befindet sich neben Steintreppchen und Holzbrücken ein kleiner Weiher, und zahlreiche Ratsplätzchen laden zum Entspannen ein.

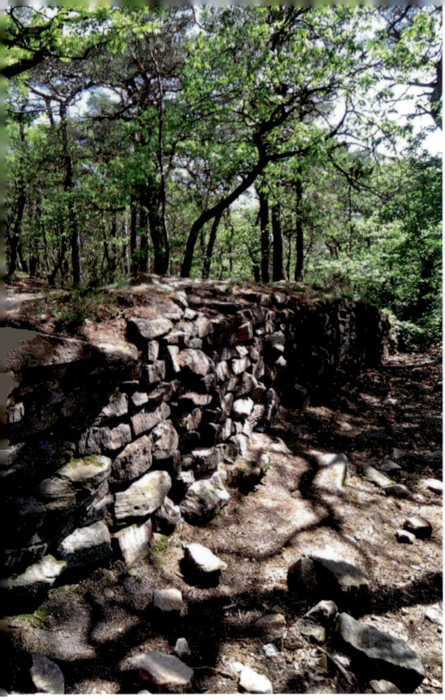

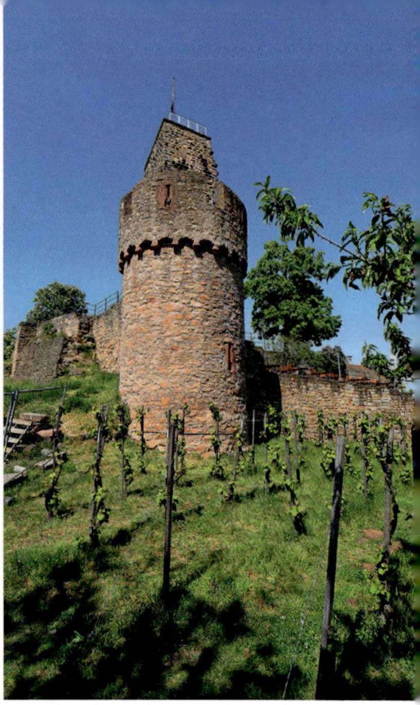

◀ Eine Trockenmauer umgibt die Heidelöcher. ▶ Herrliche Wachtenburg!

MICHAELSKAPELLE UND HEIDENLÖCHER BEI DEIDESHEIM

Heidenlöcher, ein See, eine Burgruine, Weinberge, eine Einkehr und eine Waldkapelle – das alles befindet sich auf unserer heutigen Wanderung, die nahe dem schnuckeligen Weinstraßenort Deidesheim startet und uns viele verschiedene Eindrücke beschert. Die durchgehende Wegmarkierung ist ein roter Punkt.

ERST CHRISTLICH, DANN KELTISCH

Nachdem wir den etwas versteckt liegenden **Parkplatz Sensental** gefunden haben, geht es im Uhrzeigersinn los und geradewegs, allerdings bergauf, zum ersten Highlight, der **Michaelskapelle**. Das kleine Kirchengebäude ist dem Erzengel Michael geweiht. Der beschauliche Ort im Wald mit dem tollen Blick über die Rheinebene würde zu einer Rast an dem schönen, aber oft belegten Picknickplatz einladen, wenn wir nicht erst vor 20 Minuten los-

1

gewandert wären ... Einer Informationstafel können wir entnehmen, dass die Kapelle auf den Grundmauern einer alten Kultstätte errichtet wurde. Noch einmal geht es den Hang hinauf, und diesmal sind die **Heidenlöcher** das Ziel des Anstiegs. Sie liegen auf dem Gipfel des **Kirchbergs** und wurden im 9./10. Jahrhundert als Fliehburg zum Schutz gegen Überfälle errichtet. Eine noch vorhandene Trockenmauer umgibt das Areal, auf dem einst etliche Häuser standen. Da nicht bekannt ist, wann die Anlage entstand, wurde sie den Heiden zugeschrieben, und wegen der muldenförmigen Vertiefungen, die die eingestürzten Bauten im Waldboden hinterlassen haben, kam der zweite Namensteil hinzu, daher »Heidenlöcher«. Ein interessanter und mystischer Ort!

DIE SEELE BAUMELN LASSEN

Nach dem kleinen Geschichts-Exkurs wandern wir durch einen **Kiefernwald** und treffen schließlich auf einen breiten geschotterten Weg. Mit nur wenigen Schritten Umweg erreicht man von hier den **Basaltsee**: Wir biegen rechts ab und folgen an einer weiteren Kreuzung nach rechts einem Weg zum Ufer des Sees. Hier sitzen Wanderer und Spaziergänger, picknicken, lassen sich mitgebrachten Pfälzer Wein schmecken oder genießen einfach das abgelegene Gewässer inmitten der Natur. Der tiefgrüne Balsaltsee wird von steilen Felswänden auf der einen und flachen Ufern auf der anderen Seite umrahmt. Da er in einem Naturschutzgebiet liegt, ist das Baden im See jedoch nicht erlaubt.

WEITERWEG ZUR BURG

Anschließend geht es wieder zurück zu der Kreuzung, bei der wir zum See abgebogen sind. Diesmal wandern wir geradeaus weiter und treffen kurz darauf auf eine markante **grüne Bank**. An dieser biegen wir scharf rechts ab und folgen einem schmalen Waldpfad sowie der Wegmarkierung »Pfälzer Weinsteig«. Der Pfad geht schließlich in einen geschotterten Weg über, der uns zur **Wachtenburg** führt. Die einstige, über einen Kilometer lange Wehranlage aus Mauern, Türmen und Gräben ist mit ihren eineinhalb Meter dicken Mauern noch gut erhalten, direkt daneben stehen Reihen von Weinreben. Dank der wunderschönen Ausblicke, die sich von der Burg bieten, wird die Wachtenburg auch »Balkon der Pfalz« genannt.

1

WEINBERGE UND MANDELBLÜTE

Es geht nun steil hinab in den Ort Wachenheim, in dem wir dreimal rechts abbiegen und an dessen westlicher Seite wir schließlich entlangwandern.

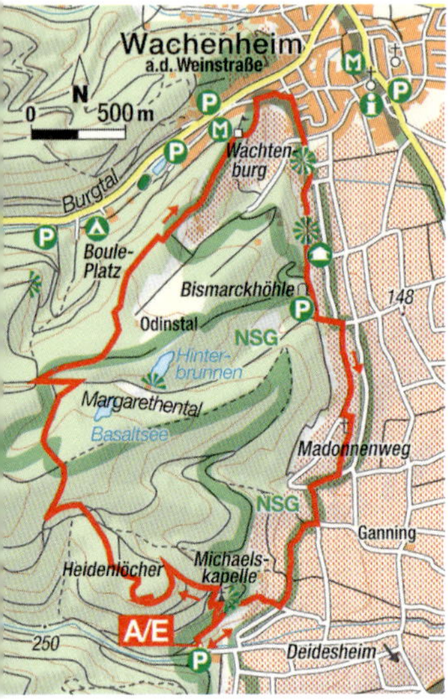

Bald schon haben wir den Ort hinter uns gelassen und laufen entlang der Weinberge mit Blick über die Rheinebene. Wir befinden uns auf dem Wanderweg Deutsche Weinstraße. Im sanften Auf und Ab geht es entlang der Waldgrenze und oberhalb des Rebenmeers weiter.

Am Ende dieser Etappe kann man in Thomas' Waldweinstube wunderbar einkehren, und mit lokalen Spezialitäten und einem Schoppen aus dem Dubbeglas stärken wir uns. Weiter geht es alsdann auf dem Pfälzer Mandelpfad, vorbei an einem Ausblick auf das Weindorf Forst. Unternehmen wir die Wanderung im Frühjahr, genießen wir rundum die blühenden Mandelbäume und gelangen schließlich zurück zum Parkplatz Sensental.

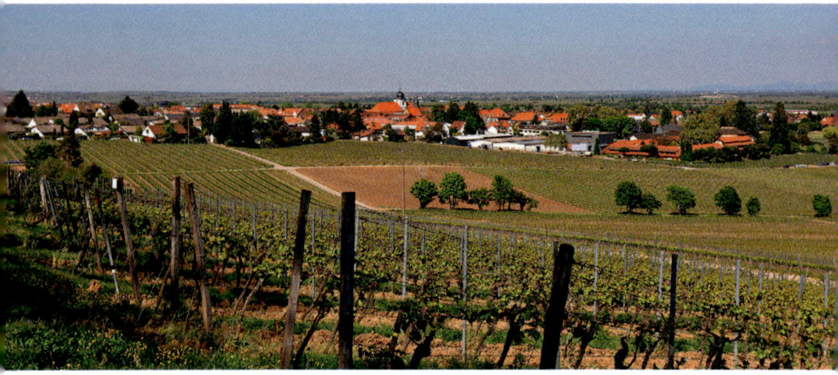

Hier schweift der Blick über das Rebenmeer und den Ort Wachenheim.

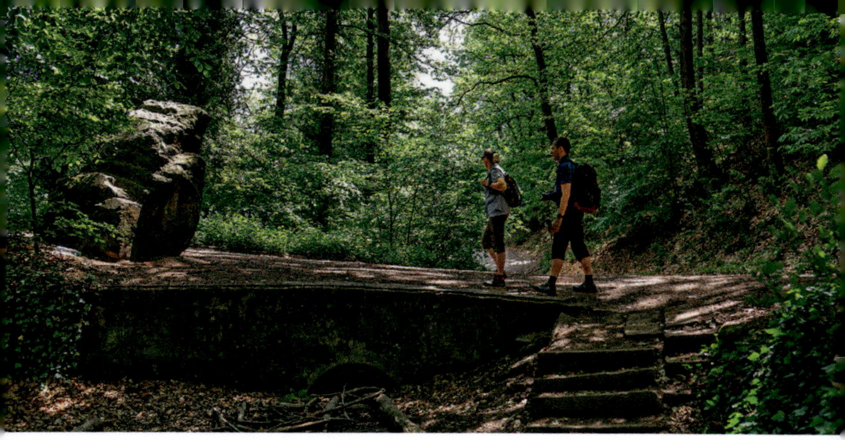

Interessanter Steinblock am Ende der Klamm

AUF DEM ESELSWEG – VIELSEITIGE RUNDE VON KÖNIGSBACH

Esel und Geißen begegnen uns auf diesem Weg zwar keine, aber trotzdem bietet die kleine Runde viel Abwechslung: eine beschaulich im Wald gelegene Kapelle, eine tolle Einkehrmöglichkeit und wundervolle Blicke bis in die Rheinebene – und das auf federnden Waldwegen und durch eine Klamm hindurch.

ANDÄCHTIGER START IN DIE STILLE

Vom **Wanderparkplatz** oberhalb des Wohngebiets von Königsbach marschieren wir direkt in den Wald, der Weg steigt moderat an. Wir gehen entlang eines Kreuzwegs, der uns schließlich zur **Klausenkapelle** führt. Das kleine Gotteshaus ist geöffnet, und man kann für einen kleinen Obolus eine Kerze anzünden. Um die Kapelle herum befinden sich zahlreiche Rastmöglichkeiten und Picknickplätze.
Durch den schattigen Wald geht es weiter bergauf, bis schließlich ein schmaler Pfad nach links abbiegt. Ab dieser Stelle wandern wir nur noch auf schmalen Waldwegen quer durch die Stille des Pfälzerwalds. Vogelgezwitscher begleitet uns, während wir zwar immer wieder breite Forstwege kreuzen, aber ausschließlich quer dazu eine ganze Weile schmale Wege nutzen. Es geht nun auch deutlich bergab, zuletzt in Serpentinen. Dann treffen wir auf einen Forstweg und sehen zum ersten Mal die **Wegmarkierung des Eselswegs**, zusammen mit der des **Geißbockwegs**.

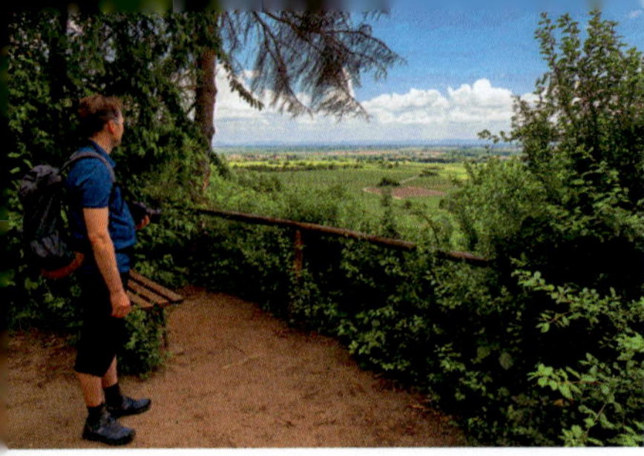

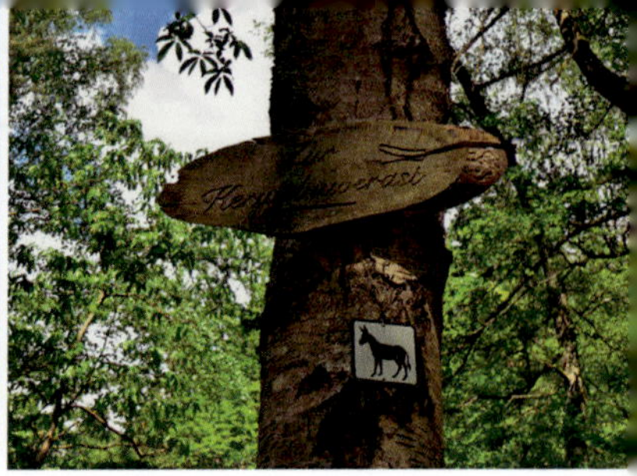

◀ Schöner Blick über die Rheinebene ▶ Wegmarkierung der Wanderung

WALDSCHENKE UND SCHLUCHT

An dieser Stelle wenden wir uns für einen kurzen Abstecher nach links und gelangen zur der sehr empfehlenswerten, schattig gelegenen **Waldschenke**, die auch unter dem Namen **Deidesheimer Hütte** bekannt ist und vom Pfälzerwaldverein bewirtschaftet wird. Der einladende und große Außenbereich sowie das deftige Pfälzer Essen laden zur Einkehr ein. Nach der Stärkung in der Hütte geht es zurück zur Kreuzung, bei der wir auf den Eselsweg gestoßen sind. Kurz darauf führen uns **steinerne Treppen** vom Hauptweg nach links hinab. Nun folgt mein Lieblingsteil der Wanderung: Wir durchqueren die kleine naturbelassene **Weinbachklamm**, die so romantisch wie wild ist. Ein Bach plätschert neben uns her, den wir über eine Holzbrücke queren. Farn wächst rechts und links des Wegs, und wir freuen uns erneut an der uns umgebenden Stille.

An der Stelle, an der wir die Klamm verlassen, treffen wir auf einen **Steinblock**, auf dem wir Interessantes über die Geschichte des Eselswegs nachlesen können.

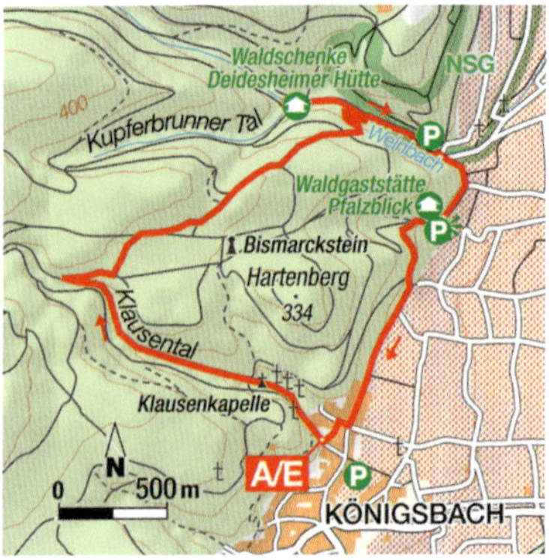

SZENENWECHSEL

Nun verlassen wir die schattige Kühle des Waldes und haben eine schöne Schlussetappe vor uns. An Weinbergen entlang wandern wir mit **Blick auf die Rheinebene** und das Rebenmeer weiter. Bei guter Sicht ist von hier aus sogar der Königstuhl, der Hausberg Heidelbergs, zu sehen. Von Bänken aus lässt sich der Blick besonders gut genießen – oder von der Terrasse der **Waldgaststätte Pfalzblick**, die am Ende der aussichtsreichen Wanderung oberhalb der Weinberge auf hungrige Wanderer wartet.

Dann geht es noch einmal in den Wald, und kurz darauf erreichen wir den Ort Königsbach und über einen schmalen Trampelpfad am Rand des Wohngebiets wieder den Ausgangspunkt, unseren **Wanderparkplatz**.

WANDERN UND KUNSTGENUSS? Geht! Kurz bevor wir wieder den Parkplatz erreichen, befindet sich rechter Hand (bereits im Wohngebiet) das Weinstraßenatelier Ludwig Fellner. Im ehemaligen Wohnhaus des Malers ist ein kleines Museum untergebracht. Gäste können unter dem Motto »Kunst Kaffee Kuchen« das besondere Ambiente des Hauses – inklusive eines schönen Blicks über die Rheinebene – genießen. Öffnungszeiten und Infos unter weinstrassenatelier.de

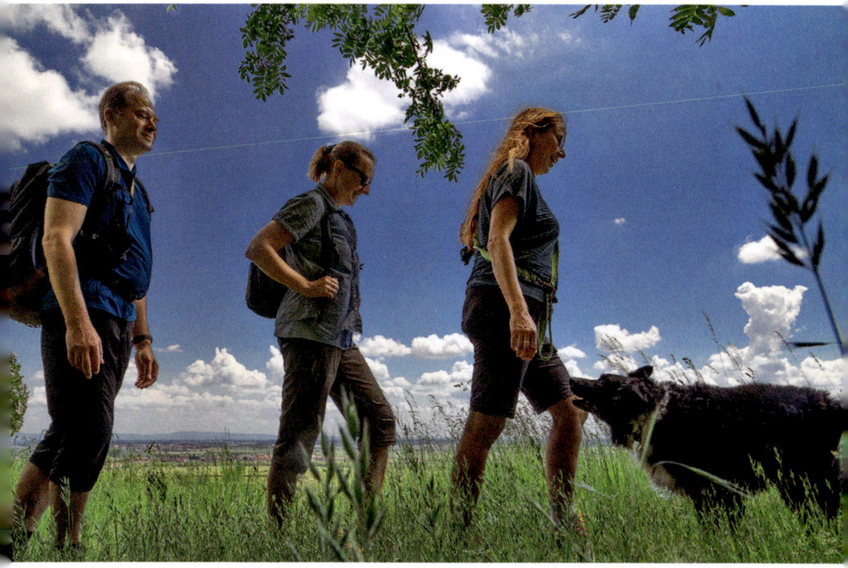

Wald, Weinberge, Wiese – der Eselsweg ist abwechslungsreich.

AUF EINEN BLICK

Info

STADT/REGION: Deidesheim/Deutsche Weinstraße
BESTE REISEZEIT: Ganzjährig
OPTIMALE REISEDAUER: 2 Tage
TOURISTINFO: Tourist-Service GmbH Deidesheim, Bahnhofstr. 5, 67146 Deidesheim, Tel. 06326/967 70, touristinfo@deidesheim.de, deidesheim.de

SEHENSWÜRDIGKEITEN

MUSEUM FÜR WEINKULTUR: Marktplatz 9, 67146 Deidesheim, Tel. 6326/98 15 61, deidesheim.de/museen.html
HISTORISCHES RATHAUS: Marktplatz 1, 67146 Deidesheim
GEISSBOCKBRUNNEN: Bahnhofstr. 5, 67146 Deidesheim

ÜBERNACHTUNG

KAISERGARTEN HOTEL & SPA DEIDESHEIM: Weinstr. 12, 67146 Deidesheim, Tel. 6326/70 00 77, info@kaisergarten-deidesheim.de, kaisergarten-deidesheim.com €€€
GÄSTEHAUS HEBINGER AM SCHLOSSPARK: Bahnhofstr. 21, 67146 Deidesheim, Tel. 6326/96 52 70, info@hebinger.de, gaestehaus-deidesheim.de €€
FERIENHAUS WEINSCHENK: Neubergstr. 47, 67435 Neustadt an der Weinstraße/Gimmeldingen €€
WOHNMOBILSTELLPLATZ AM WEINGUT MARGARETHENHOF FORST: Wiesenweg 4, 67147 Forst an der Weinstraße, info@margarethenhof-forst.de, margarethenhof-forst.de €

MICHAELSKAPELLE UND HEIDENLÖCHER

DAUER: 3 Std.
HÖHENMETER: 280 Hm
LÄNGE: 9,7 km
SCHWIERIGKEIT: Mittel
AUSGANGS-/ENDPUNKT: Parkplatz Sensental
TOURENCHARAKTER: Überwiegend gute begehbare Wege, steiler Abstieg nach der Wachtenburg, Trittsicherheit von Vorteil

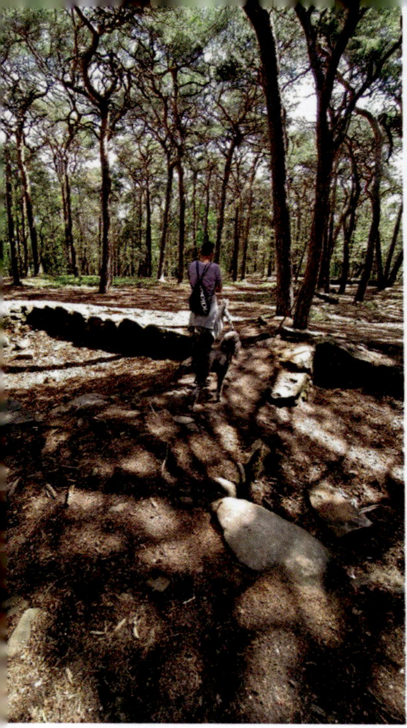

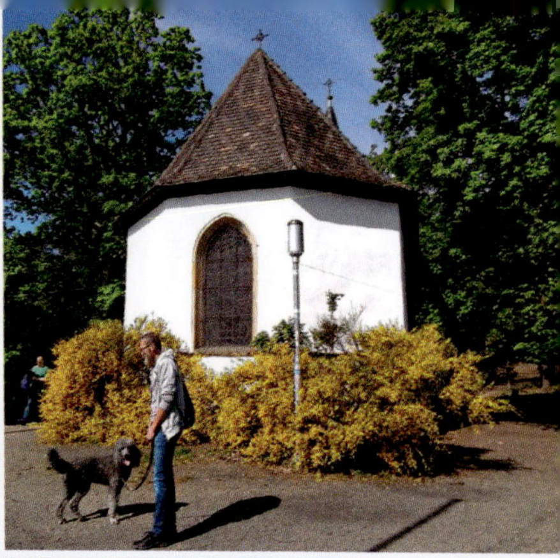

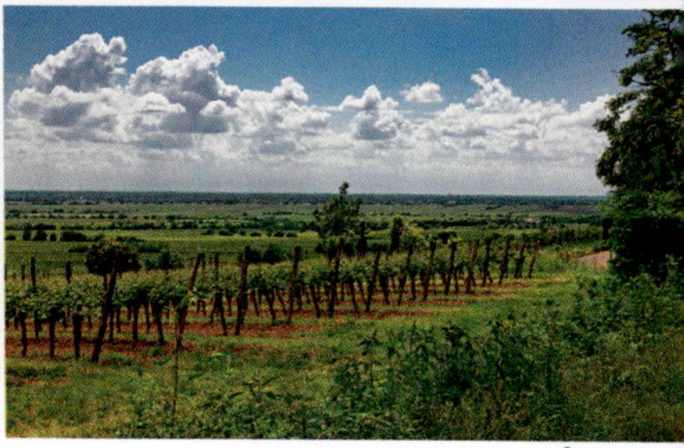

◀ Inmitten der Heidenlöcher ▲ Die beschauliche Michaelskapelle
▼ Tolle Schlussetappe auf dem Eselsweg oberhalb des Rebenmeers

BESTE JAHRESZEIT: April bis Oktober
EINKEHR UNTERWEGS: Thomas' Waldweinstube

AUF DEM ESELSWEG

DAUER: 2 Std.
HÖHENMETER: 180 Hm
LÄNGE: 6,5 km
SCHWIERIGKEIT: Leicht
AUSGANGS-/ENDPUNKT: Wanderparkplatz Klausental
TOURENCHARAKTER: Einfache Wanderung über vorwiegend schmale Waldpfade, mäßige Steigungen, überwiegend schattig
BESTE JAHRESZEIT: April bis September
EINKEHR UNTERWEGS: Waldschenke/Deidesheimer Hütte, Waldgaststätte Pfalzblick

HERZ DER WEINSTRASSE

Neustadt

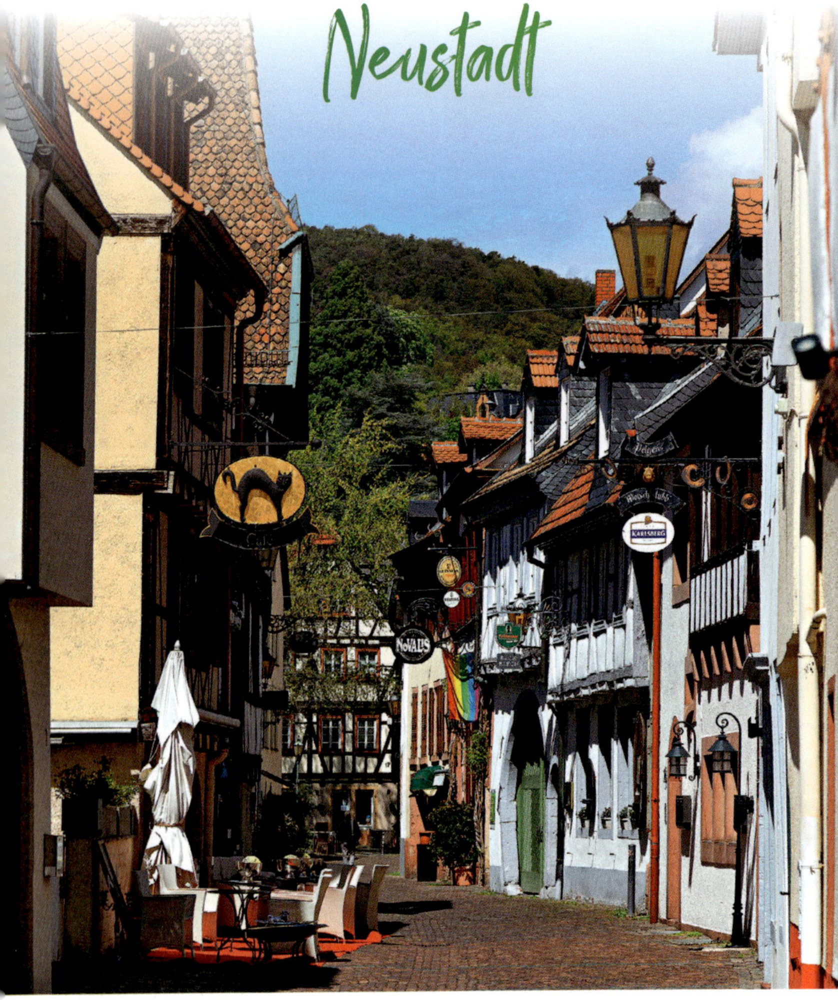

Der muntere Ort Neustadt ist das Herzstück der Deutschen Weinstraße.

2

Am Rand des Pfälzerwalds gelegen, bildet das mediterrane Neustadt den Mittelpunkt der Deutschen Weinstraße. In und um die Stadt herum gibt es so viel zu sehen und zu unternehmen, dass es kaum in ein Wochenende passt. Dolce Vita trifft hier auf aktives Erleben!

Im Folgenden werden Wanderungen beim berühmten **Hambacher Schloss** – ein Muss in dieser Gegend! – und als klassische Pfälzer Wanderung eine **Burgentour** im nahen Elmsteiner Tal vorgestellt. Beide Wanderungen sind abwechslungsreich, mittellang und lassen genügend Zeit zum Genuss des besonderen Flairs von Neustadt.
Die schmucke Innenstadt von **Neustadt** ist ein bauhistorisches Juwel. Der **Marktplatz** mit der fotogenen Stiftskirche, dem Brunnen und dem Rathaus lädt zum Müßiggang ein: In einem Straßencafé dem bunten Treiben zuschauen, einen Latte Macchiato dabei trinken und die Sonne genießen oder unter Schatten spendenden Bäumen auf einer Bank sitzen und Zeitung lesen – das soll unsere Belohnung fürs fleißige Wandern sein!
An den mediterranen Marktplatz schließt sich die **Fußgängerzone** an. Ein Netz von verkehrsberuhigten Straßen bietet nicht nur Einkaufsmöglichkeiten, sondern auch eine Lebensart, die man eher am Mittelmeer vermutet. Auch hier gibt's wieder Cafés und Restaurants, dazwischen Läden, Boutiquen, Obst- und Gemüsehändler. Wem die Füße noch nicht schwer genug sind, dem seien zum Sightseeing die **Stadthalle Saalbau**, Krönungsort der Deutschen Weinkönigin, oder der zauberhafte Hauptbahnhof mit **Eisenbahnmuseum** empfohlen. Auch das Hambacher Schloss ist nicht weit entfernt und kann im Rahmen der unten beschriebenen Wanderung besichtigt werden.

Tipp

Das Winzerdorf Gimmeldingen, zu Neustadt eingemeindet, ist jährlich zur Zeit der Mandelblüte Austragungsort des Gimmeldinger Mandelblütenfests mit Rahmenprogramm, viel Musik und noch mehr Schoppen … Der Termin richtet sich immer nach der Situation der Blüte und der allgemeinen Wetterlage; der aktuelle Stand kann auf den Seiten von Neustadt eingesehen werden (neustadt.eu/Tourismus-Wein/Top-Events-Veranstaltungen/Mandelblüte).

2

RUND UM DAS GESCHICHTS-TRÄCHTIGE HAMBACHER SCHLOSS

Die schwarz-rot-goldene Fahne weht auf dem Schloss, das bei Neustadt auf dem **Kastanienberg** thront und als Wiege der Demokratie gilt. Berühmt geworden durch das Hambacher Fest im Jahr 1882 ist es heute ein beliebtes Ausflugsziel, das zudem in einer wunderschönen Umgebung liegt. Wir schauen uns das historisch bedeutsame **Schloss** erst einmal aus der Nähe an, bevor wir es umwandern, um es aus verschiedenen Perspektiven zu erleben. Man kann die Anlage erkunden, im »Restaurant 1832« einkehren, das in die Ringmauern des Schlosses integriert ist und schöne Panoramablicke bietet, oder an einer Führung teilnehmen. Diese umfasst auch die Ausstellung **»Hinauf, hinauf zum Schloss!«**, in der die Ereignisse rund um das **Hambacher Fest** thematisiert werden.

Da man das Highlight, das Hambacher Schloss, bereits zu Beginn besichtigt hat, ist der nun folgende Weg das Ziel – über schöne Waldwanderwege und Pfade werden wir durch den Pfälzerwald streifen, vorbei an Aussichtspunkten und einer Einkehr auf halber Strecke.

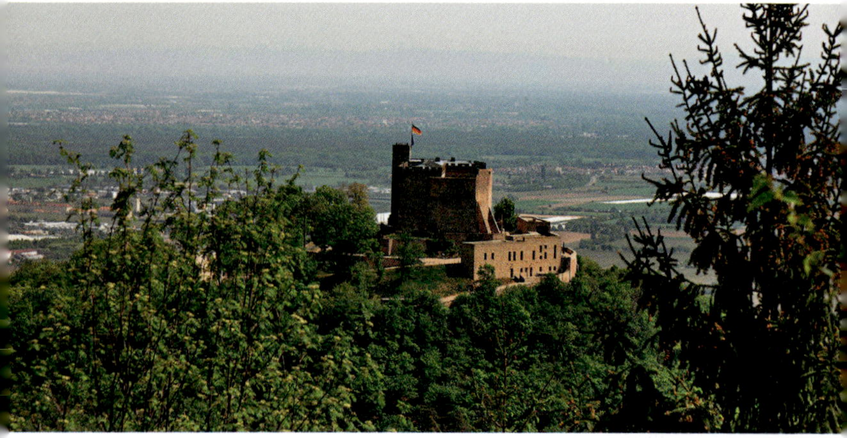

Hier wurde deutsche Geschichte geschrieben: das Hambacher Schloss.

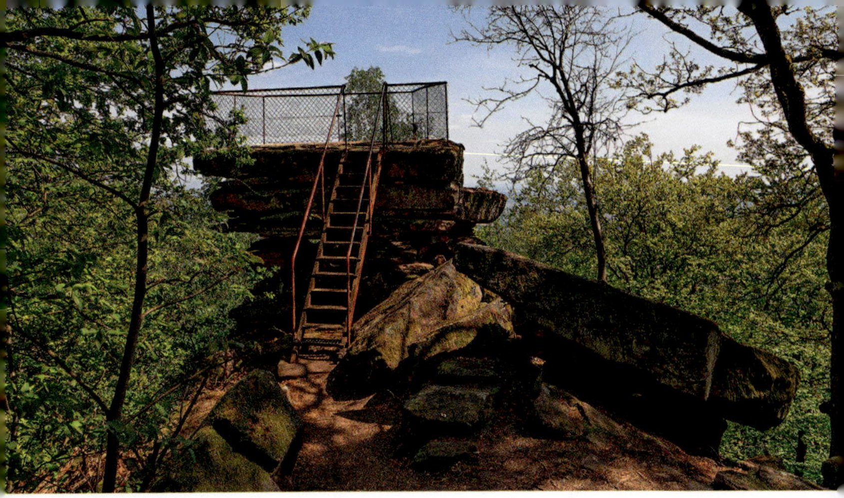

Der Hambacher Bergstein mit Aussichtskanzel

AUS DER FERNE BETRACHTET

Auf einer **Wandertafel** am Zugang zum Schloss kann man aus diversen Wanderwegen einen auswählen. Wir entscheiden uns heute für eine knapp zehn Kilometer lange Strecke, während der es gleich mehrere unterschiedliche Blicke auf das Schloss geben wird – es ist eine Kombination aus den Wegen 5 und 6 auf der Wanderkarte. Der Weg führt links an der **Burgschänke Rittersberg** vorbei in den Wald hinein. Auf einem bequemen, breiten Weg geht es, immer dem Wandersymbol Pfälzer Weinsteig folgend (das später durch die Markierung rot-weiße Welle ergänzt wird), kontinuierlich bergauf. Sehr bald schon werden wir mit einem ersten **Blick auf das prächtige Schloss** belohnt, bevor der Weg eine Rechtskehre beschreibt und an einer **Schutzhütte** in einen kleineren Pfad übergeht. Dieser windet sich eben, still und unspektakulär durch den Wald.

EINKEHR MIT AUSSICHT

Es folgen bald Hinweisschilder auf das Hohe-Loog-Haus, und wir freuen uns schon auf diese Einkehr mit ihrem fantastischen Ausblick. An einem Felsen mitten auf dem Weg geht es dann auf einem noch etwas schmaleren Pfad direkt zum **Hohe-Loog-Haus**, einer auf 613 Metern Höhe gelegenen, bewirtschafteten Schutzhütte des Pfälzerwaldvereins. Während man sich einen Schoppen und eine typische Pfälzer Mahlzeit munden lässt, blickt man auf die Südpfalz und bei guter Sicht bis zum Schwarzwald und zum Odenwald im benachbarten Baden-Württemberg.

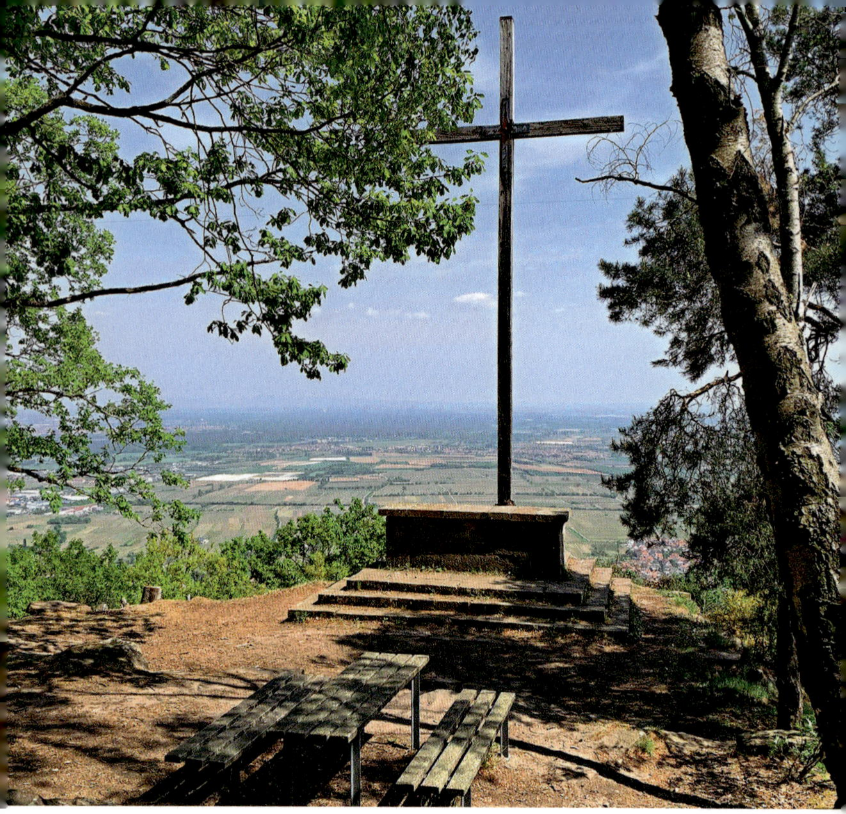

Ein historischer Ort mit Ausblick ist das Sühnekreuz.

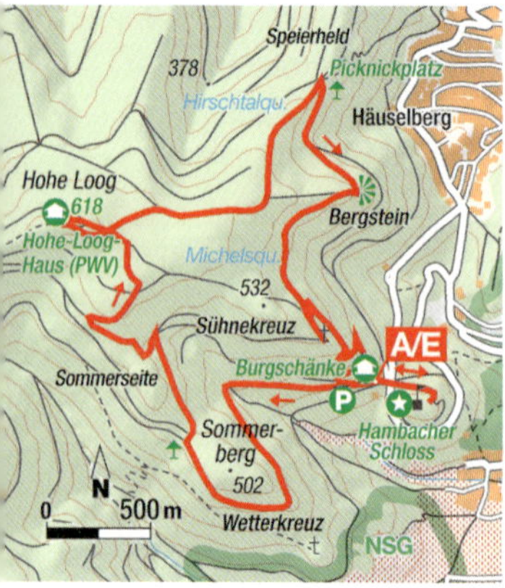

Danach geht es oberhalb der Hütte auf einem Weg weiter bis zu einer großen Kreuzung mit Bank inklusive Aussicht. Nach der Bank biegen wir links ab und wandern über Waldpfade bis zur kleinen Schutzhütte Speierheld. Hier befindet sich an exponierter Stelle eine Picknickgelegenheit mit Aussicht auf der einen und dichtem Wald auf der anderen Seite.

Als nächste Attraktion am Weg folgt der Hambacher Bergstein, ein kleiner Felsen mit eingezäunter Aussichtsplattform, die man über eine kurze Leiter erreicht. Und natürlich genießen wir von der Plattform erneut einen herrlichen Blick auf das Hambacher Schloss.

GEHEIMNISVOLLES SÜHNEKREUZ

Es folgt über einen kurzen Abstecher ein letzter beeindruckender Ort, markiert mit dem **Sühnekreuz** am Rittersberg. Das Beste kommt bekanntlich zum Schluss, und so hat man von diesem besonderen Ort den bislang allerbesten Blick auf das Hambacher Schloss. Aber auch die geschichtliche Bedeutung beschert uns eine Gänsehaut: Das Kreuz ist das erste christliche Mahnmal in der Pfalz nach dem Zweiten Weltkrieg; außerdem wurden die beiden Eichenholzbalken mit Granatsplittereinschlägen von ehemaligen Soldaten und der katholischen Mannesjugend auf den Rittersberg getragen und dort zu einem Kreuz zusammengesetzt (siehe Inschrift). Nach dem Sühnekreuz führt uns der Weg zurück zur **Burgschänke Rittersberg**, die wir nun auf dem oberen Weg erreichen.

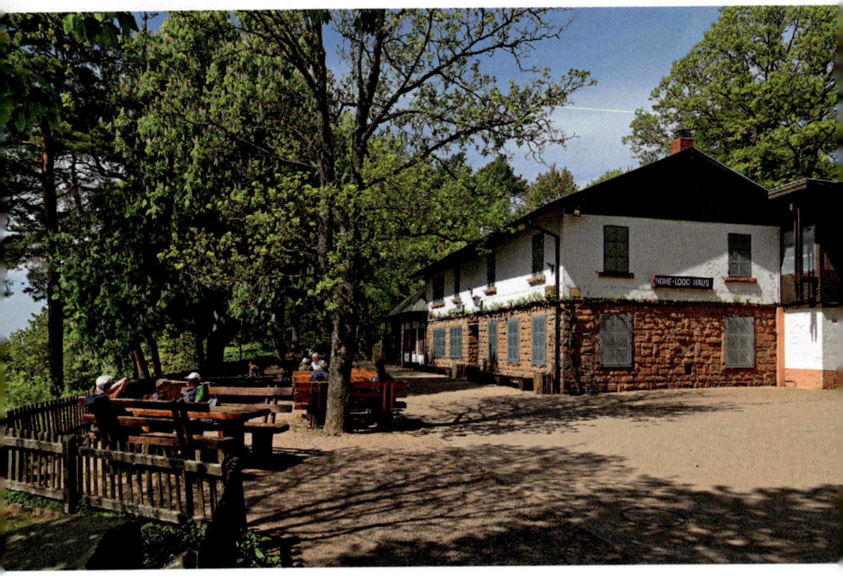

Tolle Einkehrmöglichkeit auf halber Strecke im Hohe-Loog-Haus

2

3-BURGEN-TOUR IM ELMSTEINER TAL

Im nur wenige Kilometer von Neustadt entfernten **Elmsteiner Tal** verbindet ein Rundweg die Burgruinen Erfenstein und Breitenstein sowie die Burg Spangenberg. Die Aussichtspunkte auf den steil abfallenden Sandsteinfelsen, auf denen die Burgruinen thronen, laden ebenso zum Verweilen ein wie das ausgiebige Erkunden der Anlagen.

»NEUE« UND ALTE BURGRUINE

Wir starten am Bahnhof von **Erfenstein**, überqueren die Talstraße und folgen dem weißen Schild mit Burgsymbol und der Aufschrift »Drei-Burgen-Rundweg«. Sogleich bewältigen wir einen steilen Anstieg, der uns 50 Höhenmeter nach oben bringt. Die gute Nachricht ist, dass so die **Ruine Erfenstein** sehr schnell erreicht ist. Eine steinerne Treppe führt zum Eingang, von wo wir die Ruine und ihre unterschiedlichen Ebenen über Metallleitern und Treppen erkunden können. Die Burg wurde laut Infotafel 1960 zuletzt restauriert. Ein Höhepunkt ist mit Sicherheit der **Aussichtspunkt** ganz vorne am Felssporn: Von einer Bank in exponierter Lage blicken wir auf die Burg Spangenberg auf der gegenüberliegenden Seite. Die Sandsteinformationen hüben wie drüben wetteifern farblich mit dem satten Grün des Waldes drumherum.

Sobald wir uns von dem schönen Anblick losreißen können, folgen wir weiteren Steintreppen nach oben und gelangen nach wenigen Schritten zur **alten Ruine Erfenstein** – diese ist wirklich alt, d. h., es sind nur noch einzelne Felsbrocken von ihr vorhanden. Sie wurde 1237 von den Grafen von Leiningen zum Schutz ihres Waldbesitzes erbaut. Von einer sonnigen Bank blicken wir hier gleichzeitig auf die »neue« und die alte Ruine Erfenstein.

DIE NÄCHSTE, BITTE

Wir folgen nun einem Forstweg, auf den nach einem halben Kilometer die Straße einmündet. Leicht ansteigend, wandern wir weiter und über einen Wanderparkplatz hinweg, dann wenden wir uns nach rechts und folgen einem breiten Schotterweg steil bergauf. In einer Kehre biegen wir

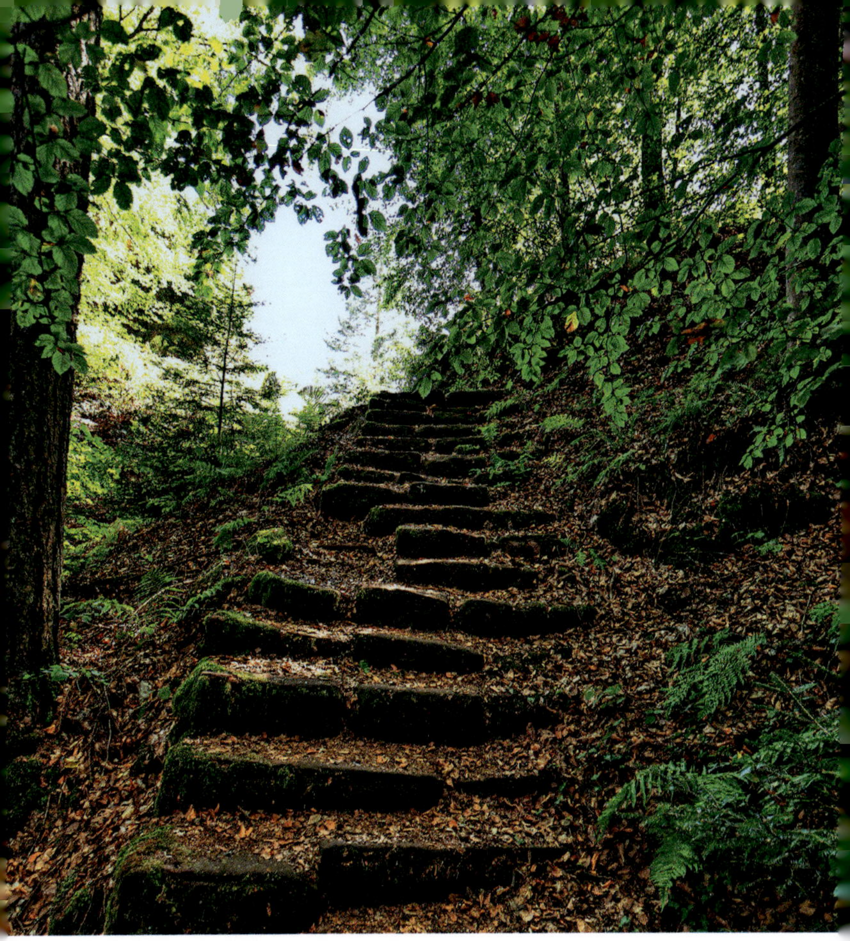

Mystische Pfade führen von Burg zu Burg.

auf unserem breiten Weg scharf links ab und erreichen wenig später die Reste der höher gelegenen **Vorburg Breitenstein**. Hier können wir nach den eben zurückgelegten Höhenmetern kurz durchatmen, bevor wir uns nach links über einen schmalen, teils unwegsamen und zugewucherten Pfad der imposanteren **Hauptburg Breitenstein** nähern. Sie thront auf einem 220 Meter hohen Steilhang hoch über dem Elmsteiner Tal. Über eine abenteuerliche Leiter, die etwas Mut erfordert, gelangt man ins Innere von Palas und Ringmauer und begibt sich auch hier wieder auf eine Zeitreise zurück ins 13. Jahrhundert.

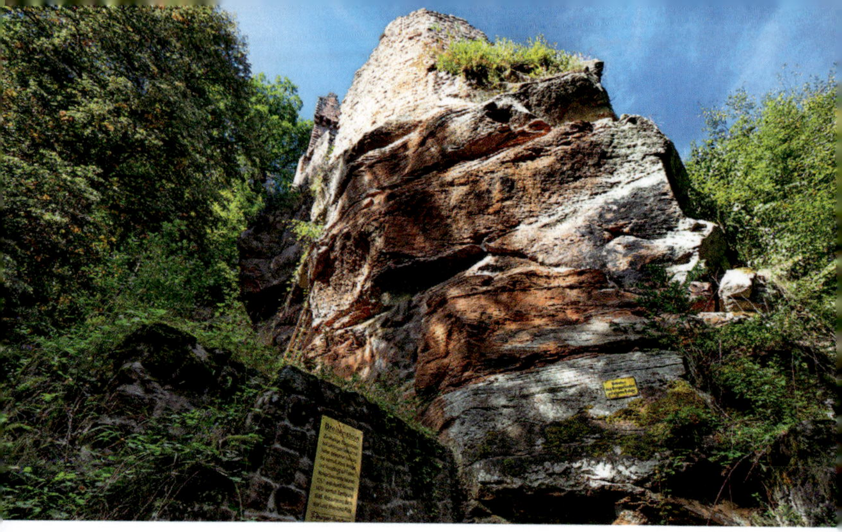

Auch die Hauptburg der Burg Breitenstein ist eine Ruine.

Alsdann folgen wir dem schmalen Pfad bergab und gelangen über ein Steintreppchen zurück auf den breiten Forstweg. Es geht zum Parkplatz und über die Talstraße hinweg, dann werden die **Gleise des Kuckucksbähnels** (siehe Tipp) passiert. Kurz danach biegen wir nach links auf einen Forstweg ein. 300 Meter weiter geht es links in den Alten Weinweg und etwa einen Kilometer danach rechts auf das Gelände des **Stutengartens**, eine bischöflich-speyerische Pferdekoppel aus dem Jahr 1505. Die Hälfte der Sandsteinpfosten der alten Einzäunung ist noch vorhanden. Die kurz darauf erreichte **Burgquelle Spangenberg**, eine natürlich eingefasste Quelle der Burg Spangenberg, wurde früher als Pferdetränke genutzt.

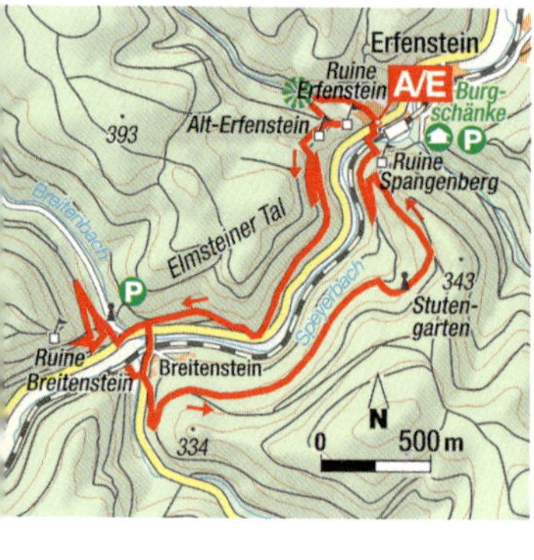

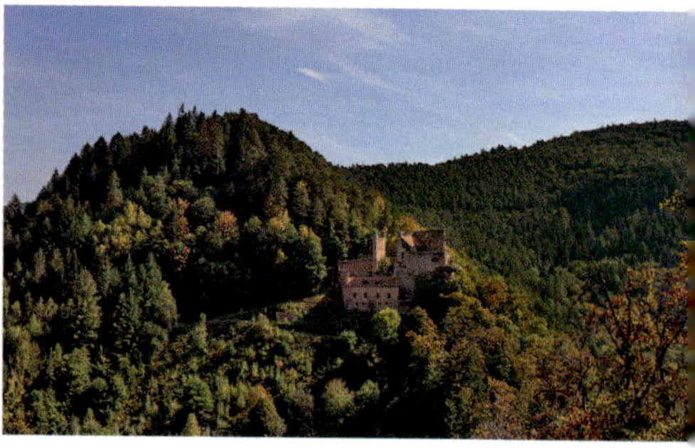

Blick von Burg Erfenstein auf die Spangenburg

2

GUT ERHALTENES SCHLUSS-HIGHLIGHT

Die **Burg Spangenberg** aus dem 11. Jahrhundert überblickt als Wahrzeichen hoch oben auf einem mächtigen Felskeil das Elmsteiner Tal. Sie diente einst als Wohnsitz für die Stutenmeister, die für die Speyerer Bischöfe Pferde züchteten. Sowohl Burg als auch Burgschänke sind restauriert - einer Einkehr nach einer Wanderung mit ein paar Höhenmetern und vielen schönen Impressionen steht also nichts im Weg. Während der Öffnungszeiten der Burgschänke ist die Unterburg frei zugänglich.
Wer sich das Burginnere ausgiebig angeschaut und auch einen Blick auf die gegenüberliegende Burg Erfenstein geworfen hat, gelangt über den Alten Burgweg in zehn Minuten zurück zum Bahnhof von **Erfenstein**.
Für alle, die bisher noch keine Rast eingelegt haben, lohnt sich nun der Besuch des Forsthauses Breitenstein direkt am Ausgangspunkt, wo man mit einer zünftigen Brotzeit die Wanderung angemessen ausklingen lassen kann.

EINE DAMPFLOKOMOTIVE nimmt Sie vom Eisenbahnmuseum Neustadt aus mit auf eine Reise durch die Pfalz: Das Kuckucksbähnel, der Star des Museums, verkehrt zwischen Neustadt, Lambrecht und Elmstein - ein Reisevergnügen wie in vergangenen Zeiten (eisenbahnmuseum-neustadt.de/kuckuck). Bei einer Anfahrt mit dem Bähnel kann man sein Fahrzeug im Übrigen bei der Unterkunft in Neustadt stehenlassen.

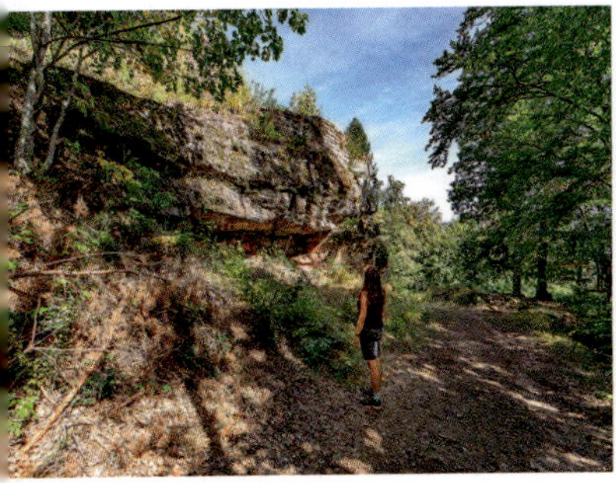

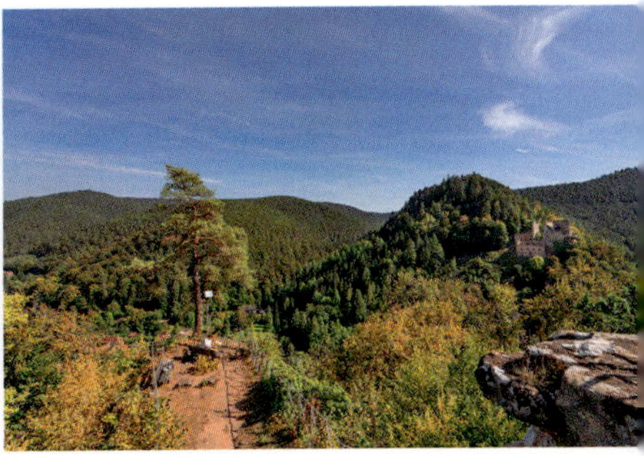

◀ Vorburg der Burg Breitenstein ▶ Auf der Burg Erfenstein

AUF EINEN BLICK

Info

STADT/REGION: Neustadt an der Weinstraße/Deutsche Weinstraße
BESTE REISEZEIT: Ganzjährig
OPTIMALE REISEDAUER: 3 Tage
TOURISTINFO: Tourist-Information Neustadt an der Weinstraße, Hetzelplatz 1, 67433 Neustadt an der Weinstraße, Tel. 6321/92 68 92, touristinfo@neustadt.eu, neustadt.eu

SEHENSWÜRDIGKEITEN

EISENBAHNMUSEUM NEUSTADT/WEINSTRASSE: Schillerstr. 3, 67434 Neustadt an der Weinstraße, Tel. 6321/303 90, info@eisenbahnmuseum-neustadt.de, eisenbahnmuseum-neustadt.de
HAMBACHER SCHLOSS: Schlossstraße, 67434 Neustadt an der Weinstraße, info@hambacher-schloss.de, hambacher-schloss.de
BURG SPANGENBERG: Talstraße, 67434 Neustadt an der Weinstraße, burg-spangenberg.de

ÜBERNACHTUNG

HOTEL MEDITERRANEO: Theodor-Heuss-Str. 29, 67435 Neustadt an der Weinstraße, Tel. 6327/97 88 88, info@mediterraneo-neustadt.de, mediterraneo-neustadt.de €€€
FERIENWOHNUNG OTTO-DILL-HALLE: Künstlerkolonie 13, 67471 Appenthal €€€
GÄSTEHAUS ALTE GLASEREI: Eichstr. 12, 67434 Neustadt an der Weinstraße, Tel. 6321/954 64 33, mail@gaestehaus-alte-glaserei.de, gaestehaus-alte-glaserei.de €€
WOHNMOBILSTELLPLATZ WEINGUT MÜLLER-KERN: Andergasse 38, 67434 Neustadt an der Weinstraße, Tel. 6321/802 51, mueller-kern@t-online.de, weintours.de €

HAMBACHER SCHLOSS

DAUER: 2.45 Std.
HÖHENMETER: 310 Hm

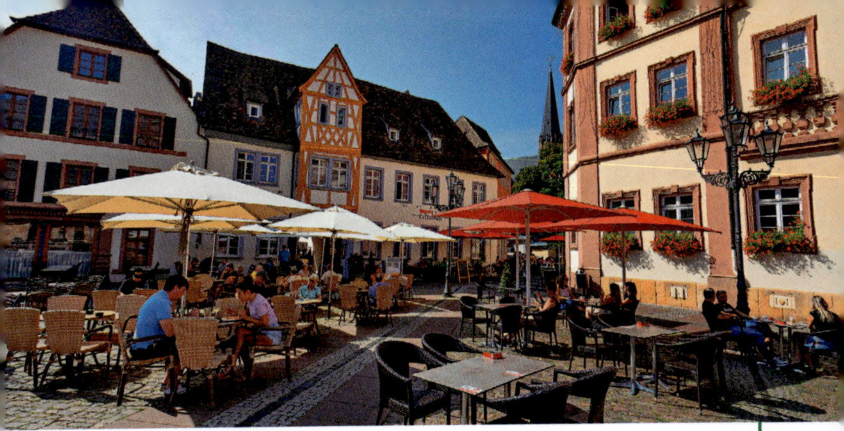

Buntes Treiben auf dem Marktplatz von Neustadt

LÄNGE: 8,6 km
SCHWIERIGKEIT: Mittel
AUSGANGS-/ENDPUNKT: Ausgewiesene und gebührenpflichtige Parkplätze entlang der Zufahrtsstraße zum Hambacher Schloss (Schlossstraße)
TOURENCHARAKTER: Gut begehbare Wege, teilweise felsig, zu Beginn steil ansteigend
BESTE JAHRESZEIT: April bis Oktober
EINKEHR UNTERWEGS: Restaurant 1832, Burgschänke Rittersberg, Hohe-Loog-Haus

3-BURGEN-TOUR

DAUER: 2.30 Std.
HÖHENMETER: 270 Hm
LÄNGE: 7,8 km
SCHWIERIGKEIT: Mittel
AUSGANGS-/ENDPUNKT: Parkplatz an der Talstraße an der Bushaltestelle Erfenstein-Schlossschänke
TOURENCHARAKTER: Vorwiegend gut begehbare Wege, einige schmale und auch unwegsame Pfade, stetiges Auf und Ab wegen der Anstiege zu den Burgen
BESTE JAHRESZEIT: Ganzjährig
EINKEHR UNTERWEGS: Burgschänke Burg Spangenberg, Forsthaus Breitenstein

RUND UM DIE DOMSTADT

Speyer

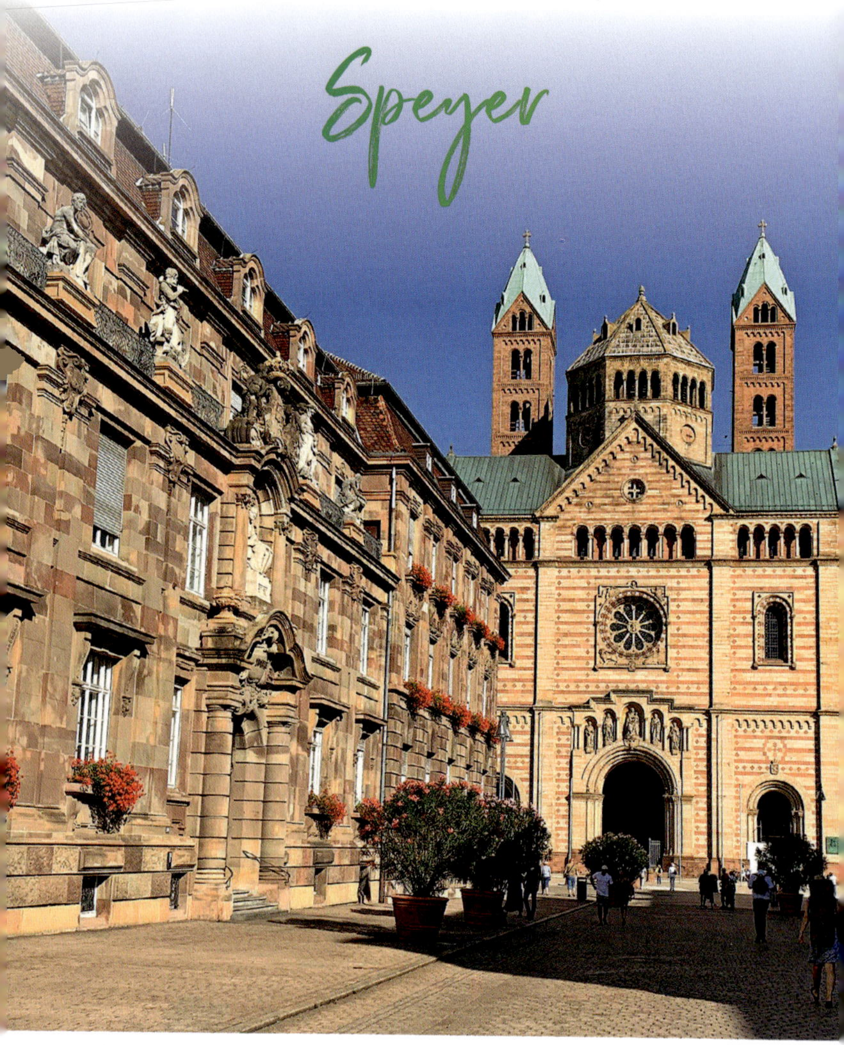

In Speyer dominiert der berühmte Dom das Stadtbild.

Sowohl die Besichtigung der Stadt mit dem berühmten Dom als auch ihr attraktives Umfeld mitsamt dem Rhein sind einen Wochenendtrip wert. Glücklicherweise liegt die Natur sozusagen gleich vor der Haustür, sodass die Wege zwischen Stadtbesichtigung und Wandern kurz sind. Hier gibt es das Kontrastprogramm zu Burgen, Buntsandstein & Co.!

Von Nah und Fern kommen die Besucher, um das berühmte sakrale Bauwerk, die **Domkirche St. Maria und St. Stephan**, kurz: den Speyerer Dom, zu bewundern. Der Kaiserdom wurde im 11. Jahrhundert erbaut und steht auf der UNESCO-Liste des Weltkulturerbes. Umrahmt wird er von einem einladenden Domgarten, in dem es sich herrlich entspannen lässt. Am Domplatz beginnt die mediterran anmutende **Fußgängerzone** mit Läden, Cafés und Restaurants. Die **Statue des Jakobspilgers**, das **Rathaus** mit der markanten roten Fassade und der kunstvolle **St.-Georgs-Brunnen** finden sich ebenfalls in dieser Straße. Sehenswert ist auch das **Altpörtel**, das westliche Stadttor Speyers.

Drei große Besuchermagneten Speyers sollten noch erwähnt werden, bevor wir die Wanderschuhe schnüren und auf Tour gehen: das **Historische Museum der Pfalz** mit hochkarätigen Ausstellungen, das **Technik Museum Speyer**, das Exponate aus dem Fahrzeug- und Flugzeugbau zeigt, und das **Erlebnis-Aquarium SEA LIFE**, das in die Welt der Meeresbewohner entführt.

Abgerundet wird ein Stadtbesuch mit einer **Schifffahrt** auf dem Rhein – die Ausflugsschiffe legen am Helmut-Kohl-Ufer an der umtriebigen **Rheinpromenade** ab. Hier lässt sich auch ein ganz anderes Stück Pfalz erleben: Besucher flanieren die Promenade entlang und beobachten den Schiffsverkehr – das hat etwas Entschleunigendes.

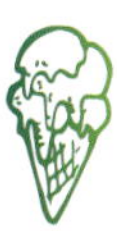

SÜSSE AUSZEIT VOM STADTBUMMEL GEFÄLLIG? Weit über die Grenzen Speyers hinweg ist die Eismanufaktur Englert bekannt. Sowohl Eis als auch diverse Raffinessen wie Ice-Rolls und Saucen sind hausgemacht und verwöhnen nicht nur an heißen Sommertagen den Gaumen. Korngasse 8, 67346 Speyer, eismanufaktur-englert.com

3

AN DER BLAUEN ADRIA

Es ist zwar nicht die Mittelmeer-Adria, aber Urlaubsfeeling kommt trotzdem auf. Und so marschieren wir heute einmal um die Blaue Adria und entlang eines Altrheinarms. Vom Stadtzentrum Speyers ist die Blaue Adria 25 Kilometer entfernt. Und wer den gleichnamigen Campingplatz als Übernachtungsort ausgewählt hat, kann direkt vom Platz aus loswandern.

MITTELMEERFEELING AM STRAND

Campingplatzgäste gehen vom Platz durch eine Zugangstür direkt zum **Strandbad**, alle anderen können beim Hotel Darstein parken, das sich seitlich vom Strandbad befindet. Die Belohnung in Form eines Sonnenbads mit einer Runde Schwimmen im **Adriaweiher** heben wir uns aber noch als Belohnung bis zum Schluss auf. Wir passieren daher das **Strandbad**, indem wir uns nach links wenden und direkt nach der Badebucht rechts abbiegen. Der schmale asphaltierte Weg führt uns links am Adriaweiher entlang geradeaus, bis wir eine **Halbinsel** erreichen.

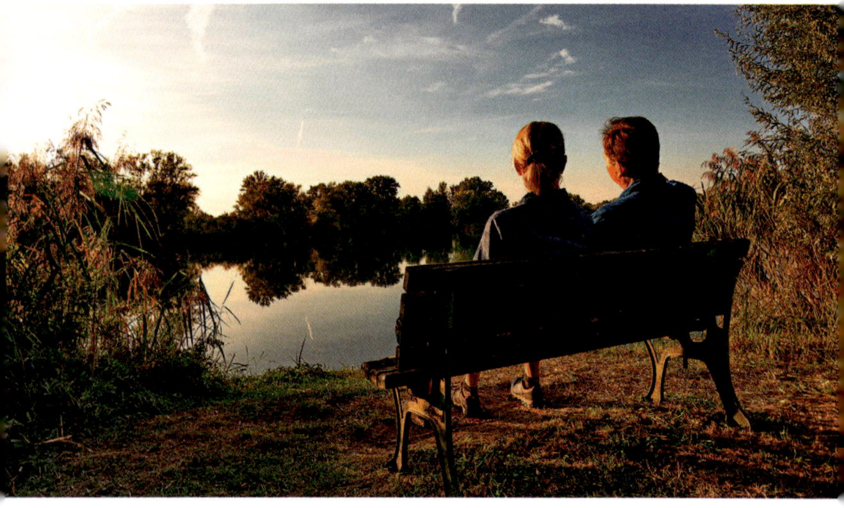

Romantischer Rastplatz mit Blick auf den Altrheinarm

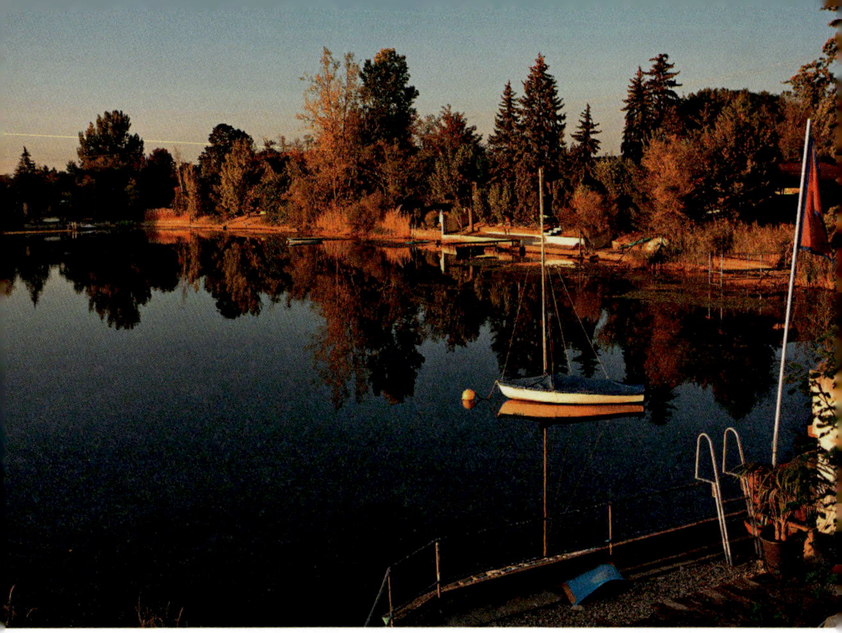

Herrliche Stimmung an der Blauen Adria

EINKEHR AM ALTRHEINARM

So stoßen wir automatisch auf den Arm des **Neuhofener Altrheins**, an dem wir nun entlangwandern und den beschaulichen Ort genießen, indem wir auf einer Bank rasten oder von einem der Bootsstege aus über das Gewässer blicken. Wir sind jetzt auf einem halbschattigen Waldpfad unterwegs. Wenn nach rechts das Sträßlein Rösselsprung abzweigt, verlassen wir diesen idyllischen Teil der Wanderung. Wen nun der Hunger plagt, der kann beim **Restaurant-Imbiss Weißes Rössel** einkehren und sich im gemütlichen Innenbereich oder im Biergarten beispielsweise eine Pizza schmecken lassen. Weiter geht es anschließend vorbei an zahlreichen Wochenendhäusern und Schrebergärten, begleitet rechter Hand vom Adriaweiher und linker Hand vom Schwanenweiher. So gelangen wir zurück zum Ausgangspunkt, wo nun dem Badevergnügen oder einer Stärkung beim **Imbiss** direkt am **Sandstrand** nichts mehr im Wege steht.

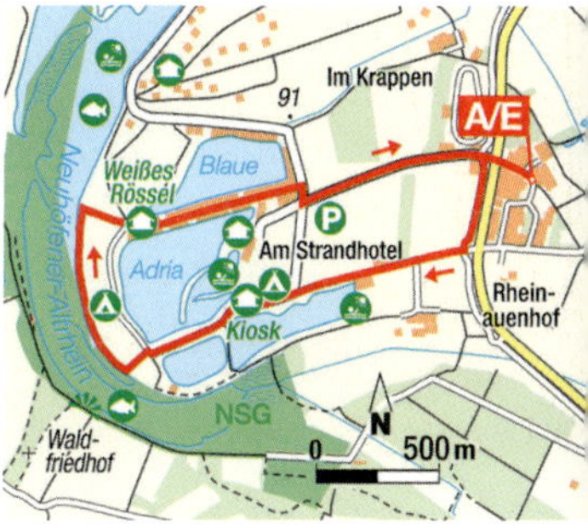

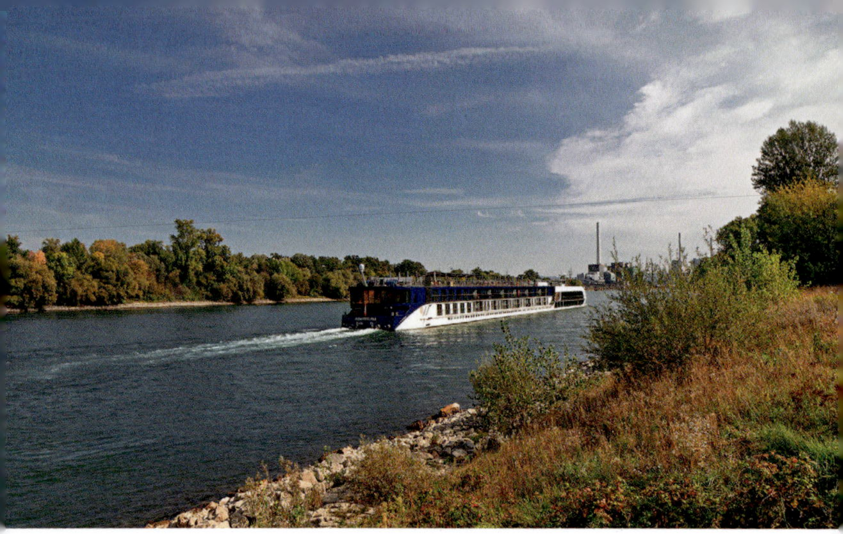

Beim Wandern kann man die Ausflugsschiffe betrachten.

RHEIN-RUNDE UND SILBERSEE BEI ALTRIP

Vom **Wanderparkplatz** an der Großwiesenstraße wenden wir uns Richtung Süden und Rheinufer (das wir allerdings noch nicht sehen können). Wir folgen dem Weg, der bald eine Linkskurve beschreibt und weiter geradeaus führt, vorbei am **Restaurant Weißes Häuß'l Ludwigshafen**. Biegt man vom Hauptweg nach links ab (gegenüber vom Restaurant), gelangt man an einen schönen Strand. Geradeaus weiter erreichen wir das Terrain des Wasser- und Campingclubs Mannheim Ludwigshafen.

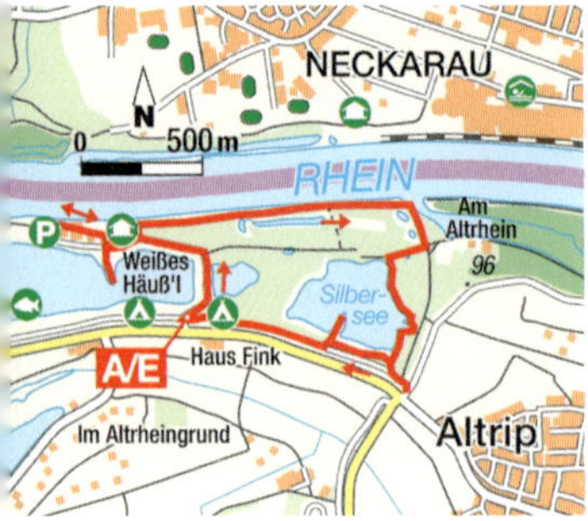

Da wir ohne Fahrzeug unterwegs sind, dürfen wir das Gelände betreten. Wir schlendern nun an den Reihen der Dauercamper vorbei und biegen über einen schmalen öffentlichen Pfad zum Wasser hin ab. Wasser heißt hier: Wir stehen am Ufer des **Kief'schen Weihers**. Dieser kleine Abstecher ist es wert, denn ruhig liegt der Weiher da, und wir blicken auf die Wasseroberfläche, bevor wir wieder zurückgehen und den Campingplatz verlassen.

3

VOM RHEINUFER DURCH WALD UND WIESEN

An der Kreuzung, an der wir geradeaus zum Campingplatz gegangen sind, biegen wir nun nach links ab – und da ist es, das **Rheinufer**! Frachtschiffe schippern gemächlich vorbei, und Treppen führen direkt ans Ufer hinunter. Der Weg am Ufer entlang ist wunderschön und ein Geheimtipp, und so laufen wir ein Stückchen geradeaus am berühmten Fluss entlang, bevor wir dem Weg in eine Rechtskurve folgen und uns vom Fluss abwenden. Zunächst geht es jetzt durch den Wald. Rechts von uns liegt versteckt der **Silbersee**, den man aber leider an keiner Stelle zu Gesicht bekommt, und auch zu seinen Ufern kann man leider nicht durchdringen. Wir kommen aus dem Wald heraus und wandern an einem Feld entlang Richtung Straße. Dort wenden wir uns nach rechts und laufen nun parallel zur wenig befahrenen Straße auf dem Fußgänger-/Radweg immer geradeaus, bis wir schließlich wieder den **Wanderparkplatz** erreichen.

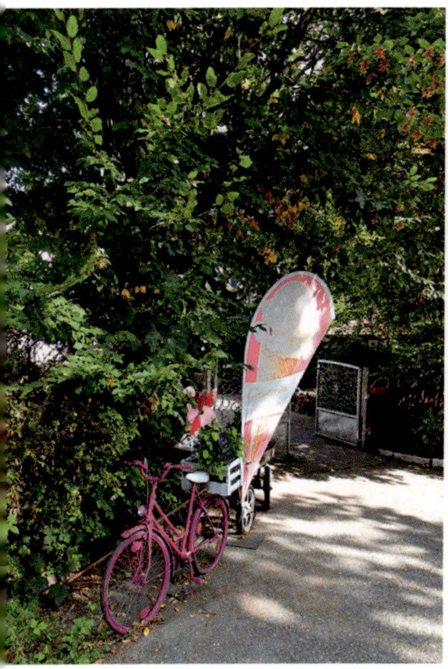

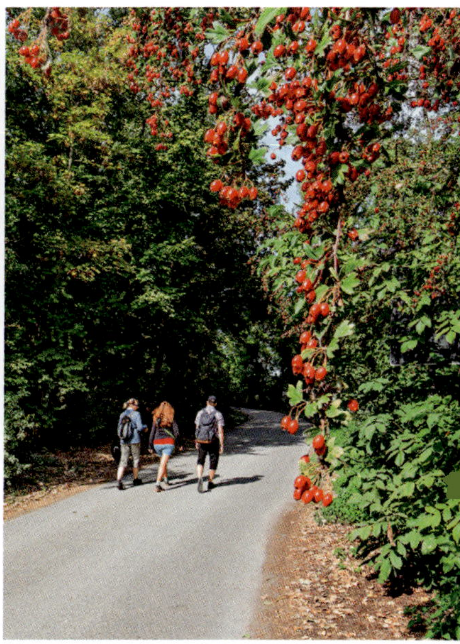

◀ Nette Deko-Spielereien sind typisch für die Pfalz. ▶ Entspanntes Wandern

AUF EINEN BLICK

Info

STADT/REGION: Speyer/Metropolregion Rhein-Neckar
BESTE REISEZEIT: Mai bis Oktober
OPTIMALE REISEDAUER: 3 Tage
TOURISTINFO: Tourist-Information Speyer, Maximilianstr. 13, 67346 Speyer, Tel. 6232/14 23 92, touristinformation@stadt-speyer.de, speyer.de/de/tourismus

SEHENSWÜRDIGKEITEN

DOMKIRCHE ST. MARIA UND ST. STEPHAN/SPEYERER DOM: Domplatz, 67346 Speyer, dom-zu-speyer.de
HISTORISCHES MUSEUM DER PFALZ: Domplatz 4, 67346 Speyer, Tel. 6232/132 50, info@museum.speyer.de, museum.speyer.de
TECHNIK MUSEUM SPEYER: Am Technik Museum 1, 67346 Speyer, Tel. 6232/670 80, speyer.technik-museum.de
SEA LIFE SPEYER: Im Hafenbecken 5, 67346 Speyer, Tel. 180/666 69 01 01, visitsealife.com/speyer

ÜBERNACHTUNG

HOTEL DOMHOF: Bauhof 3, 67346 Speyer, Tel. 6232/1 32 90, E-Mail: rezeption@domhof.de, hoteldomhof.de €€€
HOTEL DARSTEIN: Zum Strandhotel 10, 67122 Altrip, Tel. 6236/44 40, info@hotel-darstein.de, hotel-darstein.de €€€
GASTHAUS ZUM HALBMOND: Nikolausgasse 4, 67346 Speyer, Tel. 6232/312 45 09, info@halbmond-speyer.de, halbmond-speyer.de €€
CAMPINGPLATZ BLAUE ADRIA: Adriastraße, 67122 Altrip, Tel. 6236/38 31, campingplatz-blaue-adria-altrip.de €

AN DER BLAUEN ADRIA

DAUER: 1.15 Std.
HÖHENMETER: 10 Hm
LÄNGE: 4,9 km
SCHWIERIGKEIT: Leicht
AUSGANGS-/ENDPUNKT: Strandbad Blaue Adria

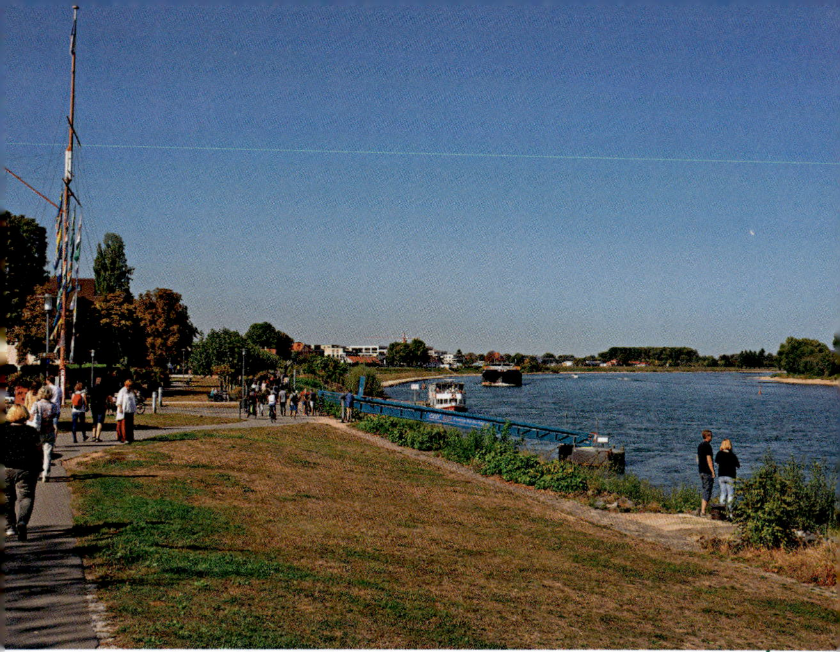

An der Rheinpromenade legen die Ausflugsschiffe an.

TOURENCHARAKTER: Einfache und entspannte Wanderung durch das Naturschutzgebiet Blaue Adria
BESTE JAHRESZEIT: Ganzjährig
EINKEHR UNTERWEGS: Restaurant Weißes Rössel, Kiosk am Badestrand

RHEIN-RUNDE UND SILBERSEE

DAUER: 1.20 Std.
HÖHENMETER: 10 Hm
LÄNGE: 5,2 km
SCHWIERIGKEIT: Leicht
AUSGANGS-/ENDPUNKT: Wanderparkplatz an der Großwiesenstraße
TOURENCHARAKTER: Leichte Wanderung auf gut begehbaren Wegen, teils auch schmale Pfade
BESTE JAHRESZEIT: Ganzjährig
EINKEHR UNTERWEGS: Restaurant Weißes Häuß'l Ludwigshafen

WEINSTADT MIT RIESENFASS

Bad Dürkheim

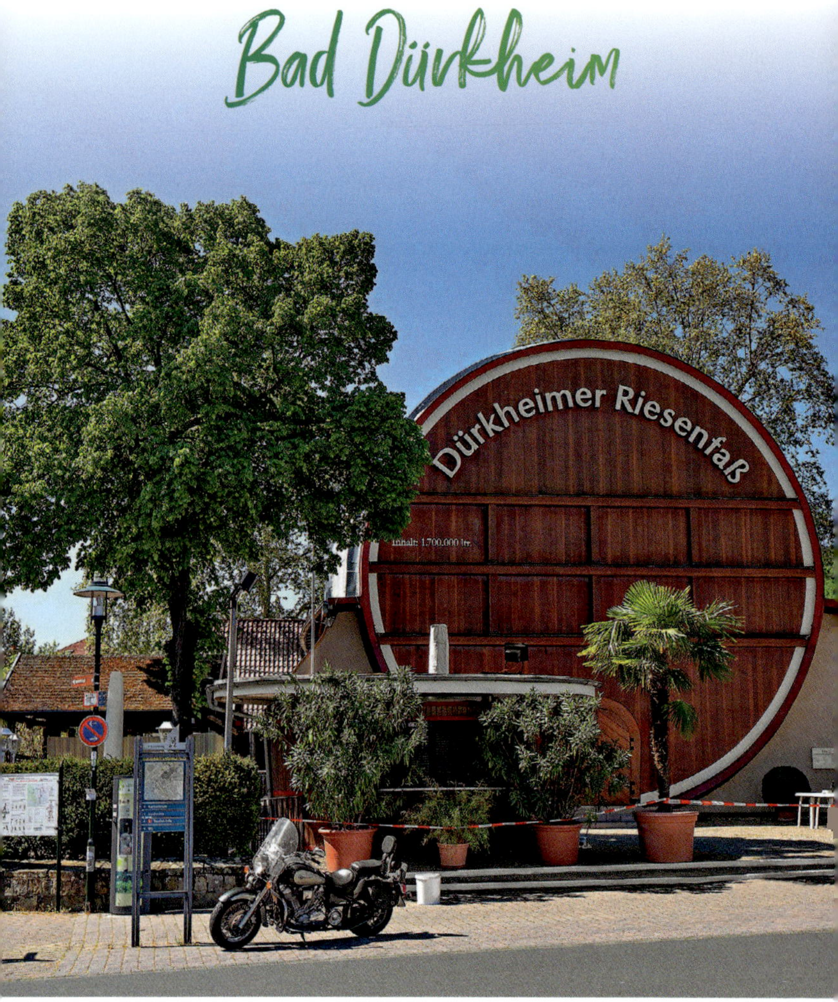

Das überdimensional große Weinfass beherbergt ein Restaurant.

4

»Wurstmarkt« und »Riesenfass« lauten die beiden Markenzeichen, die die Kurstadt Bad Dürkheim weit über die Landesgrenze hinaus bekannt gemacht haben. Die Stadt liegt zudem an einem Nebenfluss des Rheins und hat mit einer Schloss- und einer Klosterruine auch Historisches zu bieten.

Die Kurstadt Bad Dürkheim liegt am Rande des Pfälzerwaldes – neben der hübschen, gepflegten Altstadt punktet der Ort auch mit seiner prächtigen Umgebung, geprägt von Burgen, Reben und so manchem Historischem. Ein perfekter Ausgangspunkt für viele Aktivitäten!
Das Dürkheimer **Riesenfass** ist die Attraktion Nr. 1 in Bad Dürkheim. Das größte Weinfass der Welt hat ein Fassungsvermögen von 1,7 Millionen Litern und repräsentiert als Denkmal den deutschen Wein. Allerdings ist das Riesenfass nicht mit Wein gefüllt und war es auch nie, sondern beherbergt ein Restaurant.
Zum überdimensionalen Fass gesellt sich Attraktion N. 2, der **Wurstmarkt**: Alljährlich am zweiten und dritten September-Wochenende findet dieses Volksfest der Extraklasse statt, das mit über 600 000 Gästen als das größte Weinfest der Welt gilt.
Wie jede richtige Kurstadt verfügt auch Bad Dürkheim über einen **Kurpark**. Hier lässt es sich prima bei einem Spaziergang oder Picknick im Grünen entspannen. Am Rand des Parks fesselt ein ganz besonderes Bauwerk unsere Aufmerksamkeit: der **Gradierbau**, der 333 Meter lange ehemalige Teil einer Salinenanlage, über dessen Wände aus aufgeschichteten Reisigbündeln das Salzwasser einer Heilquelle rieselt. Die Tröpfchen des verdunstenden Salzwassers inhaliert man – was einen positiven Effekt auf Lunge und Bronchien hat. Der Gradierbau, einer der längsten seiner Art in Deutschland, ist das Wahrzeichen der Stadt.

Tipp

Wer mehr über den Gradierbau, seine Geschichte und Funktionsweise erfahren möchte, dem sei die Gästeführung »Von der Salzgewinnung zum Kurbad« mit der wechselvollen, teils dramatischen Geschichte des ehemaligen Industriebauwerks empfohlen. Informationen hierzu sowie Tickets sind bei der Tourist-Information erhältlich.

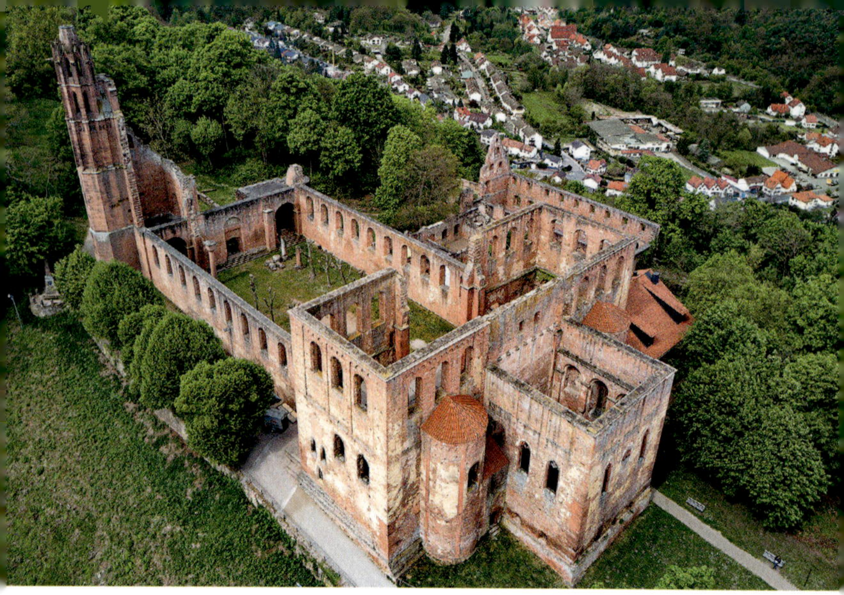

Ein magischer Ort ist die Klosterruine Limburg.

SCHLOSSRUINE HARDENBURG UND KLOSTERRUINE LIMBURG

Die Wanderung verbindet wunderbar die beiden historischen Besonderheiten Bad Dürkheims miteinander: Die Festungsruine Hardenburg, von den Grafen von Leiningen erbaut, ist eine mittelalterliche Höhenburg aus dem 16. Jahrhundert und beherbergt heute eine Dauerausstellung zur Geschichte der Burg. Die Klosterruine Limburg wurde im 9. Jahrhundert von den Saliern errichtet und im 11. Jahrhundert zu einem Benediktinerkloster umfunktioniert.

GEHEIMNISVOLLES KLOSTERGEMÄUER

Wir starten direkt mit dem ersten Highlight, der Klosterruine Limburg. Im romanischen Stil errichtet, liegt sie am Rand des Pfälzerwalds und thront erhaben über dem Ufer des Rhein-Nebenflusses Isenach. Wir schlendern entlang der verbliebenen Sandsteinmauern und lassen die mystische Aura des Ortes auf uns wirken. Die Klosterschänke KONRAD2 in der ehemaligen Sakristei lassen wir noch links liegen, eine Einkehr könnte später als Belohnung für die Wanderung winken.

Zunächst führt die Wanderung über die Fahrstraße, an deren Ende es geradeaus in die Hammeltalstraße geht. Nach der **Schutzhütte Dicke Eiche** halten wir uns links und folgen der Wegmarkierung rot-gelber Balken. Wir erreichen die **Kreuzung Dicke Eiche**, eine Wegspinne, ab der wir der Markierung weiß-blauer Strich und der Beschilderung »Ruine Hardenburg« folgen. Wir sind nun mittendrin im Pfälzerwald, und da wir den höchsten Punkt der Wanderung bereits passiert haben, geht es in Kurven bergab bis zur Hardenburg.

MÄCHTIGE HÖHENBURG

Die **Ruine der Hardenburg** zählt zu den größten Burgen der Pfalz. Sie thront auf einer Bergnase, sodass in früheren Zeiten das Isenachtal und die Rheinebene einsehbar waren. Die Besichtigung der Burg kostet Eintritt, dafür kann man sich aber nicht nur in den Gemäuern der teilsanierten mächtigen Anlage umschauen, sondern erfährt in der Dauerausstellung inklusive Multimediashow zusätzlich Interessantes. Da es hier so viel zu erkunden und entdecken gibt, sollte man allein schon deshalb für diese Wanderung etwas mehr Zeit einplanen.

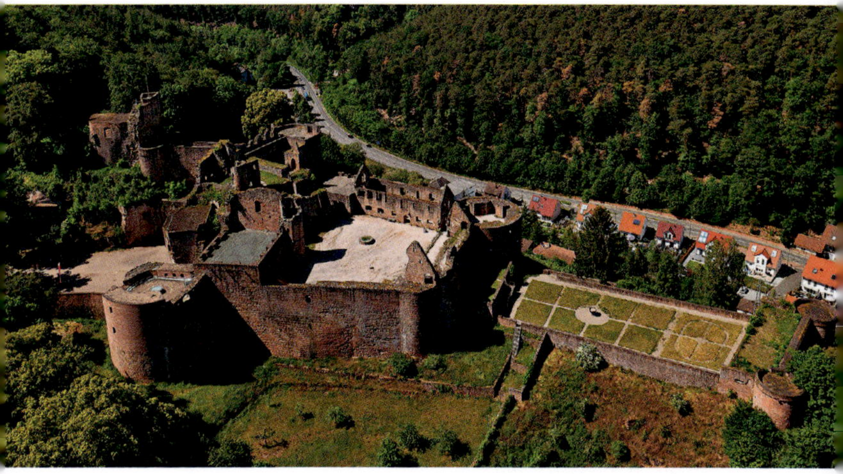

Auch die Ruine der Hardenburg hat eine ganz besondere Ausstrahlung.

Eine Rast ist alsdann in der Waldgaststätte **Lindenklause** möglich, die sich hinter der Hardenburg befindet. Das kleine Gasthaus liegt verwunschen im Wald und auf dem ehemaligen Turnierplatz der Hardenburg. Es bietet zum Pfälzer Schoppen günstiges, gutes Essen.

BURGSCHÄNKE UND RÜCKWEG

Frisch gestärkt folgen wir nun der Wegmarkierung blauer Balken Richtung Schlangenweiher/Limburg. Wir passieren im Wald den **Schlangenweiher** mit seinen seltenen Amphibienarten, der inmitten eines Naturschutzgebiets liegt. Anschließend biegen wir links ab und gelangen wieder auf die Fahrstraße, der wir nach links zurück zum Ausgangspunkt an der **Klosterruine Limburg** folgen. Wer nicht in der Lindenklause eingekehrt ist, kann sich nun in der **Klosterschänke** stärken.

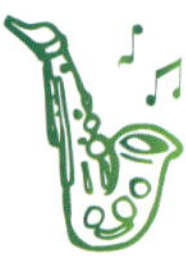

GANZ EXKLUSIV kann man im Rahmen des Open-Air-Festivals »Limburg Sommer« ein Konzert in einem besonderen Ambiente genießen: Von Juni bis August wird ein vielfältiges Programm im Refektorium der Klosterruine geboten. Auskünfte erteilt die Tourist-Information Bad Dürkheim.

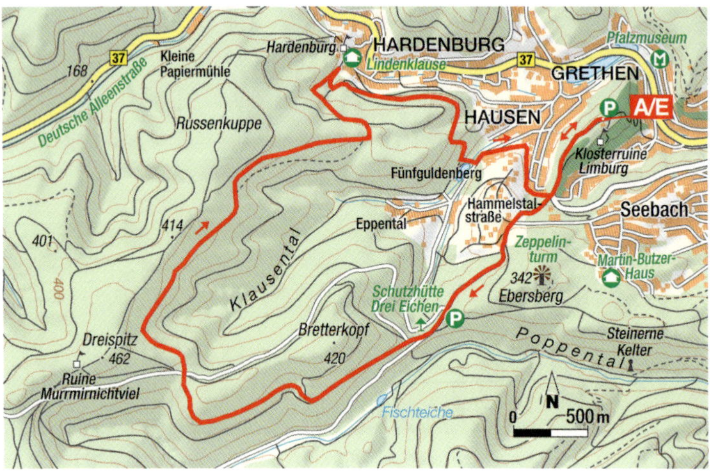

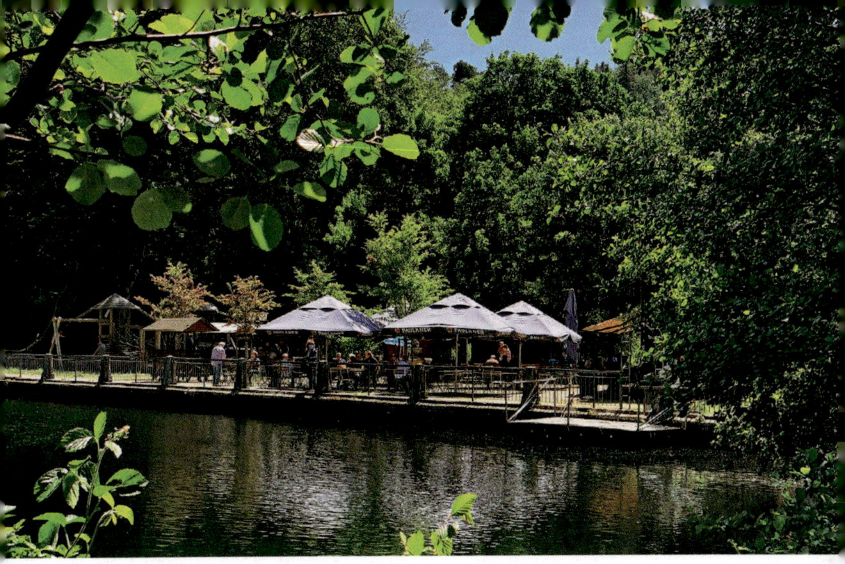

Der Isenachweiher ist ein wunderbares Wander- und Ausflugsziel.

DURCHS WOLFENTAL ZUM ISENACHWEIHER

Versteckte Pfade führen zum Isenachweiher, einem Kleinod, das über eine schöne Wanderung durch das Wolfental erreicht werden kann – nur einen Katzensprung von Bad Dürkheim entfernt.

EINDRUCKSVOLLES WOLFENTAL

Den Bach sieht man eigentlich nicht, wenn man durch das urtümliche **Wolfental** wandert (am **Wanderparkplatz** neben dem Waldhaus Wolfental, unserem Ausgangspunkt, zunächst links halten, das ist schöner als von Anfang an den Forstweg zu gehen). Nur der **Schleipbrunnen**, eine kleine, eingefasste Quelle, ist vom Weg aus sichtbar und mit ein paar Schritten zu erreichen. Über Steintreppchen geht es hinunter zur Quelle. Kühl, still und schattig ist es hier, und auch wenn wir die Wanderung gerade erst gestartet haben, spricht nichts gegen ein Verweilen an diesem verborgenen Ort.
Kurz darauf treffen wir auf den breiten, geschotterten Forstweg, dem wir nun ein ganzes Stück folgen. Die Wegmarkierung ist ein grünes Kreuz. Umgeben von hohen Bäumen rechts und links genießen wir die Sonnenstrahlen. Nach knapp zweieinhalb Kilometern zweigt scharf links ein

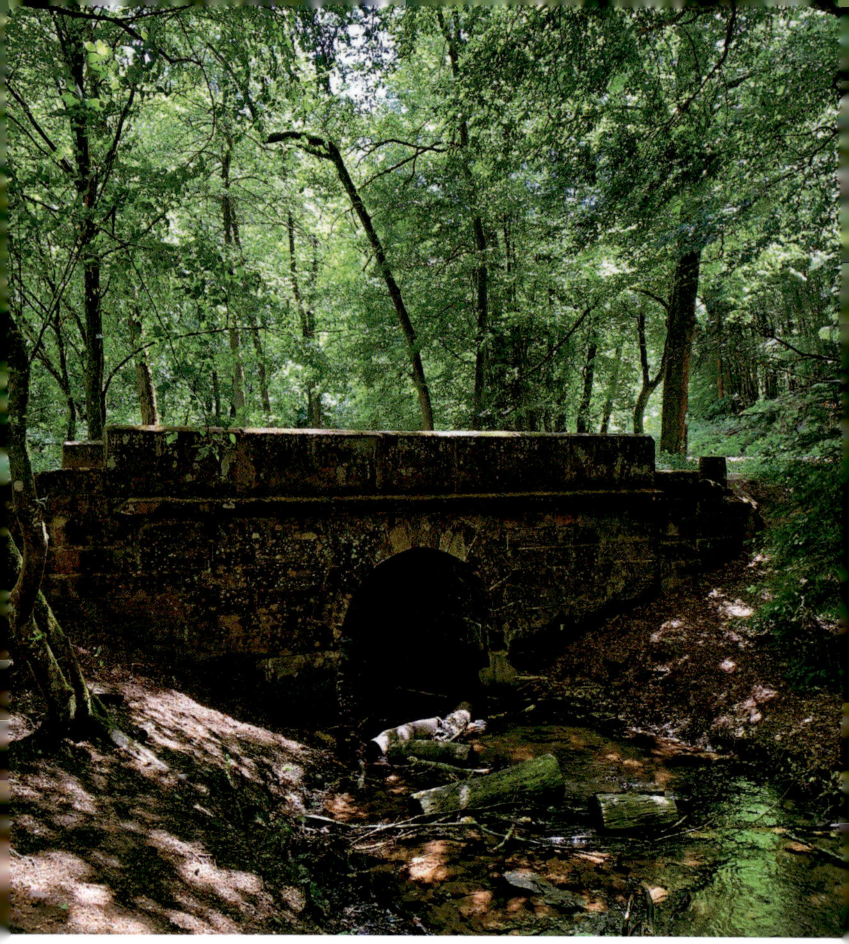

Erfrischende Pause am Bach unterhalb der malerischen Steinbrücke

schmaler Pfad ab, die einzige steile Passage der Wanderung. Ab jetzt verläuft der Weg überwiegend schattig, und gleichzeitig wird es richtig idyllisch. Wir erreichen einen **verwunschenen Gang** – anders kann man es nicht nennen, denn tatsächlich spaziert man durch einen von Bäumen überdachten Tunnel, an manchen Stellen muss man sich sogar bücken.

MALERISCHER ISENACHWEIHER

Dann treffen wir erstmals auf Wasser. Eine **Steinbrücke** überquert den Bach **Isenach**, der von rechts als schmales Gewässer kommt und sich dann nach links zu einem kleinen See ausweitet. In diese Richtung führt unser Weg. Wir laufen nahe am Seeufer des **Isenachweihers** entlang bzw. etwas oberhalb davon. Der verträumt daliegende Weiher, durch den Bau eines Staudamms entstanden, ist ein geruhsames Wanderziel. An den Stellen, von denen man gut auf das Wasser blicken kann, stehen Bänke. Hier lässt sich der Blick auf den See bestens genießen, bevor es weiter zum **Forsthaus zur Isenach** am Ende des Weihers geht – eine Einkehr ist ein Muss und selbstverständlich (siehe Tipp).

Die letzten Meter zurück zum Ausgangspunkt gestalten sich im Vergleich zur vorangegangenen Wanderung recht unspektakulär. Wir wandern zur nahen Bundesstraße, überqueren diese und laufen parallel dazu auf ihrer rechten Seite (aber nicht zu nahe an der Straße entlang) zurück zum **Wanderparkplatz**, indem wir ganz zuletzt die B 37 noch einmal überqueren.

IM FORSTHAUS ZUR ISENACH kann man nicht nur sehr lecker essen und einen Pfälzer Schoppen genießen – vor allem im schönen Biergarten direkt am Seeufer –, sondern auch Tretboote ausleihen und den Weiher vielleicht noch einmal aus einer anderen Perspektive genießen (forsthaus-isenach.de).

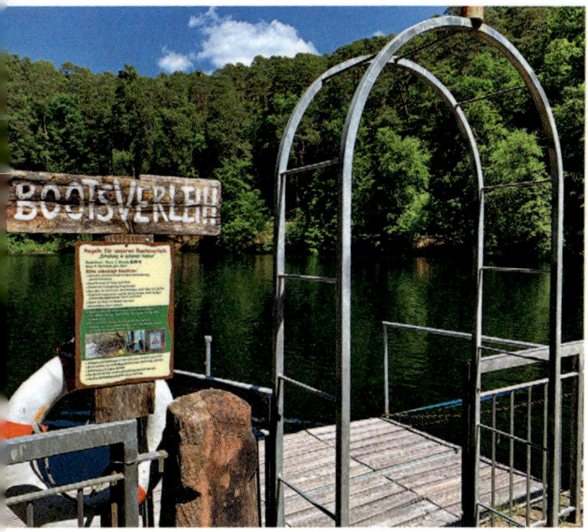

Genug Energie übrig? Dann ab ins Tretboot!

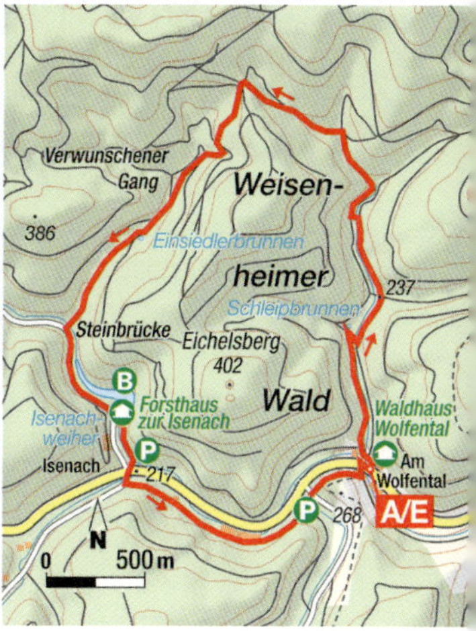

AUF EINEN BLICK

Info

STADT/REGION: Bad Dürkheim/Landkreis Bad Dürkheim
BESTE REISEZEIT: April bis Oktober
OPTIMALE REISEDAUER: 2–3 Tage
TOURISTINFO: Tourist-Information Bad Dürkheim, Kurbrunnenstr. 14, 67098 Bad Dürkheim, Tel. 6322/93 51 40, info@bad-duerkheim.de, bad-duerkheim.de/kultur-tourismus

SEHENSWÜRDIGKEITEN

DÜRKHEIMER RIESENFASS: St.-Michaels-Allee 1, 67098 Bad Dürkheim
GRADIERWERK: Salinenstr. 17, 67098 Bad Dürkheim
KLOSTERRUINE LIMBURG: Luitpoldweg 1, 67098 Bad Dürkheim
SCHLOSS- UND FESTUNGSRUINE HARDENBURG: Kaiserslauterer Str. 393, 67098 Bad Dürkheim, Tel. 6322/75 30, info@burgen-rlp.de, schloss-hardenburg.de
FORSTHAUS ZUR ISENACH: Am Isenachweiher/B 37, Tel. 6329/81 47, 67098 Bad Dürkheim, mail@isenach.de, forsthaus-isenach.de

ÜBERNACHTUNG

GARTENHOTEL HEUSSER: Seebacher Str. 50–52, 67098 Bad Dürkheim, Tel. 6322/93 00, info@hotel-heusser.de, hotel-heusser.de €€€
HOTEL-RESTAURANT WALDSCHLÖSS'L: Kaiserslauterer Str. 393, 67098 Bad Dürkheim, Tel. 6322/987 24 50, bernd-goeller@hotmail.com, restaurant-waldschloessl.de €€€
GÄSTEHAUS DEHN: Weinstr. 22, 67098 Bad Dürkheim, Tel. 6322/54 02, post@weinbau-dehn.de, weinbau-dehn.de €€
KNAUS CAMPINGPARK BAD DÜRKHEIM: In den Almen 1, 67098 Bad Dürkheim, Tel. 6322/613 56, badduerkheim@knauscamp.de, knauscamp.de/bad-duerkheim €

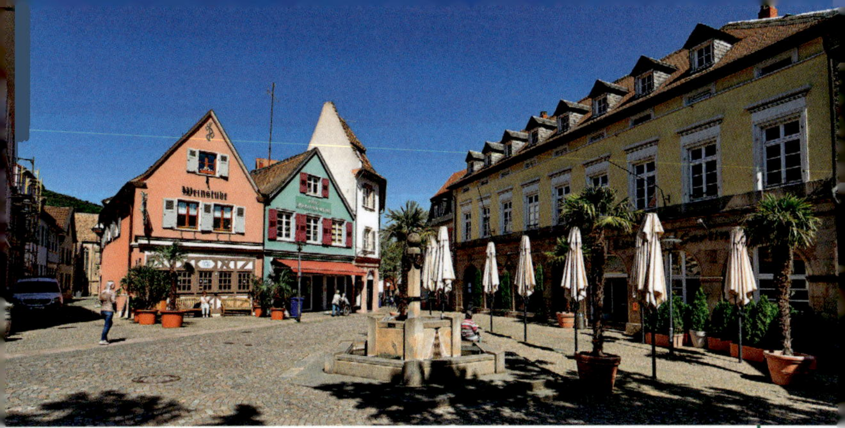

Bad Dürkheim hat eine schöne, einladende Altstadt.

RUINEN HARDENBURG UND LIMBURG

DAUER: 3 Std.

HÖHENMETER: 458 Hm

LÄNGE: 10,4 km

SCHWIERIGKEIT: Mittel

AUSGANGS-/ENDPUNKT: Parkplatz bei der Klosterruine Limburg in Bad Dürkheim/Grethen

TOURENCHARAKTER: Erlebnisreiche Runde auf gut begehbaren Wegen, teils auf einer Fahrstraße, teils auf schmalen Waldpfaden

BESTE JAHRESZEIT: April bis Oktober; im Herbst und Winter auf rutschige Passagen im Wald achten!

EINKEHR UNTERWEGS: Klosterschänke KONRAD2, Lindenklause

WOLFENTAL UND ISENACHWEIHER

DAUER: 2 Std.

HÖHENMETER: 170 Hm

LÄNGE: 6,6 km

SCHWIERIGKEIT: Leicht

AUSGANGS-/ENDPUNKT: Wanderparkplatz neben dem Parkplatz beim Waldhaus Wolfental

TOURENCHARAKTER: Leicht begehbare Wege, nur eine kurze, steile Passage, wenige Höhenmeter, viel Schatten

BESTE JAHRESZEIT: April bis Oktober

EINKEHR UNTERWEGS: Forsthaus zur Isenach

WIE IN DER TOSKANA!

Neuleiningen

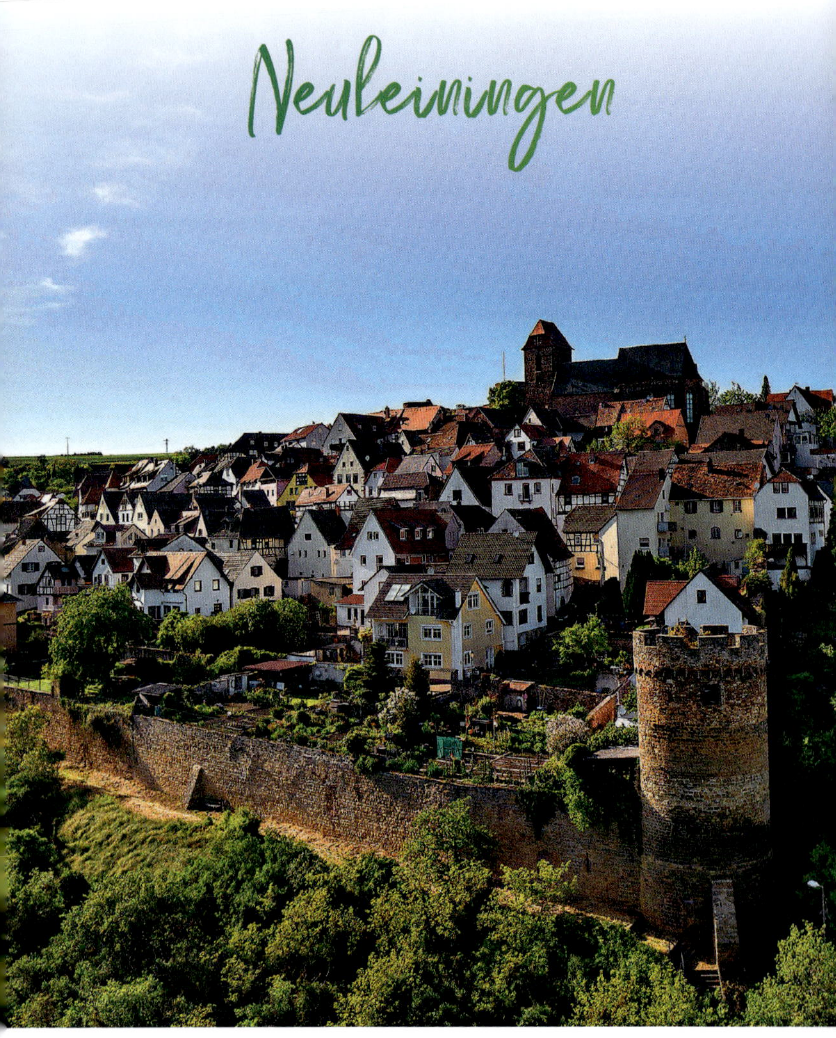

Wie eine Zeitreise ins Mittelalter: der Ort Neuleiningen

5

Oben thront die Ruine einer Höhenburg, und um sie herum schmiegt sich der Ort Neuleiningen auf mehreren Ebenen an den Hang. Eine Anordnung, wie sie auch viele pittoreske toskanische Dörfer haben! Der Ort ist eine Perle an der Deutschen Weinstraße und am Rand des Pfälzerwalds.

Unbestritten ist die **Burg Neuleiningen** die Hauptattraktion des Orts, bekommt aber durch die beiden anderen Burgen Altleiningen und Battenberg ganz ernsthafte Konkurrenz. Wie gut, dass man sich beim unten beschriebenen Leininger Burgenweg ein Bild von der schönsten der drei Burgen machen kann! Bleiben wir aber noch kurz bei der Burg in unserem toskanisch anmutenden Ort: Man genießt von ihr nicht nur einen fantastischen Rundumblick, die Anlage nach französischem Vorbild ist mit ihren vier runden Türmen auch etwas ganz Besonderes.

Tipp

Viele Feste und Veranstaltungen kann man das ganze Jahr über im Innenhof der Burg Neuleiningen und im Ort erleben. Angefangen beim »Frühling in den Gassen« über Konzerte und das Burgweinfest im Burghof bis hin zum »Romantischen Weihnachtsmarkt« ist einiges geboten. Das historische Bergdorf bietet für alles die perfekte Kulisse.

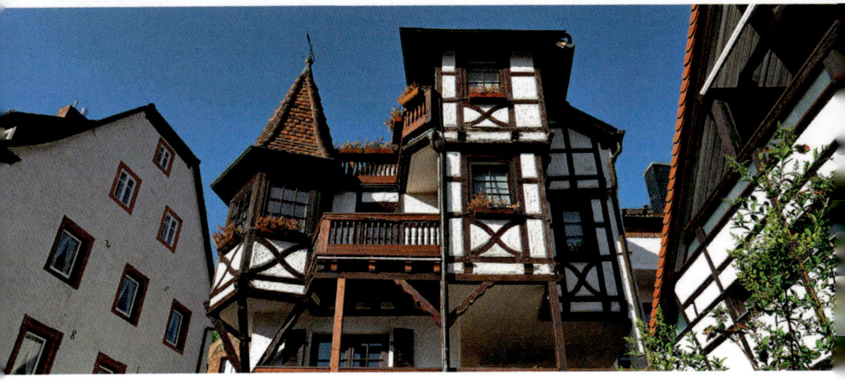

Wunderschöne Fachwerkhäuser prägen das Stadtbild.

5

Neben der Burg ist die katholische **Kirche St. Nikolaus** sehenswert. Das spätgotische Gotteshaus ist eine Wallfahrtskirche und ein Kulturdenkmal und besteht aus einem markanten Westturm mit anschließendem Langhaus. An derselben Stelle befand sich einst die Burgkapelle der Burg Neuleiningen. Neben dem hübschen historischen Stadtkern, der Stadtbefestigung mit dem Oberen Tor als einzig erhaltenem in der Mauer und dem Marktplatz mit Brunnen sind es vor allem viele historische Bauwerke, die einen Besuch reizvoll machen. Sie sind alle mit erläuternden Bronzetafeln versehen.

Tipp

Statt auf eigene Faust kann Neuleiningen auch im Rahmen einer Burg- und Dorfführung erkundet werden. Sie findet nach Vereinbarung statt und dauert etwa eineinhalb Stunden. Bei Interesse wendet man sich an den Heimat- und Kulturverein e. V., Untergasse 56, 67271 Neulininingen, Tel. 6359/823 56.

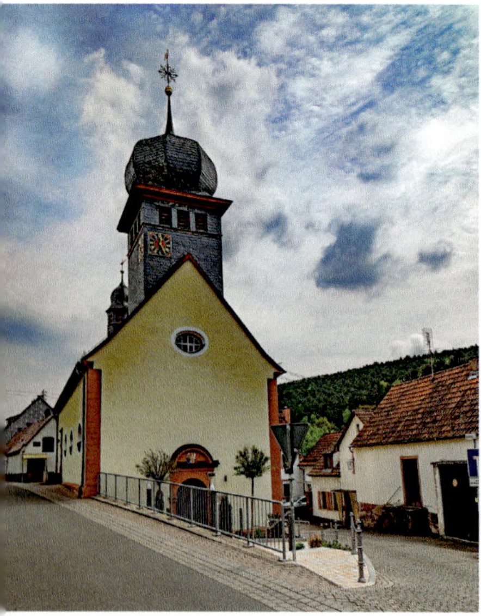

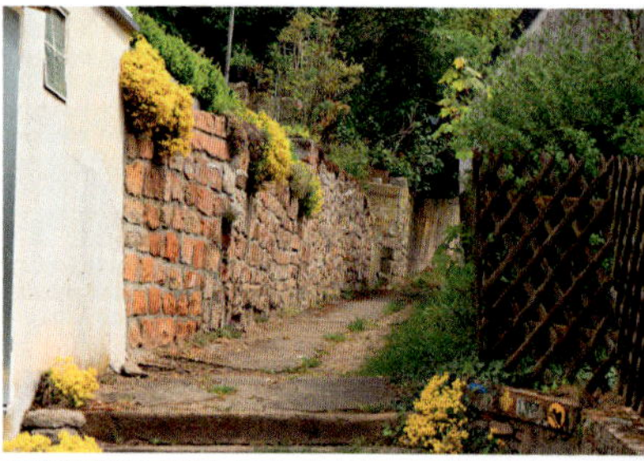

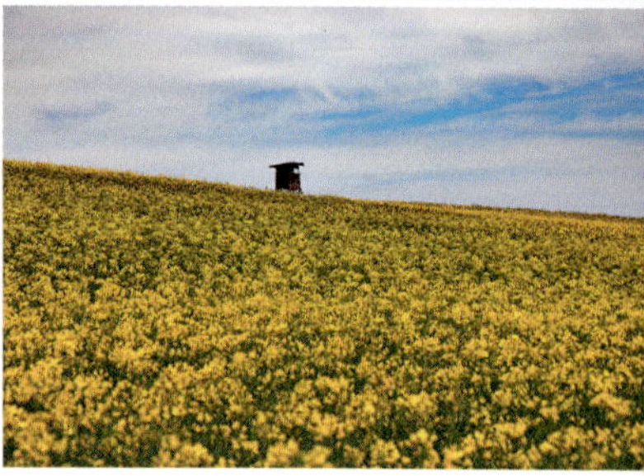

◀ Protestantische Kirche in Altleiningen ▲ Es geht durch enge Gässchen ...
▼ ... und entlang blühender Felder.

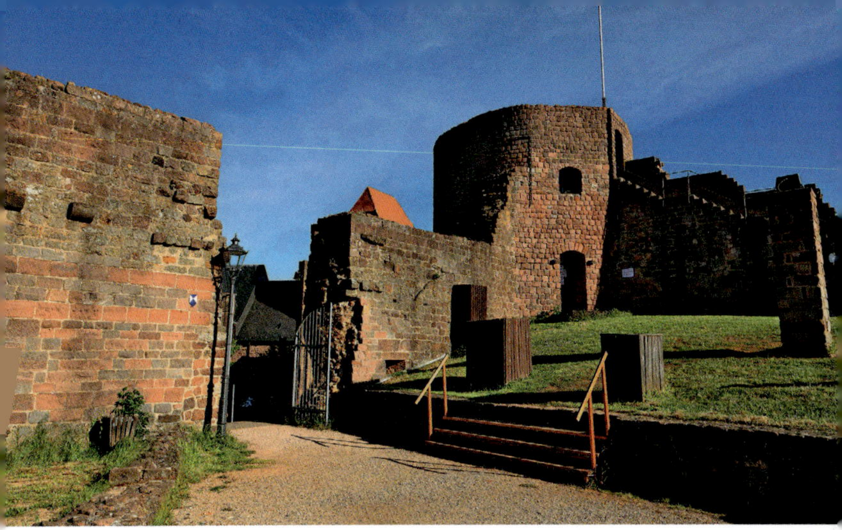

Höhepunkt der langen Wanderung ist die Burg Neuleiningen.

LEININGER BURGENWEG

Eine durchaus anspruchsvolle Wanderung mit vielen Highlights wartet an diesem Wochenende auf uns. Wie ein roter Faden begleiten zahlreiche Hochsitze den langen Weg – witzigerweise ähnelt keiner dem anderen. Aber natürlich sind es die drei Burgen, Kirchen und Türme, die diese Wanderung abwechslungsreich und besonders machen.

VON NEULEININGEN ZU BURG UND ORT ALTLEININGEN

Wir beginnen unsere Wanderung im Burg- und Weindorf **Neuleiningen** und folgen dem Weg, der durchgängig mit einem schwarzen Burgensymbol auf gelbem Grund markiert ist. Lange geht es geradeaus und durch den Wald, vorbei an einer **Imkerei**. Drei Kilometer nach dem Startpunkt treten wir auf ein **Feld** hinaus – ist man hier im Frühjahr unterwegs, bieten riesige, in gelber Blüte stehende Rapsfelder einen atemberaubenden Anblick.

Nach Überqueren der Landstraße (L 520) steigen wir leicht hinauf zur wunderschönen **Burg Altleiningen**, in der eine Jugendherberge mit eigenem Freibad untergebracht ist. Für uns besonders wichtig: Es gibt eine Burgschänke, in der wir einkehren und uns stärken können. Die Burg Altleiningen gilt als eine der schönsten Burganlagen der Pfalz; sie stammt aus dem 12. Jahrhundert und war Stammschloss der Leininger Grafen.

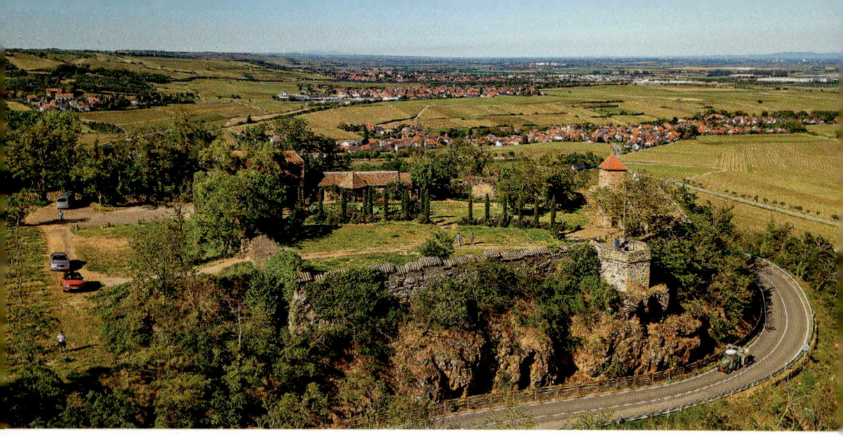

Die Burgruine Battenberg erhebt sich über dem Leininger Tal.

Anschließend wandern wir durch den Ort Altleiningen, ein etwas verschlafen wirkendes Städtchen, das in einem schönen Tal liegt. Wir überqueren den Eckbach, umrunden den Zimmerberg und kreuzen eine weitere Landstraße. Es geht wieder aufwärts, diesmal auf den Kupferberg.

AUF DEM KUPFERBERG

Unser abwechslungsreicher Wanderweg ist der reinste Genuss. Oben auf dem Kupferberg präsentiert sich uns ein Meer aus Steinmännchen, das kilometerweit unseren Weg säumt. Teilweise sind es richtige Wälder aus Steinmännchen und -türmen. Wer noch einen unverbauten Stein findet, darf gern anbauen!

Es folgt der Kupferbergfelsen mit dem Sandsteingebilde Kamelkopf, ein gigantischer Felsen, den wir umrunden, um zu einem Aussichtspunkt zu gelangen (Sackgasse). Leider verdecken hohe Kiefern den Ausblick vom Kupferberg, dafür entschädigt uns aber der Weg durch den duftenden Kiefernwald.

Nach dem Abstecher geht es auf dem markierten Weg weiter entlang des Bergrückens. Auf einer wunderschön positionierten Bank machen wir Rast und blicken nach Westen - einen guten Teil des bereits zurückgelegten Weges kann man von hier aus überblicken.

SZENENWECHSEL

Wir wandern etwa drei Kilometer weiter durch den Wald, vorbei an zahlreichen Ameisenhaufen, verlassen den Wald dann und erblicken, auf der Höhe bleibend, endlose Felder entlang schier undurchdringlich scheinender Hecken. Einige Zeit später erreichen wir den Funkturm **Weilerskopf**. Bevor wir wieder nach Neuleiningen zurückkehren, folgt natürlich noch die dritte Burg im Bunde. Wir wandern durch den Ort **Battenberg**, an dessen Rand die **Burg Battenberg** steht. Ihre Ruinen erheben sich 120 Meter über dem Leininger Tal. Der Blick von der Burg reicht über die Rheinebene und das Rebenmeer und ist einfach umwerfend schön. Im Innenhof der Burg kann man sich stärken und einen Pfälzer Wein probieren oder man blickt einfach von der Burgmauer hinab in die Rheinebene.

Mit oder ohne Stärkung steigen wir ins Tal hinab und überqueren noch einmal den Eckbach. Nachdem wir die Talstraße passiert haben, wandern wir hinauf nach **Neuleiningen**. Dabei genießen wir die ganz besondere Ausstrahlung des Orts mit seiner malerischen Altstadt und bewundern Kunsthandwerk, Fachwerkhäuschen mit Türmchen und Erkern, schmale Gässchen und zuletzt die Burgruine mit Burgschänke und die Kirche St. Nikolaus.

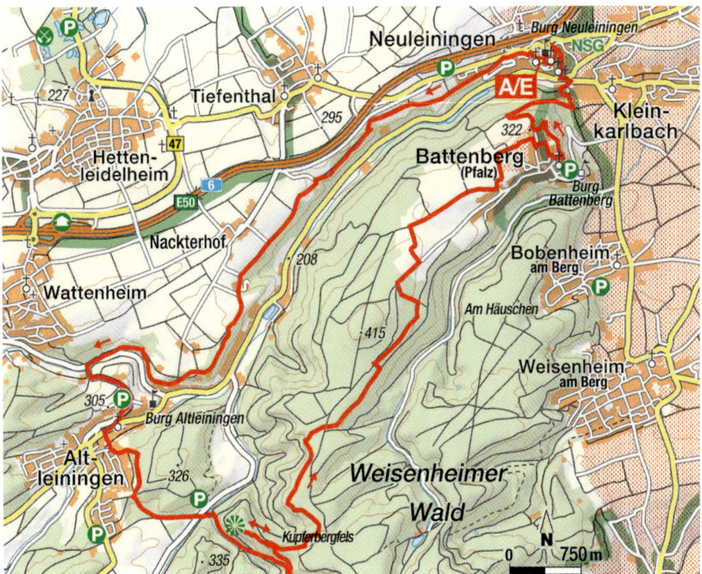

5

AUF DEM GANERBENWEG

Der Ganerbenweg ist sehr erlebnis- und abwechslungsreich. Neben zahlreichen landschaftlichen Highlights bietet er auch viel Geschichtliches wie alte Grenzsteine, sagenumwobene Felsformationen oder den wuchtigen Bismarckturm, der noch das Pathos der Kaiserzeit ausstrahlt. Nach einer schönen Anreise über die sich durch den Pfälzerwald schlängelnde L 518 erreichen wir vier Kilometer westlich von Kallstadt den **Parkplatz des Forsthauses Lindemannsruhe**. Das Gasthaus sieht sehr einladend aus, aber noch haben wir uns ja die Einkehr nicht verdient. Wir tauchen sofort in den Wald ein und folgen dem Wanderzeichen schwarzes Beil auf gelbem Grund. Der Weg ist recht neu angelegt und mit neuen Bänken ausgestattet.

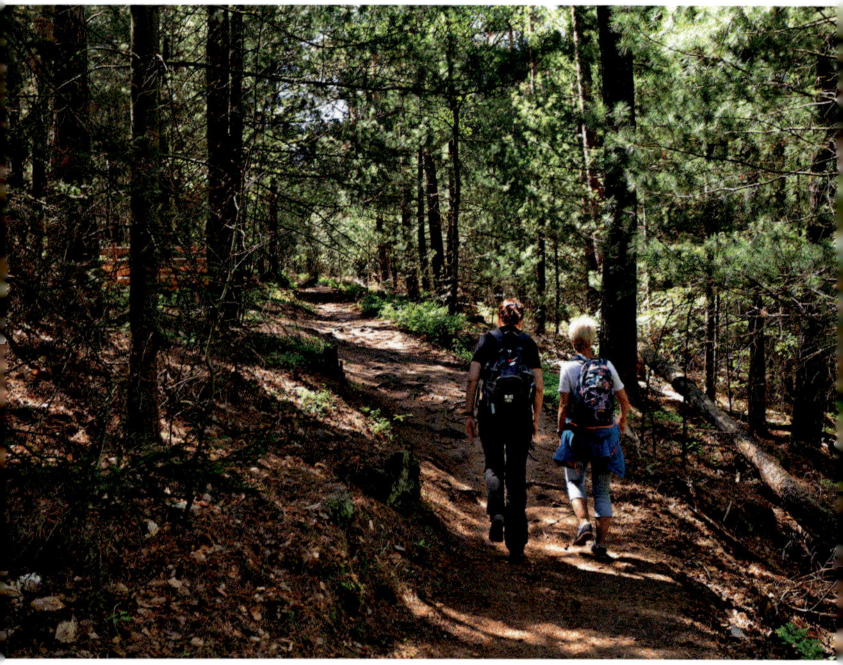

Auf schönen Pfaden geht's durch den Pfälzerwald, hier am Ganerbenweg.

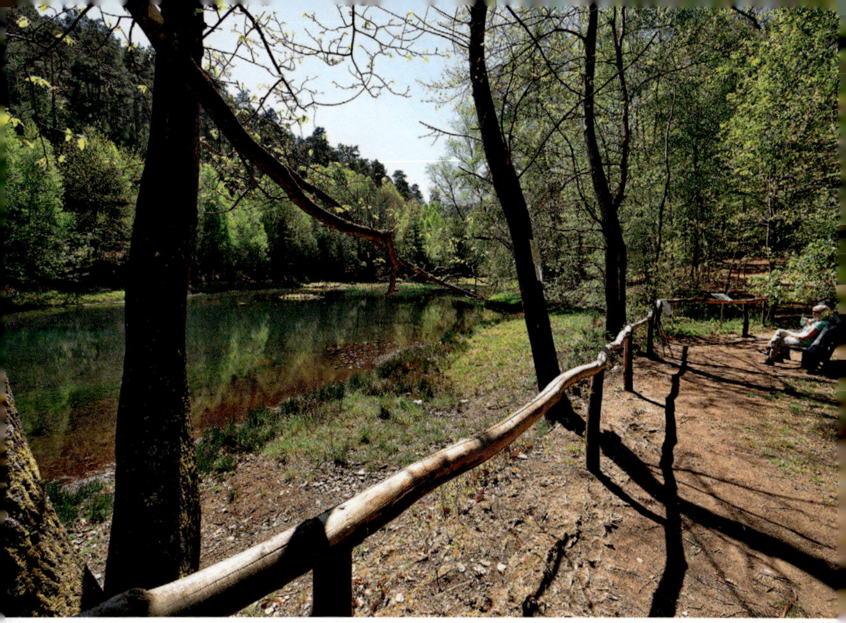

Anders, als es der Name vermuten lässt: der liebliche Ungeheuersee

TEUFELSMAUER, KANAPEE UND SUPPENSCHÜSSEL

Zuerst wandern wir durch nunmehr lichten Wald zu den **Teufelsfelsen**, von Wald und Moos ummantelte, dahingewürfelte Gesteinsbröckchen, und anschließend zur **Teufelsmauer**, einem gewaltigen Felsen, der diesen Namen wahrhaft verdient. Eineinhalb Kilometer nach dem Startpunkt passieren wir den **Fernmeldeturm von Bad Dürkheim**, dann folgt nach weiteren 500 Metern das **Kanapee** – bitte Platz nehmen auf dem steinernen Sofa! Die Ruhebank liegt auf 450 Metern auf der **Wilhelmshöh**, etwa 100 Meter abseits des Weges, und ist Bestandteil einer mittelalterlichen Einsiedelei. Anschließend bestaunen wir den **Grenzstein von Leiningen** aus dem Jahr 1595 mit dem Wappen der Leininger Grafen, dann folgt mit der **Suppenschlüssel** ein weiteres bizarres Steingebilde. Als Behältnis für Suppe kann man es sich nur eingeschränkt vorstellen, allerdings hat der Stein eine historische Bedeutung: Es ist ein mittelalterliches Rechts- und Grenzdenkmal, an dem vom 12.–18. Jahrhundert Abschlussbesprechungen mit Umtrunk stattfanden, nachdem man die Gemarkgrenzen abgegangen war. Mit der ulkigen Bezeichnung **Krumholzer Stuhl** erreichen wir schließlich einen alten Steinbruch.

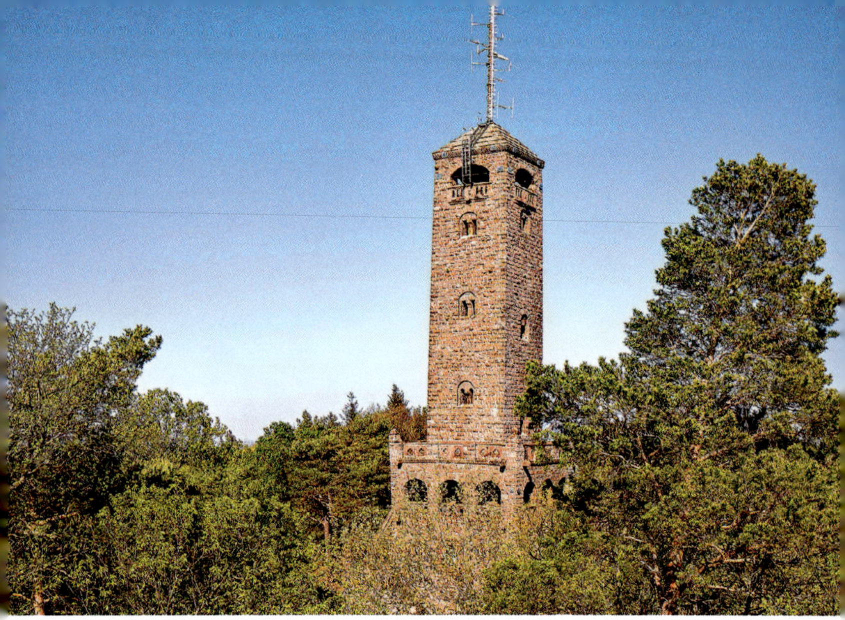

Im Buntsandsteingewand thront der Bismarckturm auf dem Peterskopf.

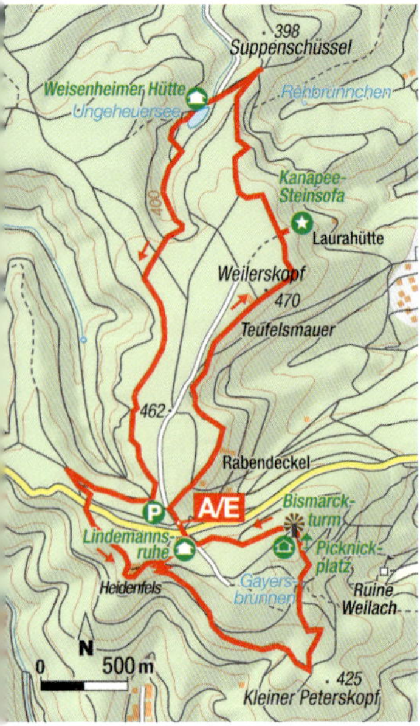

UNGEHEUERLICH!

Verwunschen liegt der **Ungeheuersee** im **Krumbachtal**, in das wir nach dem Burgunder Rastplatz auf einem Forstweg hinabsteigen. Ursprünglich im Mittelalter als Viehtränke angelegt, ist er inzwischen ein flacher, mooriger Teich unter Naturschutz. Es gibt zwei Erklärungen für die Namensgebung des eigentlich so idyllischen Sees: Wissenschaftlich lässt sich der Name aus »Unger« für Waldweide und »Heyer« für Gehege ableiten. Abenteuerlicher aber ist die Sage, die besagt, dass einst die umgestürzten Bäume unter Wasser mit einem fluoreszierenden Bewuchs überzogen waren und leuchteten – das war den Viehhirten und Waldarbeiten nicht so recht »geheuer«. Der See steht als Naturdenkmal unter Schutz.

5

Wie auch immer es sich verhalten mag - am Ufer stehen Bänke, auf denen man sich niederlassen und sich seine eigene Version zum Ungeheuersee ersinnen kann. Auch eine Einkehrmöglichkeit mit Seeblick ist vorhanden: die vom Pfälzerwaldverein bewirtschaftete und sehr empfehlenswerte **Weisenheimer Hütte**.

FELSENREICH ZUM MÄCHTIGEN BISMARCKTURM

Anschließend wird es Zeit, wieder bergauf zu wandern. Durch einen Laubwald verlassen wir das Tal, es geht vorbei an Feuchtwiesen Richtung Süden, und wir überqueren die L 518. Etwa vier Kilometer nach dem Ungeheuersee folgt der **Heidenfels**. Ein Abstieg über die Steintreppen in das Felsenmeer des Heidenfelsens mit seinen Felsformationen und -vorsprüngen lohnt sich! Am Monoblock führen Kletter- und Boulderrouten entlang, und man kann den Kletterern bei ihrem Sport zuschauen oder unter dem »Vordach« der Heidenfelsgrotte an einem steinernen Tisch Platz nehmen.

In Serpentinen und auf schmalen Pfaden wandern wir alsdann ohne größere Steigungen oder Gefälle durch den Mischwald. Es folgt der **Gayersbrunnen**, eine eingefasste Quelle mit Rastplatz. Dann befinden wir uns auf der Zielgeraden zum denkmalgeschützten **Bismarckturm**. Rund um dieses Highlight geht es natürlich etwas trubeliger zu, aber auch hier findet man versteckte Bänke und Rastmöglichkeiten und kann den behäbig wirkenden Buntsandsteinturm in aller Ruhe bewundern. Während seiner Öffnungszeiten kann man ihn auch begehen und von oben den Blick über die Rheinebene bis nach Ludwigshafen genießen (geöffnet Mai–Okt. Mi, Sa/So und an Feiertagen von 10–18 Uhr und Nov.–April an Sonn- und Feiertagen von 10–16 Uhr).

AUSRUHEN IN DER LINDEMANNSRUHE

Nun sind wir nur noch einen halben Kilometer vom Ausgangspunkt der Wanderung entfernt. Nach so viel Genuss an den schönsten Stellen brauchen wir dringend Stärkung und kehren in der rustikalen **Forsthausgaststätte Lindemannsruhe** ein. Sie liegt direkt an der Landstraße und ist deshalb auch gut besucht. Per Selbstbedienung kann man sich mit Pfälzer Hausmannskost und abwechselnden Specials versorgen. Außer im Winter gibt es an der Gaststätte auch ein kleines **Gehege** mit frei laufenden Ziegen.

AUF EINEN BLICK

Info

STADT/REGION: Neuleiningen/Landkreis Bad Dürkheim
BESTE REISEZEIT: April bis Oktober
OPTIMALE REISEDAUER: 3 Tage
TOURISTINFO: Tourist-Information Haus der Deutschen Weinstraße, Weinstr. 91B, 67278 Bockenheim an der Weinstraße, Tel. 6359/80 01 30 02, touristik@vg-l.de, vg-l.de

SEHENSWÜRDIGKEITEN

BURG NEULEININGEN: Kirchengasse 12, 67271 Neuleiningen
BURG ALTLEININGEN: Burg 1, 67317 Altleiningen
BURG BATTENBERG: Hauptstr. 1, 67271 Battenberg

ÜBERNACHTUNG

HOTEL-RESTAURANT ZUM BURGGRAF: Mittelgasse 11, 67271 Neuleiningen, Tel. 6359/28 26, info@zumburggraf.de, zumburggraf.de €€€
LANDGASTHAUS ZUM ENGEL: Kirchengasse 10, 67271 Neuleiningen, Tel. 6359/20 93 59, info@landgasthaus-zum-engel.de, landgasthaus-zum-engel.de €€
JUGENDHERBERGE ALTLEININGEN: Burg 1, 67317 Altleiningen, Tel. 6356/15 80, altleiningen@jugendherbergen.de €
KNAUS CAMPINGPARK BAD DÜRKHEIM: In den Almen 1, 67098 Bad Dürkheim, Tel. 6322/613 56, badduerkheim@knauscamp.de, knauscamp.de/bad-duerkheim €

LEININGER BURGENWEG

DAUER: 6.45 Std.
HÖHENMETER: 500 Hm
LÄNGE: 23,7 km
SCHWIERIGKEIT: Schwer
AUSGANGS-/ENDPUNKT: Parkplatz oberhalb von Neuleiningen zwischen Altstadt und Autobahn
TOURENCHARAKTER: Anspruchsvolle, lange Wanderung mit vielen Höhenmetern, für die eine gute Grundkondition erforderlich ist

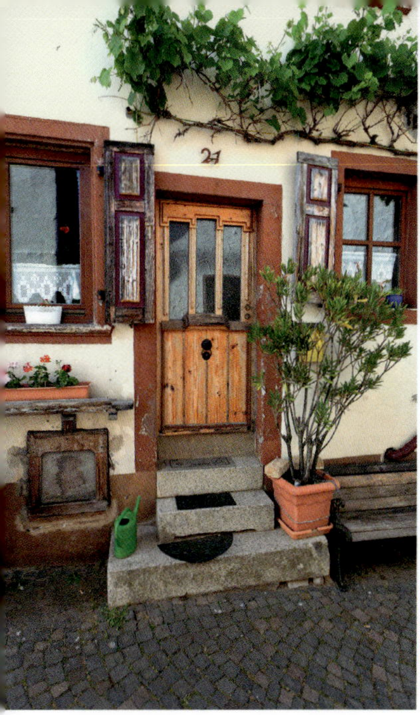

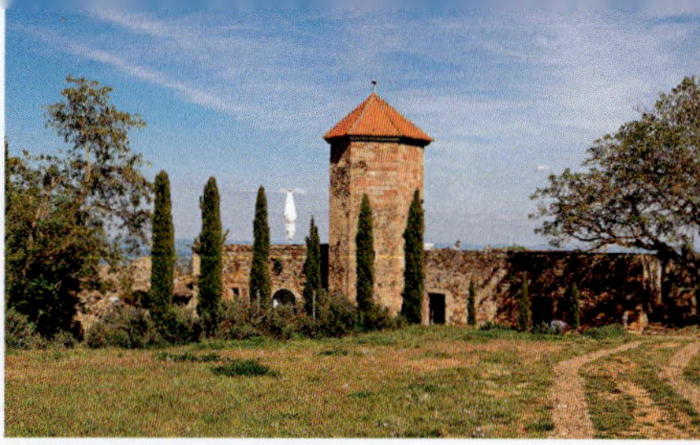

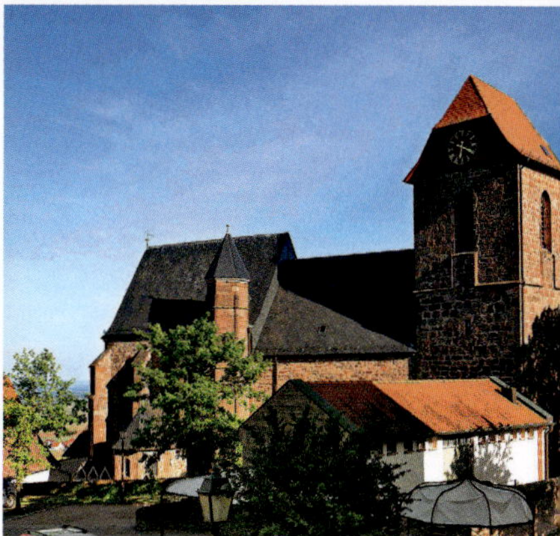

◀ Impressionen aus Neuleiningen ▲ Nur eine Attraktion des traumhaft schönen Orts: Burg Neuleiningen ▼ Spätgotische Kirche St. Nikolaus

BESTE JAHRESZEIT: April bis Oktober
EINKEHR UNTERWEGS: Burgschänke der Burg Altleiningen, Gutschenke Burg Battenberg, Burgschänke Neuleiningen

AUF DEM GANERBENWEG

DAUER: 3 Std.
HÖHENMETER: 200 Hm
LÄNGE: 10,9 km
SCHWIERIGKEIT: Mittel
AUSGANGS-/ENDPUNKT: Parkplatz Lindemannsruhe
TOURENCHARAKTER: Mittellange Wanderung mit vergleichsweise wenigen Höhenmetern, felsige Abschnitte, Steinstufen
BESTE JAHRESZEIT: Ganzjährig
EINKEHR UNTERWEGS: Forsthaus Lindemannsruhe, Weisenheimer Hütte

ZWEI-TAGES-TOUR

Hinkelsteinweg Otterberg

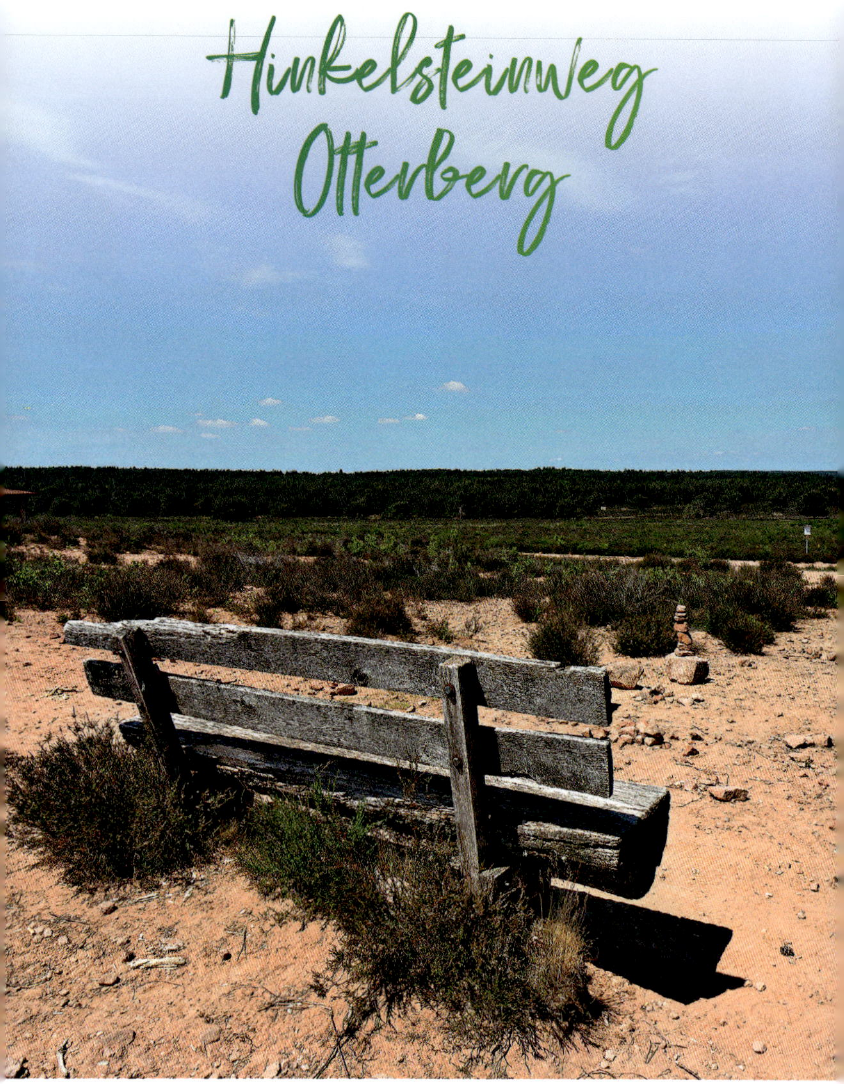

Attraktion des Hinkelsteinwegs ist die idyllische Mehlinger Heide.

6

Der beschauliche Ort Otterberg ist Ausgangspunkt dieser Wanderung, die aufgrund ihrer Länge von über 40 Kilometern zwei Tage beansprucht. Ideal, um Ort und Umgebung maximal intensiv kennenzulernen! Aufgeteilt auf ein Wochenende bleibt zusätzlich zum Wandern genug Zeit, sich Otterberg genauer anzuschauen und seine geruhsame Ausstrahlung zu genießen.

Otterberg geht zurück auf ein Kloster, das Zisterzienser in der Otterburg auf dem heutigen Schlossberg gründeten. Von der errichteten Klosteranlage ist noch die **Abteikirche** vorhanden, es ist das Highlight des Ortes, das entsprechend den historischen Stadtkern dominiert. Im gelblichen Sandstein sind noch die Steinmetzzeichen erkennbar. Die ehemalige Zisterzienser-Abteikirche aus dem Jahr 1145 ist die besterhaltene Klosterkirche der Pfalz und nach dem Speyerer Dom (siehe Kapitel 3) die größte Kirche der Pfalz. Das Besondere in der Jetztzeit ist, dass das mächtige Sakralgebäude als Simultankirche von evangelischen und katholischen Christen genutzt wird.

Die **historische Altstadt** kann man sehr gut auf eigene Faust erkunden. An der Hauptstraße gibt es Informationstafeln mit den genauen Bezeichnungen der Gebäude im historischen Stadtkern und einem empfohlenen **Rundgang**. Dort hängt auch ein QR-Code aus, den man mit dem Smartphone scannen und so auf eigene Faust einen geführten Altstadtrundgang unternehmen kann (auch zu finden unter otterberg24.de). So ausgerüstet geht es beispielsweise an der **Stadtmauer** entlang um die Altstadt (die noch zu 60 % erhalten ist) und vorbei an der **Engelschen Mühle** und dem **Schlösschen**, dem ehemaligen Direktionsgebäude der Pfälzischen Textilindustrie.

Tipp

Das Otterberger Frühlingsfest wird immer in den ungeraden Jahren veranstaltet, und dann wird hier einiges geboten: vom Weckruf über den historischen und farbenfrohen Festumzug bis hin zur Wahl einer Frühlingskönigin. Das Fest findet seit Mitte des 18. Jahrhunderts rund um die Abteikirche statt. Termin ist meist Anfang Juni, Genaueres erfährt man bei der Tourist-Information.

6

HINKELSTEINWEG – ETAPPE 1

Für die erste Tageswanderung starten wir in Otterberg und nehmen uns 23 Kilometer vor. Mit 310 Höhenmetern ist es eine zwar lange, aber moderate Strecke, die sehr gut an einem Tag zu bewältigen ist. Wir wandern nach Winnweiler, wo wir nächtigen können (siehe dazu unter »Übernachtungsmöglichkeiten« im Infoteil). Um kein großes Gepäck mitnehmen zu müssen, kann man auch nach der Wanderung vom Bahnhof Winnweiler mit der Regionalbahn und dem Bus zurück nach Otterberg fahren (Dauer: 54 Min.) und am nächsten Tag entweder von Otterberg in die andere Richtung wandern oder wieder per Bus zurück nach Winnweiler fahren und dort den Weg vom Vortag fortsetzen. Die abwechslungsreiche Wanderung bietet viel, aber das unschlagbare Highlight kommt ziemlich am Anfang: Der Weg führt durch die Mehlinger Heide, eines der größten Heidegebiete Süddeutschlands.

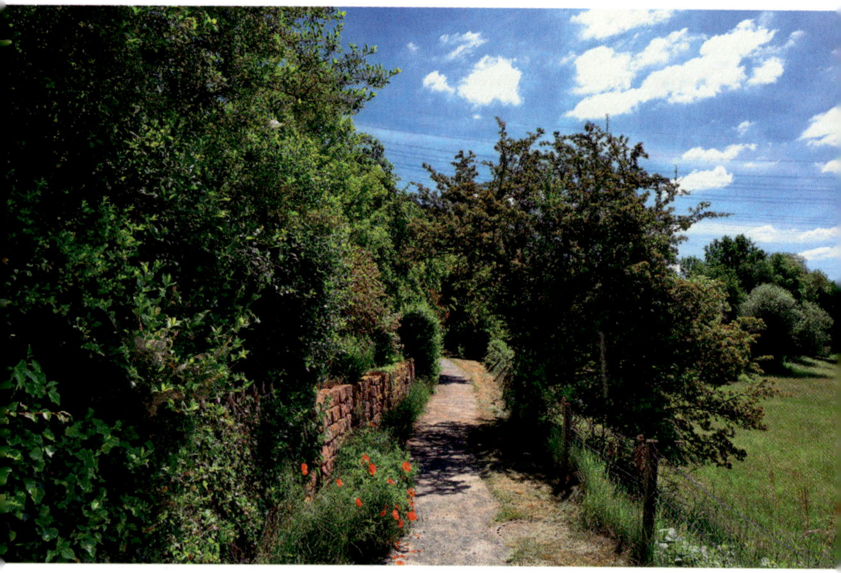

Zum Auftakt der Tour geht's idyllisch aus Otterberg hinaus.

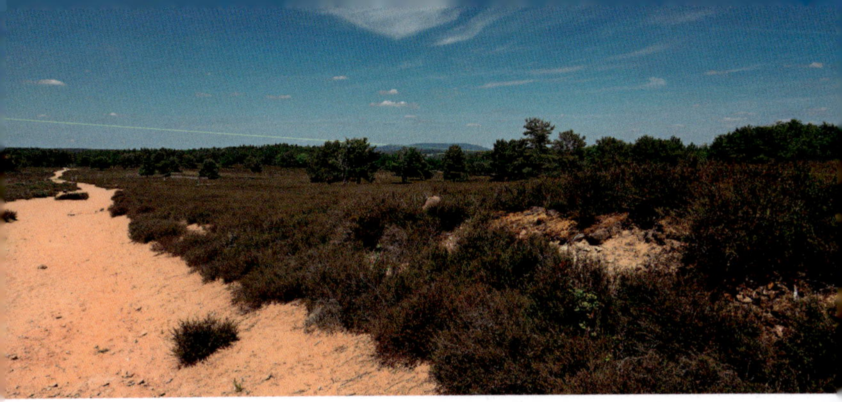

Rötlicher Sandboden kennzeichnet die Mehlinger Heide.

ENTSPANNTER START

Los geht's in **Otterberg** an der **Abteikirche**, der Weg ist durchgehend gut ausgeschildert mit der Markierung schwarzer Hinkelstein auf weißem Untergrund. Wir verlassen den Ort Otterberg entlang der **Stadtmauer** und gehen vorbei an der **Kneippanlage**, dann zuerst am Feldrand entlang und anschließend in den Wald hinein. Während wir über den **Pfifferlingsberg** wandern und dabei mehrfach abbiegen, durchstreifen wir wunderschöne Waldpassagen – kein Wunder, dass dieses Gebiet mit »Schwarzwald« ausgeschildert ist! Noch befinden wir uns erst am Rand der Mehlinger Heide, aber sechs Kilometer nach Start der Tour ist es so weit: Wir erreichen die **Mehlinger Heide**, ein Naturschutzgebiet auf einem ehemaligen Militärgelände. Auf dem leicht rötlichen Sandboden wachsen die Heidekräuter besonders gut.

TOUR-HIGHLIGHT

Zuerst kommen wir durch einen kleinen, wohlriechenden Kiefernhain, bevor wir auf die sehr große Lichtung der Mehlinger Heide hinaustreten. Aber Achtung: Die Passage durch die Heide verläuft nicht auf dem originalen Hinkelsteinweg (Umweg aber nur ein paar Hundert Meter), und so verlassen wir diesen kurzzeitig. Unmarkiert zweigt der Weg etwa 100 Meter nach dem Pfosten Streifelsberg auf einen sandigen Weg nach rechts ab – ein Hinweis darauf, dass wir uns kurz vor der Heidelandschaft befinden. Wir stoßen auf eine **Infotafel** über das Naturschutzgebiet Mehlinger Heide und erfahren, dass es sich um ein Europäisches Vogelschutzgebiet handelt. Nach einer **Barriere** befinden wir uns auf dem Heidegebiet, eine Eule als Beschilderung führt uns hindurch.

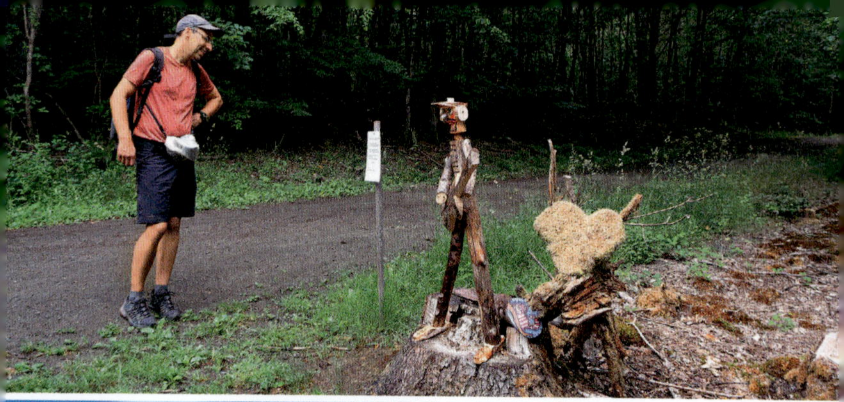

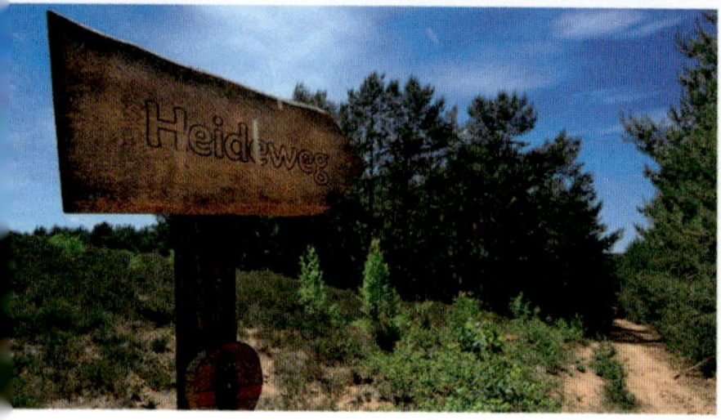

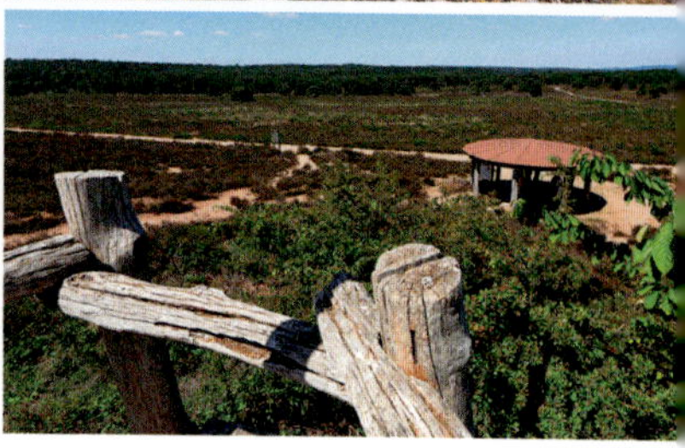

▲ Witzige Kunst am Wegesrand lädt zum Innehalten ein. ◀ Hinein ins Abenteuer! ▶ Aussichtspavillon mit Blick über die Heide

Auf dem Heidegelände verstecken sich zwischen kleinen Bäumen und großen Sträuchern ehemalige Ziele und Einrichtungen des französischen Militärs. Sogar ein kleines Schienensystem kann man hier hinter einem Bunker entdecken. Die Natur hat sich mittlerweile aber alles wieder zurückerobert. Wenn zwischen Juli und September die Heide in voller Blüte steht, ist ein Besuch besonders empfehlenswert.

An der hölzernen **Aussichtsplattform mit Pavillon** genießen wir noch einen 360°-Blick, dann folgen wir der Ausschilderung »Ausgang zum Gewerbegebiet« nach links und treffen kurze Zeit später wieder auf den Hinkelsteinweg, der von links kommt.

Tipp

Zur Zeit der Heideblüte, also von Juli bis September, werden in der Mehlinger Heide u. a. geführte Wanderungen und Kutschfahrten angeboten. Es gibt Sonntagswanderungen und Themenwanderungen (z. B. »Barfuß«). Die Aktivitäten sowie aktuelle Termine werden auf der Webseite mehlinger-heide.de veröffentlicht.

6

FLUGHAFEN, KAPELLE UND MUSEUM

Unmittelbar nach dieser Kreuzung erreichen wir den Jüdischen Friedhof. Auch wenn er nicht immer geöffnet ist, reicht ein Blick über den Zaun, um die besondere Atmosphäre dieses Ortes zu spüren. Anschließend geht es ganz kurz an der Autobahn A 63 entlang, dann zweigt der Weg sogleich wieder nach links ab und führt zur Erhöhung Hoher Rech. Von hier kann man den Blick über einen ehemaligen Militärflughafen und bis hinüber in die Südpfalz schweifen lassen.

Wir wandern nun durch Wiesenflächen vorbei an einer Kapelle und einem Gewässerlehrpfad, überqueren die L 382 und gelangen zum Parfuem Museum. Ab hier geht es etwas bergauf, zuerst auf den Mönchkopf, dann auf den Sonnenkopf und über schöne Naturpfade weiter zum Lanzenbrunner Weiher. An diesem idyllischen Fleckchen können wir eine Rast einlegen, bevor wir, vom Grafenthaler Bach begleitet, durch dessen Tal wandern und den Husarenbrunnen passieren.

ÜBER POTZBACH ZUR IGELBORNER HÜTTE

Noch einmal müssen wir eine Erhebung erklimmen, den Kahlenberg. Es folgt ein kleiner Steinbruch mit einer großartigen Aussicht auf den Donnersberg, den höchsten Berg der Pfalz. Die Anhöhe, von der aus sich

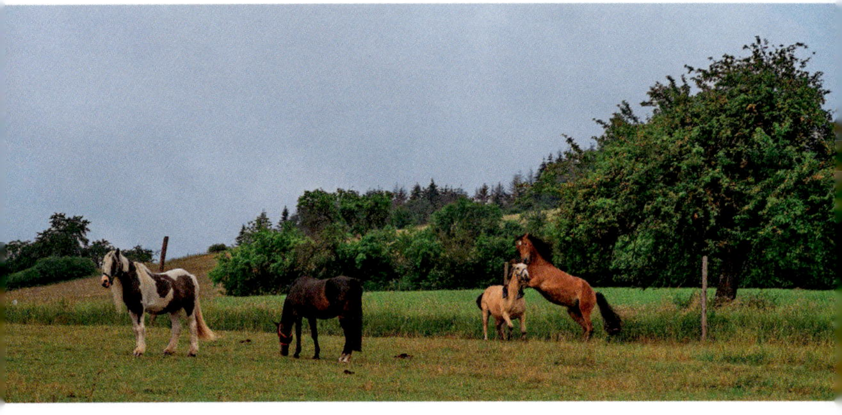

Schöne Impressionen bereichern den langen Weg.

6

dieser Blick präsentiert, liegt kurz vor Erreichen des Dörfchens Potzbach. Wir schlendern durch den verschlafenen Ort und wandern danach zunächst entlang offener Landschaften, ehe uns der Weg wieder in den Wald führt. Wir erreichen – vermutlich ausgehungert – die bewirtschaftete Igelborner Hütte am westlichen Ortsende von Winnweiler. Es sind nur noch wenige Meter bis zum Ziel unserer heutigen Etappe, und wir können überlegen, ob wir uns in der urigen Hütte des Pfälzerwaldvereins stärken oder in Winnweiler. Mit oder ohne Einkehr geht es nun geruhsam die letzten Schritte nach rechts in den Ort Winnweiler hinein, dem Ziel der ersten Tagesetappe.

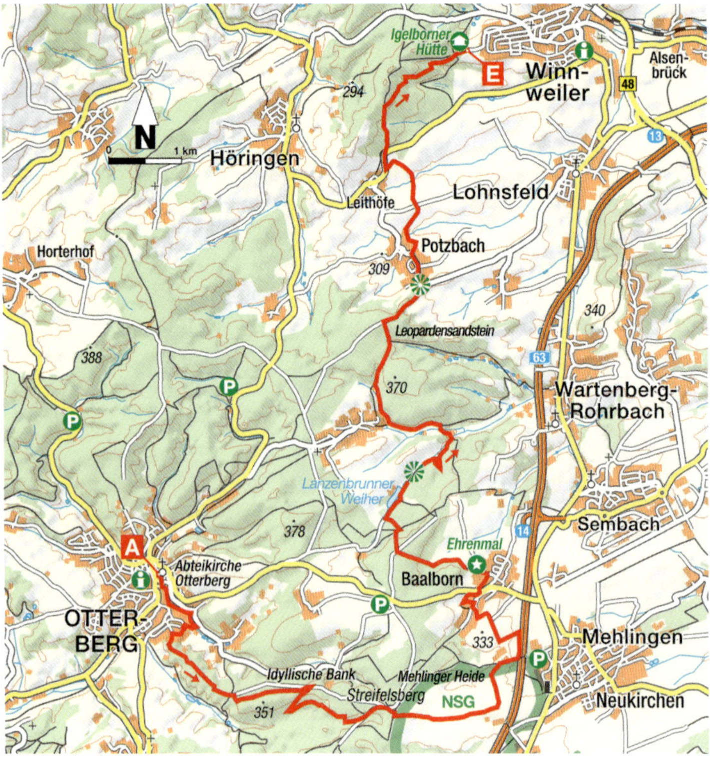

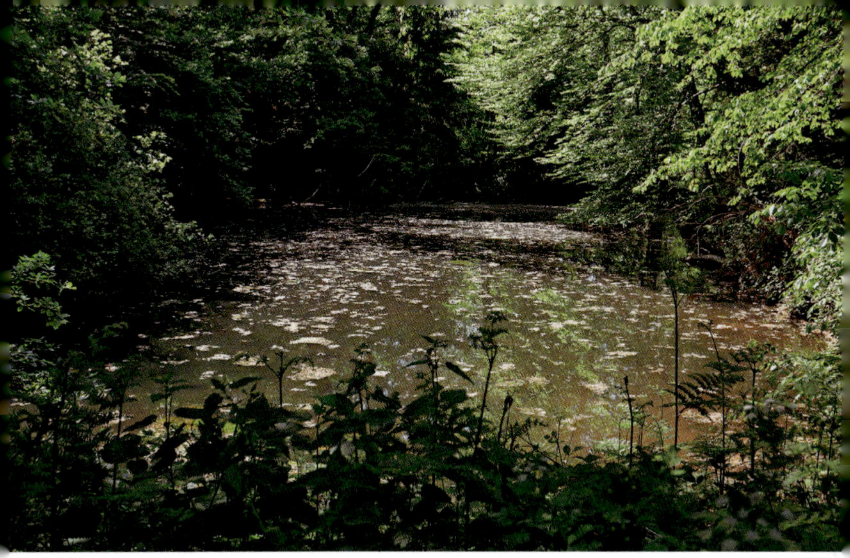

Lauschige Stellen auch auf dem zweiten Teil der Tour

HINKELSTEINWEG – ETAPPE 2

Gut ausgeruht steigen wir an der Igelborner Hütte in die zweite Etappe unserer Wanderung ein. Die Hütte ist der Umkehrpunkt der Tour, ab jetzt geht es in einem großen Bogen und weiterhin entgegen dem Uhrzeigersinn zurück nach Otterberg. Dabei passieren wir u. a. die Ortschaft Höringen, genießen schöne Ausblicke und finden natürlich endlich den namensgebenden Hinkelstein. Die heutige Etappe ist ein paar Kilometer kürzer als die von Tag 1, der Weg aber wie gehabt sehr gut ausgeschildert.

NAHTLOSE FORTSETZUNG

Als hätten wir die Tour nie unterbrochen, marschieren wir von der **Igelborner Hütte** über die **Igelborner Höhe** direkten Wegs bis zur nahen Ortschaft **Höringen**. Im Ort geht es bergauf, und als Belohnung für diese Mühe genießen wir noch einmal, wie schon am Vortag, einen wundervollen **Blick auf den Donnersberg**. Es folgt nun ein Wegstück, das gespickt ist mit **Grenzsteinen**. Zum Teil ist auf ihnen noch der Abtstab erkennbar, ein Zeichen dafür, dass diese Steine in der Vergangenheit zum Kloster Otterberg gehörten. Sie markieren die Grafschaft Falkenstein/Zweibrücken. Außerdem treffen wir auf diesem Teilstück am Wegesrand auf viel Kleinkunst, vor allem aus Holz geschnitzte, witzige Kunstwerke.

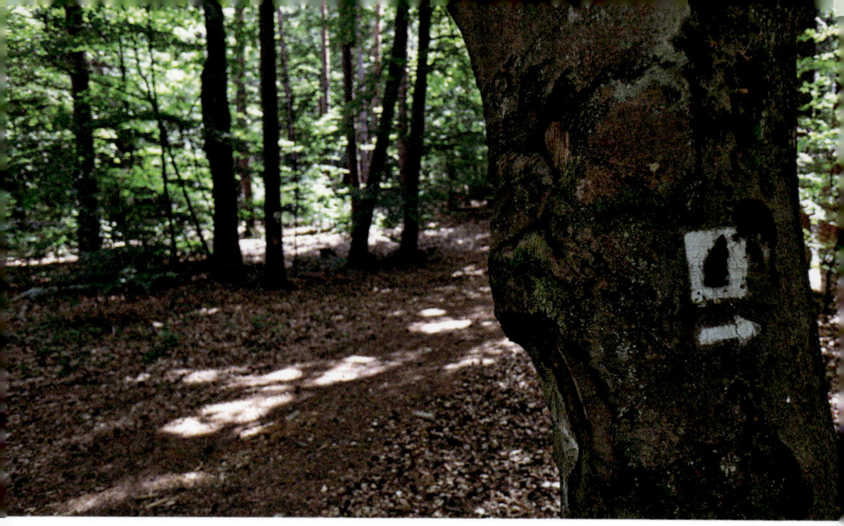

Der symbolische Hinkelstein weist zuverlässig den Weg.

WIE AUS DEM COMIC

Dann endlich, nach mehr als einem Tag Wandern, erreichen wir den Punkt, der für die Namensgebung des Hinkelsteinwegs verantwortlich ist: Der übergroße **Menhir** erinnert tatsächlich sehr an das steinerne Ungetüm, das Obelix so gern mit sich herumschleppt. Hier, inmitten der Einsamkeit der Natur, hat der mächtige Hinkelstein die Funktion eines Dreimärkergesteins, an dem die Grenzen der Gemeinden Otterberg, Höringen und Heiligenmoschel zusammentreffen. Der ungefähr 2,20 Meter hohe und 1,50 Meter breite Stein wurde bereits zu Zeiten der Römer erstmals urkundlich erwähnt. In seiner Gesellschaft befinden sich zwei Grenzsteine. Das ganze Arrangement kann man schön von einem Rastplatz aus betrachten.

KRÄFTE SAMMELN

Schon folgt der Endspurt. Es geht über schöne Waldpfade, eine Straße wird überquert (Betonstraße), und wir wandern bergab bis zum **Birotshof**. Um diesen gehen wir herum, folgen rechts vom Otterbach dem Wegverlauf und überqueren die L 387. Wir passieren die kleine Ansiedlung **Drehenthalerhof** und wandern durch den Wald hinab und durch die Talaue des Otterbachs. Vorbei geht es auch an dem außerhalb des Orts gelegenen **Naturschwimmbad**, in dem wir nach unserer Wanderung ein paar Bahnen ziehen können. Dann ist es fast geschafft, und nachdem wir einen Parkplatz überquert haben, erreichen wir durch das **»Loch«** (gemeint ist hier ein Durchgang zwischen den Häusern an der Gaststätte Kraus) wieder die Altstadt von **Otterberg**.

Tipp

Zur Belohnung nach einer erlebnisreichen Wanderung gibt es fast nichts Schöneres, als sich ins erfrischende Wasser des Naturfreibads zu stürzen. Von Bäumen umgeben und in nach frischem Waldbach duftendem Wasser (nicht gechlortes, sondern reines Quellwasser) zu plantschen, ist ein würdiger Ausklang des Erlebnisses Hinkelsteinweg (Schwimmbad 3, 67697 Otterberg).

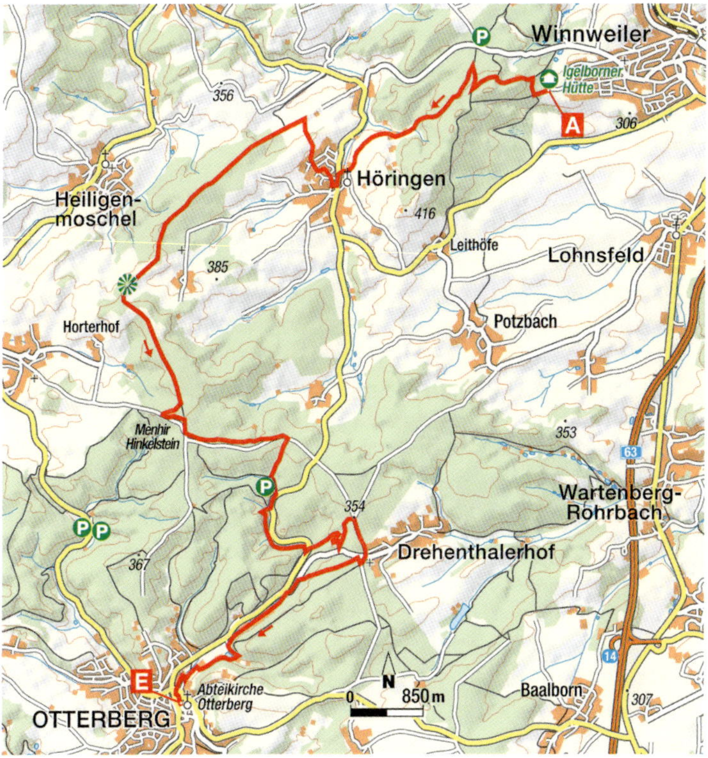

AUF EINEN BLICK

Info

STADT/REGION: Otterberg/Landkreis Kaiserslautern
BESTE REISEZEIT: April bis Oktober
OPTIMALE REISEDAUER: 2–3 Tage
TOURISTINFO: Tourist-Information Otterberg, Hauptstr. 54, 67697 Otterberg, Tel. 6301/60 78 00, otterberg.de

SEHENSWÜRDIGKEITEN

ABTEIKIRCHE OTTERBERG: Kirchstr. 3, 67697 Otterberg
PARFUEM MUSEUM: Kehrstr. 18, 67678 Mehlingen, Tel. 6303/800 40, parfuemmuseum.de

ÜBERNACHTUNG

HOTEL BLAUES HAUS: Kirchstr. 2, 67697 Otterberg, Tel. 6301/71 66 60, blaueshausot@aol.com, hotel-blaueshaus.de €€€
FERIENWOHNUNG HAUS ABTEIBLICK: Am Sixmeisterwoog 10, 67697 Otterberg, Tel. 6301/377 00, info@haus-abteiblick.de, haus-abteiblick.de €€
HOTEL BISCHOFF CAFÉ-BISTRO: Schlossstr. 44, 67722 Winnweiler, Tel. 6302/607 40 91 €€€
THEISS FERIENWOHNUNGEN: An den Hopfengärten 25, 67722 Winnweiler, Tel. 6302/30 31, info@ferienwohnung-theiss.de, ferienwohnung-theiss.de €€

HINKELSTEINWEG – ETAPPE 1

DAUER: 7 Std.
HÖHENMETER: 310 Hm
LÄNGE: 23,1 km
SCHWIERIGKEIT: Mittel
AUSGANGS-/ENDPUNKT: Abteikirche Otterberg/Winnweiler
TOURENCHARAKTER: Gut begehbare Wege, z. T. schmale Pfade. Gutes Schuhwerk ist nötig. Bei feuchtem Wetter kann der Weg streckenweise rutschig sein.
BESTE JAHRESZEIT: April bis Oktober
EINKEHR UNTERWEGS: Igelborner Hütte

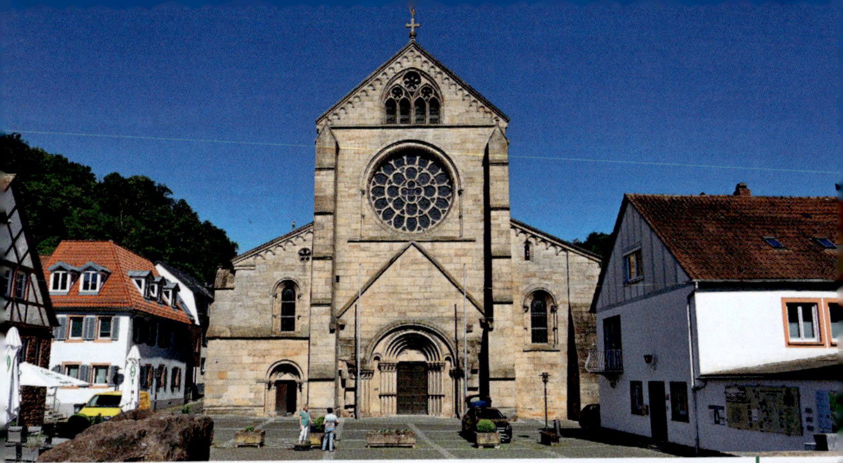

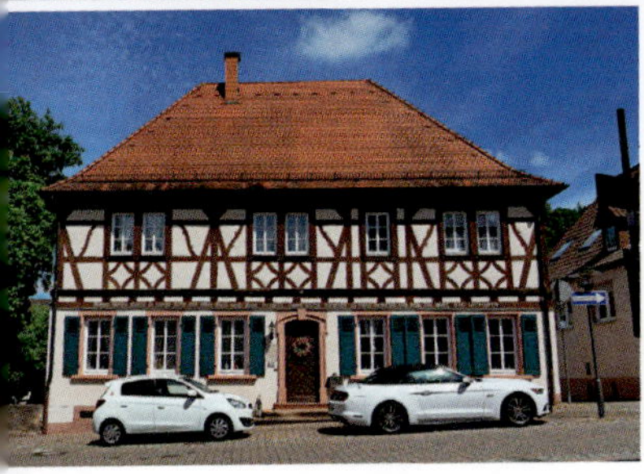

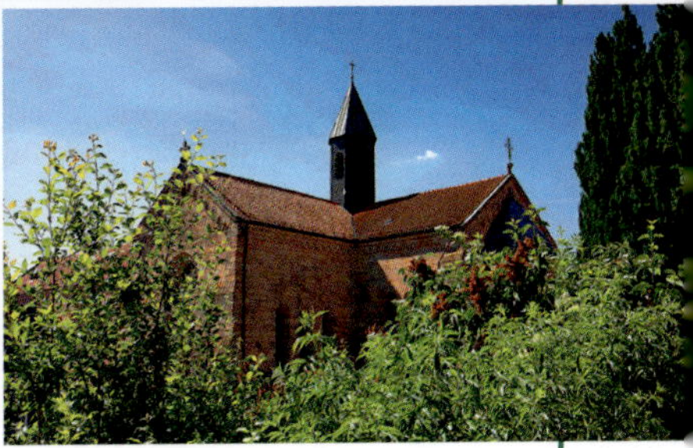

▲ Die ehemalige Zisterzienser-Abteikirche ◀ Von Fachwerk geprägte Altstadt ▶ Die Grundanlage der Abteikirche ist kreuzförmig.

HINKELSTEINWEG – ETAPPE 2

DAUER: 6 Std.
HÖHENMETER: 263 Hm
LÄNGE: 18,1 km
SCHWIERIGKEIT: Mittel
AUSGANGS-/ENDPUNKT: Winnweiler/Otterberg
TOURENCHARAKTER: Gut begehbare Wege, z. T. schmale Pfade. Gutes Schuhwerk ist nötig. Achtung: Im Herbst oder bei widrigen Wetterverhältnissen können naturnahe Wege zu rutschigen Passagen werden.
BESTE JAHRESZEIT: April bis Oktober
EINKEHR UNTERWEGS: Unterwegs keine, viele Möglichkeiten in den Orten Winnweiler und Otterberg

NATUR, KULTUR, HISTORIE

Kaiserslautern

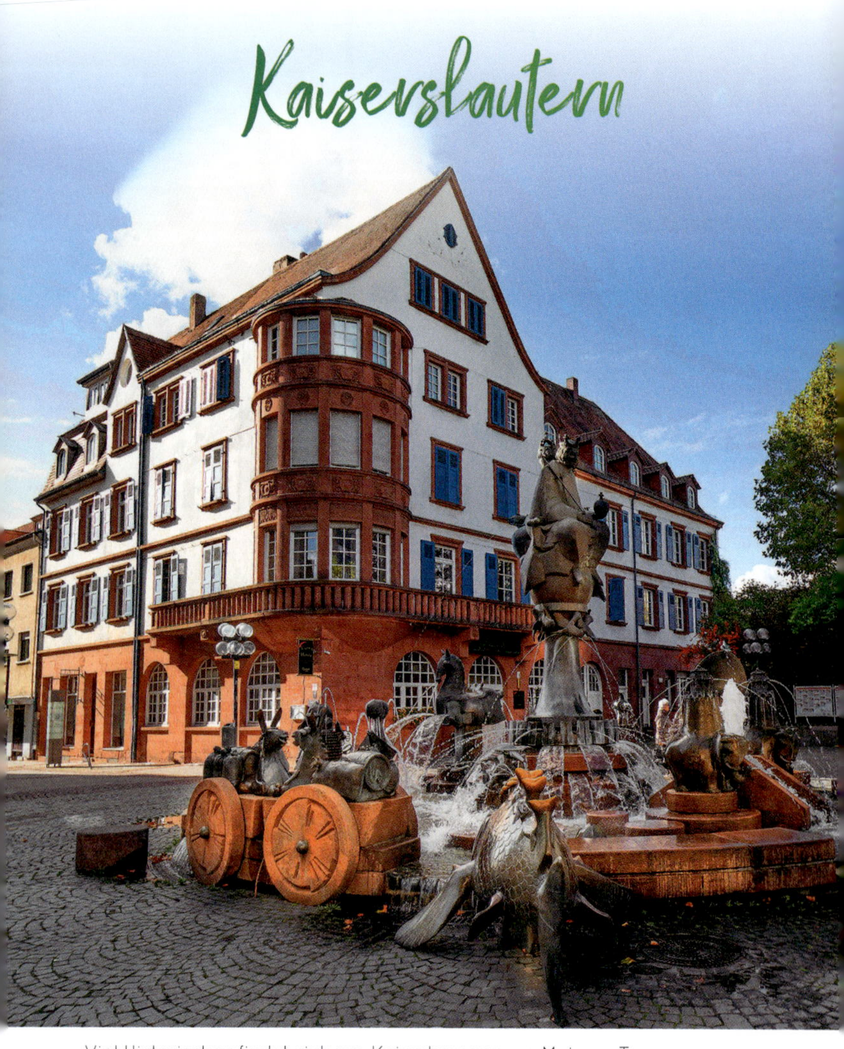

Viel Historisches findet sich am Kaiserbrunnen am Mainzer Tor.

7

Nun mag die Großstadt Kaiserslautern nicht gerade wie ein Natur-Eldorado klingen, sie bietet aber dennoch viel Grün in ihrem Stadtgebiet – und drumherum einige Wanderungen, die im Handumdrehen das städtische Umfeld vergessen lassen. Ein Wochenendausflug in die Barbarossa-Stadt ist abwechslungsreich!

Aus den kleinen Weindörfern und den überschaubaren Kreisstädten der Pfalz ragt Kaiserslautern mit 100 000 Einwohnern wirklich heraus. Was aber nicht heißt, dass es hier nicht auch hübsche Ecken, schöne Grünanlagen und beeindruckende Bauwerke gibt. Auch die drei Kirchen der Stadt, die Stiftskirche, die Kleine Kirche und die St.-Martins-Kirche, sind sehenswert. Und nicht zuletzt ist die Lage inmitten des Naturparks Pfälzerwald schon etwas Besonderes.

Sehenswert und von historischer Bedeutung sind das Wahrzeichen der Stadt, der **Kaiserbrunnen** am Mainzer Platz, ein aufwendig gearbeitetes dreidimensionales Geschichts- und Geschichtenbuch, und das **23er-Denkmal**, das an die gefallenen Soldaten des Ersten Weltkriegs erinnert. Das Mahnmal befindet sich direkt neben der **Fruchthalle**, einem Konzert- und Veranstaltungsgebäude im Stil der Frührenaissance. Einer der schönsten Plätze der Stadt ist der **St.-Martins-Platz**, der von Häusern aus dem 18. und 19. Jahrhundert umgeben ist.

Beliebte Grünanlagen sind das ehemalige Gelände der **Gartenschau**, der **Japanische Garten** und der **Volkspark**. Tierische Ziele sind der **Wildpark Betzenberg** und der **Zoo Kaiserslautern**. Und spielt das Wetter mal nicht mit, zeigt das **Theodor-Zink-Museum** eine historische Ausstellung, die **Pfalzgalerie** präsentiert eine Gemälde- und Skulpturensammlung, und das **FCK Museum** informiert über den Werdegang des Fußballvereins 1. FC Kaiserslautern.

Tipp

Kaiserslautern kann man gut auf eigene Faust, aber auch im Rahmen von Führungen erkunden, die thematisch so ziemlich alles anbieten: vom Stadtrundgang über eine geschichtliche Gastrotour bis hin zu einem Gang durch Kaiserslautern auf Barbarossas Spuren. Mit vielen Anekdoten und Geschichten! Ansprechpartner ist die Tourist-Information.

7

STAUSEE GELTERSWOOG UND WALKMÜHLTAL

Ein Stausee, in dem man baden kann, fünf Fischweiher, die sich in ein Tal schmiegen, ein Naturschutzgebiet und verwunschene Pfade durch den Wald - das macht den Reiz dieser Wanderung aus, auf der man nicht selten ganz für sich alleine unterwegs ist.

Südwestlich von Kaiserslautern liegt der **Stausee Gelterswoog**. Wir nehmen dessen **Strandbad** als Startpunkt und wandern hinein ins idyllische **Walkmühltal**. Zunächst umgehen wir das Strandbad über einen Weg, der rechts neben dem **Segel- und Yachtclub Kaiserslautern** über einen Schotterweg führt und eine Schrecksekunde lang ziemlich steil bergauf zieht. Das war es dann aber auch schon im Wesentlichen mit den Höhenmetern. Nun geht es entgegen dem Uhrzeigersinn immer geradeaus und der Markierung grün-gelber Balken und rotes Kreuz folgend dem Tal entgegen.

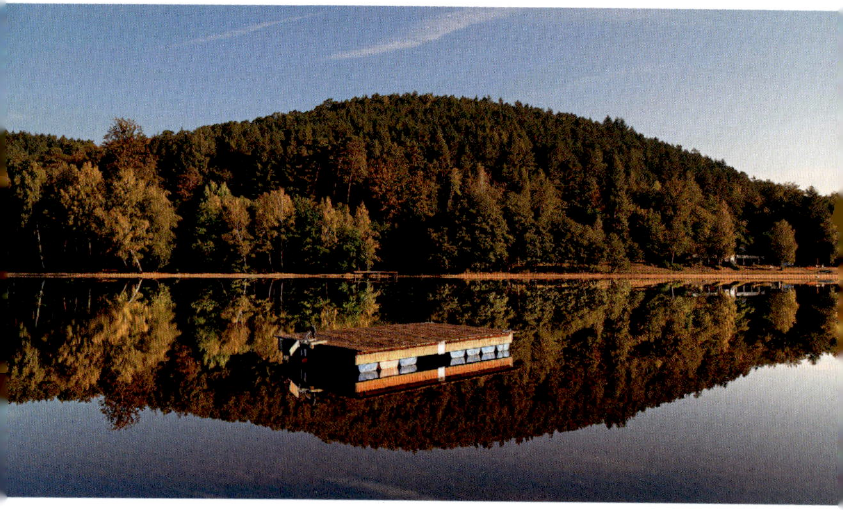

Strandbad, Ausflugsziel, Wanderung: vielseitiger Stausee Gelterswoog

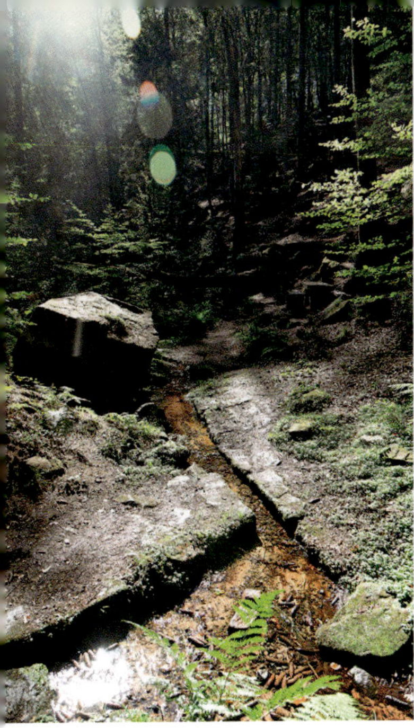

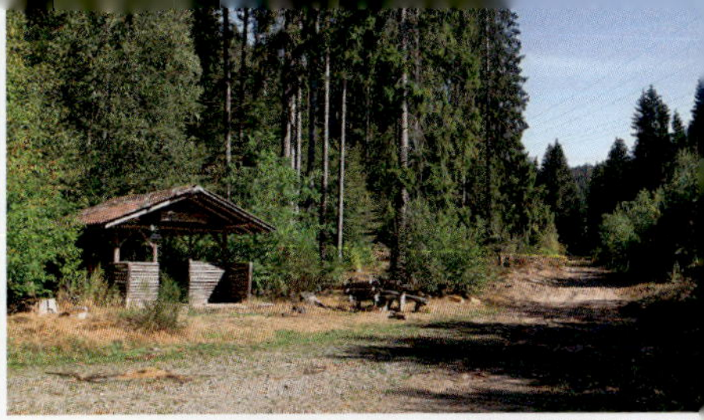

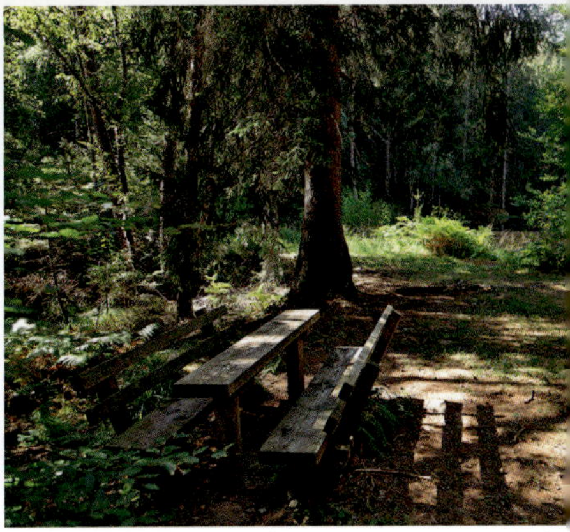

◀ Das urtümliche Walkmühltal ist ein Naturschutzgebiet … ▲ … mit vielen schönen Stellen … ▼ … und lauschigen Rastplätzen.

VOGELGEZWITSCHER IM WALKMÜHLTAL

Anfangs ist es vor allem ein sehr geruhsamer Spaziergang durch den Pfälzerwald. Der Weg führt in seinem hinteren Bereich durch ein **Trockental** im Naturschutzgebiet Walkmühltal, und nicht nur Ornithologen werden sich hier am Pfeifen und Zwitschern der Vögel erfreuen. Wir treffen auf einen **Engel im Baumstamm**, dann folgt die romantische kleine **Mühlberger Hütte**, nach der wir links abbiegen und nun der Markierung gelb-blauer Balken folgen.

Nach einem weiteren Kilometer verengt sich das Tal allmählich. Bald haben wir den ersten Weiher, ein schmales, langes Gewässer, erreicht. Dunkel liegen die **Weiher** in das Tal eingebettet, durch Dämme unterbrochen folgt nun ein Weiher dem anderen. Man passiert sie alle auf dem kaum merklich ansteigenden Weg nach oben, wo man schließlich auf drei eingefasste Quellen trifft. Ein perfekter Ort für eine Pause! Durchatmen, dem Gurgeln der Quellen lauschen und den verwunschenen Weiher betrachten – so lässt sich der Alltag komplett ausblenden.

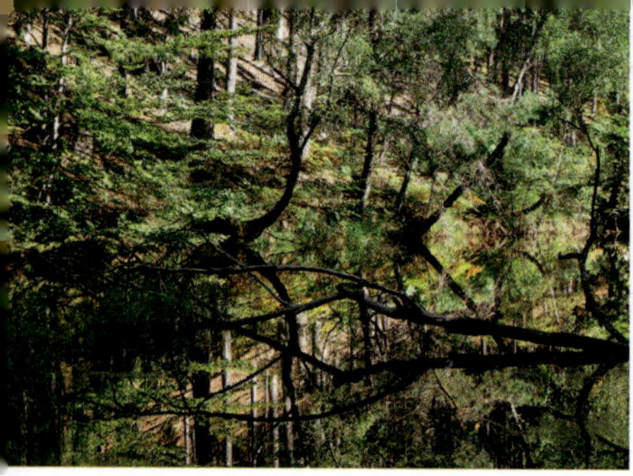

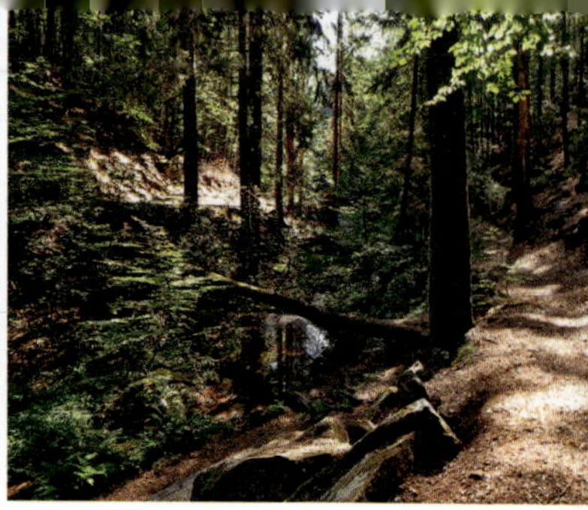

◀ Mehrere Weiher säumen den Weg. ▶ Das Tal ist absolut naturbelassen.

VOM TAL ZUM GELTERSWOOG

Auf der anderen Talseite geht es schließlich zurück Richtung Gelterswoog. Auch der **Jakobsweg** führt hier entlang; er ist mit gelben Strahlen auf blauem Grund gekennzeichnet. Vorbei am **Jakobsstein** und nach einer Gabelung, an der wir uns links gehalten haben, erreichen wir das **Ufer des Gelterswoog**. Am **Campingplatz Gelterswoog** können wir einkehren. Es folgen der Privatstrand des Platzes und mehrere kleine Buchten. An der Kopfseite des Gelterswoog erreichen wir das **Seehotel Gelterswoog**, wo wir ebenfalls einkehren und von der Terrasse den Blick über den Stausee schweifen lassen können.

Mit oder ohne Stärkung gehen wir dann das letzte Wegstück an, das auf einem asphaltierten Fuß- und Radweg neben der Bundesstraße entlangführt. So erreichen wir schließlich wieder die Zufahrt zum Parkplatz des **Strandbads**. Ein Bad im Gelterswoog wäre nun der perfekte Ausklang einer durch und durch beschaulichen Tour.

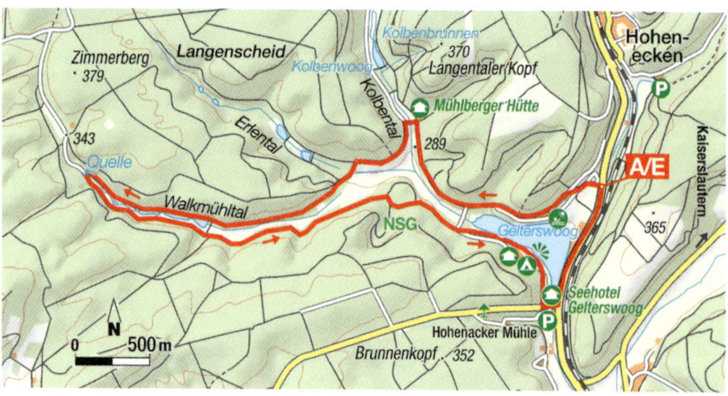

7

CHARMANTE KARLSTALSCHLUCHT

Felsen sind das Markenzeichen der Pfalz, und so verwundert es nicht, dass sich hier viele schöne Schluchten gebildet haben, durch die zu wandern meist ein erhebendes Gefühl hinterlässt. Die naturbelassene **Karlstalschlucht** ist dennoch etwas ganz Besonderes und aufgrund dieser Tatsache kein Geheimtipp – aber ein unbedingtes Muss in der Gegend!

SPAZIERGANG DURCH TRIPPSTADT

Zunächst spazieren wir entlang des **Campingplatzes Sägmühle** und biegen anschließend rechts in den Wald ab. Es geht ein kurzes steiles Stück bergauf, bis wir an ein Steinmäuerchen stoßen, an dem wir entlanggehen. Wir kommen aus dem Wald und nähern uns dem Ort **Trippstadt** über eine offene Wiese mit schönem Blick auf das Dorf. Wir kommen am **Schulbrunnen** vorbei, an dem wir uns rechts halten. Aus dem Ort hinaus und wieder entlang einer saftig grünen Wiese schlendern wir gemächlich an der Mauer entlang, die den **Schlosspark** von Trippstadt umgibt.

EIN SCHÖNES FLECKCHEN NACH DEM ANDEREN

Dann öffnet sich rechts und links des Wegs Wiesenlandschaft. Mal führt ein schmaler Pfad hindurch, mal eine breitere asphaltierte Straße daran entlang. Wir gelangen zum **»Köpfchen«** und rätseln erst einmal, um was

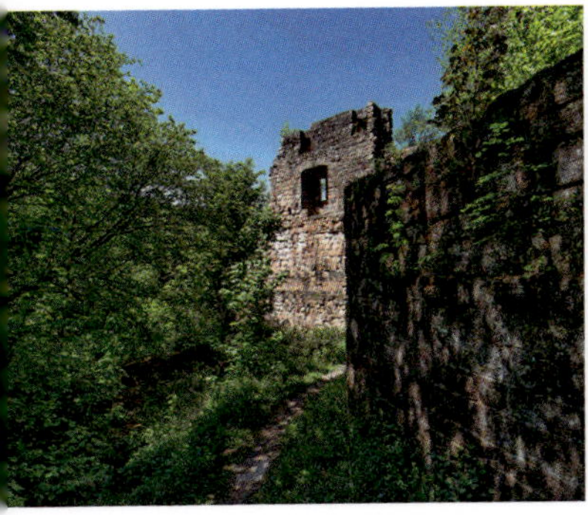

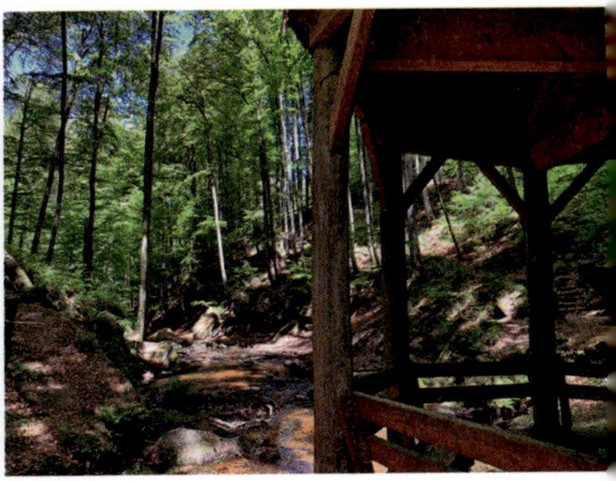

◀ Abstecher zur Burg Wilenstein ▶ Pavillon mit Blick in die Schlucht

es sich dabei handelt. Auf den ersten Blick scheint es nur ein Torbogen aus Sandstein zu sein, der einfach so inmitten der Wiese steht. Doch man sollte hindurchgehen und schauen, was sich dahinter verbirgt. Das »Köpfchen« ist Teil eines **Skulpturenwegs** und weist Wanderern den Weg zu einem versteckten **Rastplätzchen** mit Sitzgelegenheit in einem kleinen Waldstück. Da sich nicht viele hierher verirren, hat man diesen Ort oft für sich allein.

Zurück beim Tor geht es nun auf einem schmaleren Pfad weiter. Dann spazieren wir in den Wald hinein und erreichen eine **Mini-Schlucht** mit einem naturbelassenen Bachlauf samt Brückchen und Zugängen bis ans Ufer. Da es hier im Vergleich zur Karlstalschlucht noch sehr ruhig zugeht, sollten wir die Idylle genießen. Ein Abstecher führt nach rechts und steil hinauf zur **Burg Wilenstein**, der teilrestaurierten Ruine einer Höhenburg aus dem 12. Jahrhundert.

DURCH DIE KARLSTALSCHLUCHT

Nach dem Abstecher überqueren wir die Landstraße und sind auf der anderen Straßenseite bereits mittendrin in der herrlichen **Karlstalschlucht**. Die **Moosalb** windet sich durch die vollkommen naturbelassene Felsenschlucht mit ihren roten Buntsandsteinfelsen, garniert mit vielen Brückchen, Stegen und kleinen Wasserfällen sowie umgeben von altem Baumbestand. Mittendrin in dieser Ursprünglichkeit prangt ein Holzpavillon, in den man sich setzen und in dem man picknicken und die Naturschönheiten bewundern kann. Ein Weg führt entlang des Flüsschens, mal links, mal rechts von ihm,

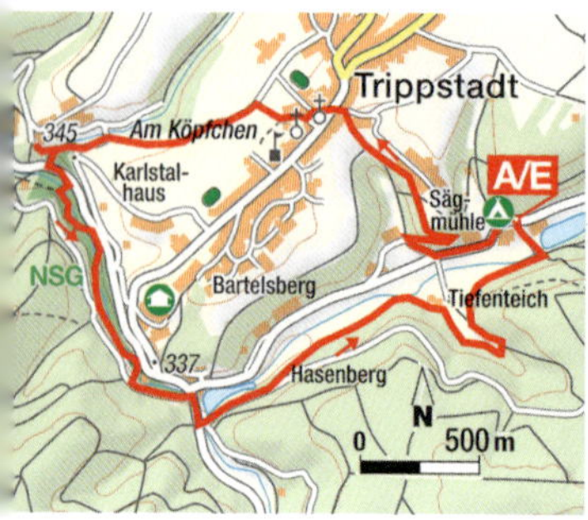

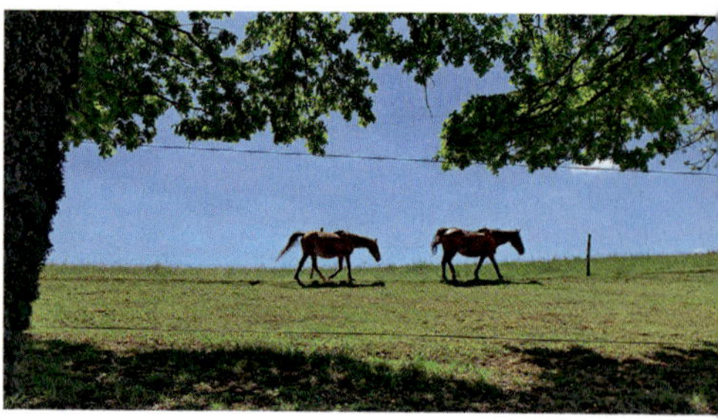

Friedliche Stimmung am Wegesrand

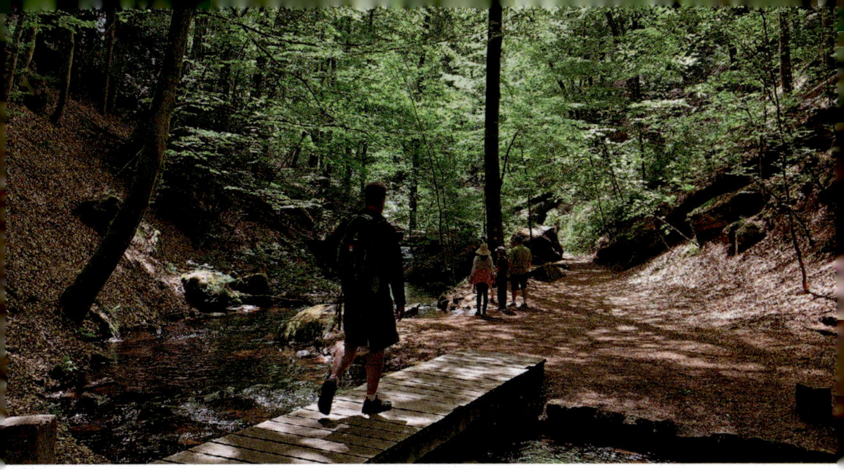

Mehrfach geht es auf Holzstegen über das Flüsschen Moosalb hinweg.

und man überquert es über Stege und Brücken. Man kann sich auf eine Bank, einen Felsen oder ans Flussufer setzen, die imposante Schlucht auf sich wirken lassen und das Wasser dabei beobachten, wie es munter über Stock und Stein plätschert.

RÜCKWEG AM WASSER ENTLANG

Irgendwann sind wir dann aber doch am hinteren **Ende der Karlstalschlucht** angelangt, treffen zuletzt noch auf einen **Wasserfall** und machen uns dann auf den Weg zurück Richtung Ausgangspunkt. Hierfür überqueren wir das Flüsschen Moosalb ein letztes Mal, biegen dann links auf einen Weg ein und folgen diesem, bis wir auf die Landstraße treffen, die wir überqueren. Hier stoßen wir auf einen **See**, der sich im weiteren Verlauf zum **Kottelbach** verengt. Wir halten uns rechts von See und Bach (beides sieht man aber bald nicht mehr) und wandern auf bequemem Weg immer geradeaus (mit einem kurzen Rechtsschlenker) weiter, bis nach etwa zwei Kilometern zu unserer Linken der **Campingplatz Sägmühle** wieder auftaucht.

Tipp

Zu wenig Zeit? Dann kann man auch nur das 1,2 Kilometer lange Wegstück durch die Karlstalschlucht unternehmen, in der jedoch immer viel los ist – dann die Wanderung, wenn möglich, am besten auf einen Werktag oder den frühen Vormittag legen. Im Sommer sind am frühen Vormittag die Lichtverhältnisse in der Schlucht am besten.

AUF EINEN BLICK

Info

STADT/REGION: Kaiserslautern/Landkreis Kaiserslautern
BESTE REISEZEIT: Ganzjährig
OPTIMALE REISEDAUER: 3 Tage
TOURISTINFO: Tourist-Information Kaiserslautern, Fruchthallstr. 14, 67655 Kaiserslautern, Tel. 631/365 27 23, touristinformation@kaiserslautern.de, kaiserslautern.de

SEHENSWÜRDIGKEITEN

THEODOR-ZINK-MUSEUM: Steinstr. 48, 67657 Kaiserslautern, Tel. 631/365 23 27, info@stadtmuseum-kl.de, stadtmuseum-kl.de
PFALZGALERIE: Museumsplatz 1, 67657 Kaiserslautern, Tel. 631/364 72 01, info@mpk.bv-pfalz.de, mpk.de
FCK MUSEUM: Fritz-Walter-Str. 1, 67663 Kaiserslautern, Tel. 631/31 88 19 00, museum@fck.de, fck.de/museum
GARTENSCHAU KAISERSLAUTERN: Lauterstr. 51, 67659 Kaiserslautern, info@gartenschau-kl.de, gartenschau-kl.de
JAPANISCHER GARTEN: Am Abendsberg 1, 67657 Kaiserslautern, Tel. 631/370 66 00, info@japanischergarten.de, japanischergarten.de
WILDPARK BETZENBERG: 67663 Kaiserslautern, info@wildpark-kaiserslautern.de, wildpark-kaiserslautern.de
ZOO KAISERSLAUTERN: Zum Tierpark 10, 67661 Kaiserslautern, Tel. 6301/716 90, info@zoo-kl.de, zoo-kaiserslautern.com
STRANDBAD GELTERSWOOG: an der B 270 (Stadtteil Hohenecken), 67661 Kaiserslautern

ÜBERNACHTUNG

STADTHOTEL: Friedrichstr. 39, 67655 Kaiserslautern, Tel. 631/36 26 30, info@stadthotel-kl.de, stadthotel-kl.de €€€
SEEHOTEL GELTERSWOOG: Gelterswoog 20, 67661 Kaiserslautern, Tel. 631/63 13 53 00, info@seehotel-gelterswoog.de, seehotel-gelterswoog.de €€€

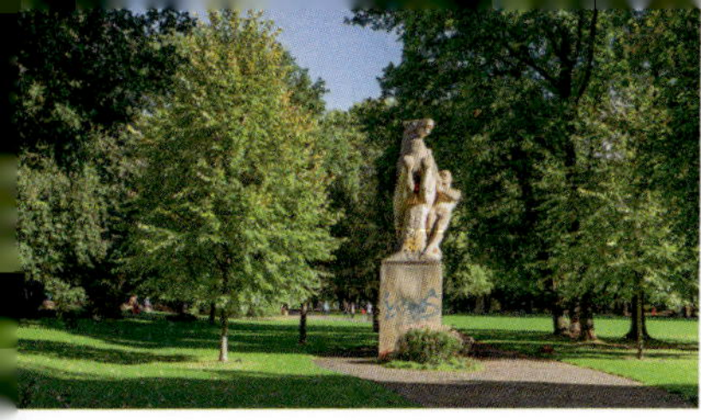 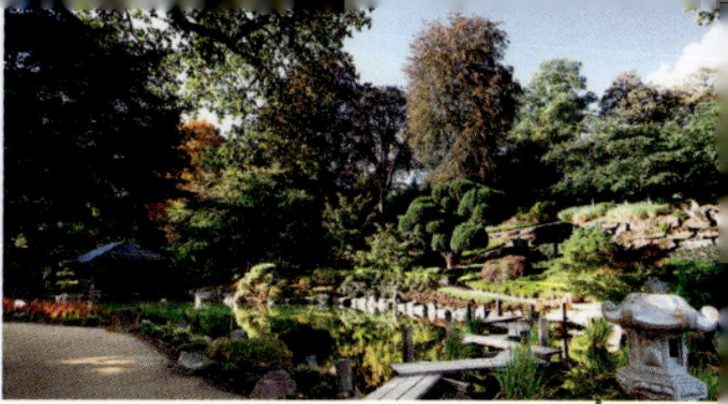

◀ Skulptur im Volkspark ▶ Exotisches im Japanischen Garten

FERIENWOHNUNG KAISERSLAUTERN: Lothringer Dell 78, 67657 Kaiserslautern, Tel. 631/370 49 93, info@ferienwohnung-kaiserslautern.de, ferienwohnung-kaiserslautern.de €€
CAMPING KAISERSLAUTERN: Gelterswoog 2, 67661 Kaiserslautern, Tel. 631/310 70 07, camping-gelterswoog@t-online.de, camping-kaiserslautern.de €

STAUSEE GELTERSWOOG UND WALKMÜHLTAL

DAUER: 2.30 Std.
HÖHENMETER: 80 Hm
LÄNGE: 8,9 km
SCHWIERIGKEIT: Leicht
AUSGANGS-/ENDPUNKT: Parkplatz beim Strandbad Gelterswoog
TOURENCHARAKTER: Leicht begehbare Wege, wenige Höhenmeter, viel Schatten
BESTE JAHRESZEIT: Ganzjährig
EINKEHR UNTERWEGS: Camping Gelterswoog, Seehotel Gelterswoog

DURCH DIE KARLSTALSCHLUCHT

DAUER: 2 Std.
HÖHENMETER: 140 Hm
LÄNGE: 7 km
SCHWIERIGKEIT: Leicht
AUSGANGS-/ENDPUNKT: Parkplatz beim Campingplatz Sägmühle
TOURENCHARAKTER: Leicht begehbare Wege, auch innerhalb der Schlucht, nach Durchquerung des Orts viel Schatten
BESTE JAHRESZEIT: Ganzjährig
EINKEHR UNTERWEGS: Unterwegs keine, mit minimalem Umweg Klug'sche Mühle nahe dem Umkehrpunkt der Wanderung

WANDERN MIT HEXEN UND TEUFELN

Pirmasens

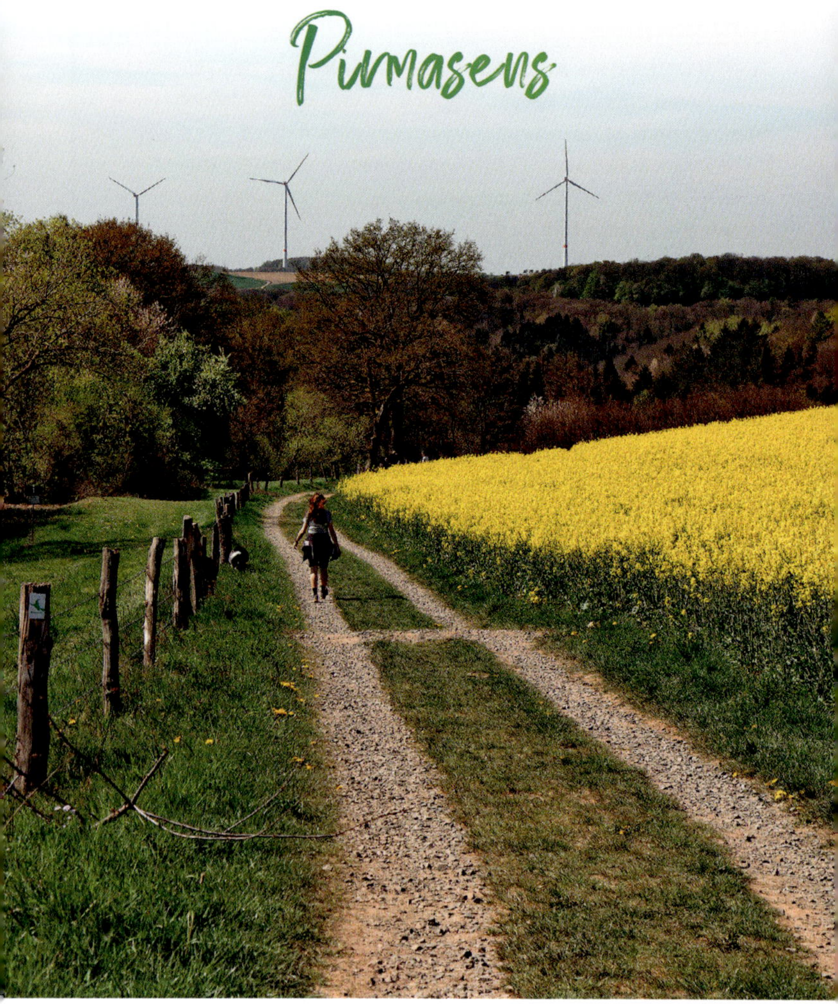

In unmittelbarer Stadtnähe von Pirmasens wartet tolle Natur.

8

Am westlichen Rand des Pfälzerwalds, im Nordwesten des Wasgaus und in unmittelbarer Nähe zu den Vogesen, liegt Pirmasens mit einem historischen Stadtkern, tollen Museen und einigen Natur-Highlights drumherum. Premiumwanderwege führen direkt durch die Stadt oder sind nur einen Steinwurf davon entfernt.

Pirmasens ist, gemessen an ihrer Einwohnerzahl, die zweitkleinste Stadt in Rheinland-Pfalz. Die Peripherie von Pirmasens zeigt sich modern und steht damit in einem schönen Kontrast zur **historischen Innenstadt**. Dort prägen vor allem der **Schlossplatz** an der Hauptstraße, das **Alte Rathaus** und die **St.-Pirmin-Kirche** das Bild. Ist man um 11 Uhr vor Ort, ertönt das Glockenspiel des Alten Rathauses. Die **Schlosstreppen** verbinden das Alte Rathaus mit der St.-Pirmin-Kirche; an ihrem unteren Ende überwacht ein überdimensional großer Stierkopf an einer Wasserkaskade den Aufstieg. Nicht nur bei schlechtem Wetter sind insbesondere zwei Institutionen eine Empfehlung: das Dynamikum Science Center Pirmasens und das Westwallmuseum. Das **Dynamikum** ist ein interaktives Technikmuseum, das sich

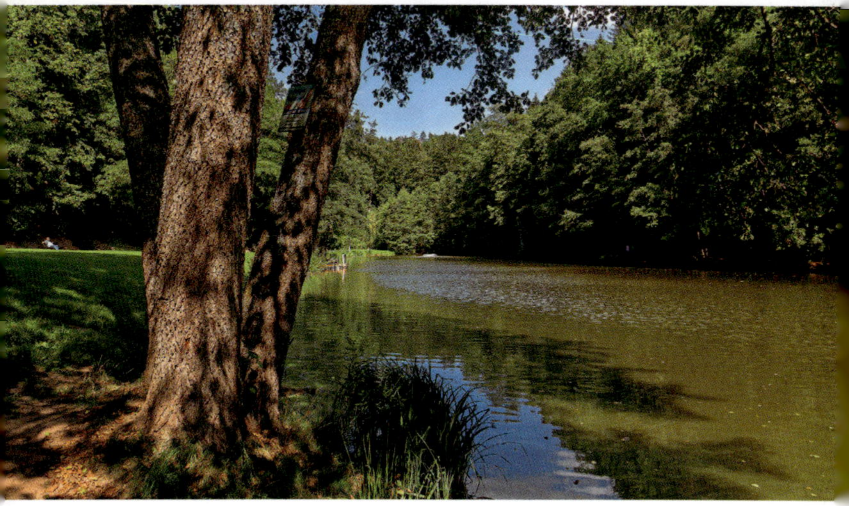

Der Eisweiherpark befindet sich am Stadtrand.

8

auf dem Gelände einer ehemaligen Schuhfabrik befindet. Die Exponate stehen unter dem Leitthema »Bewegung«, das mittels Experimentierstationen aufbereitet wird. Das **Westwallmuseum** ist in den Gemäuern des ehemaligen Festungswerks Gerstfeldhöhe untergebracht. Thematisch dreht sich die Ausstellung um den Krieg, gleichzeitig ist das Museum aber auch ein Mahnmal für den Frieden.

Tipp

Ruhesuchende und erschöpfte Wanderer finden im am Stadtrand gelegenen Eisweiherpark ein Naherholungsgebiet mit einem Weiher im Mittelpunkt. Außerdem laden Fußball- und Beachvolleyballplätze, Kletterfelsen und Minigolf zu körperlicher Betätigung ein. Aber auch für einen Spaziergang, ein Sonnenbad oder ein Picknick ist der Park ein schöner Ort.

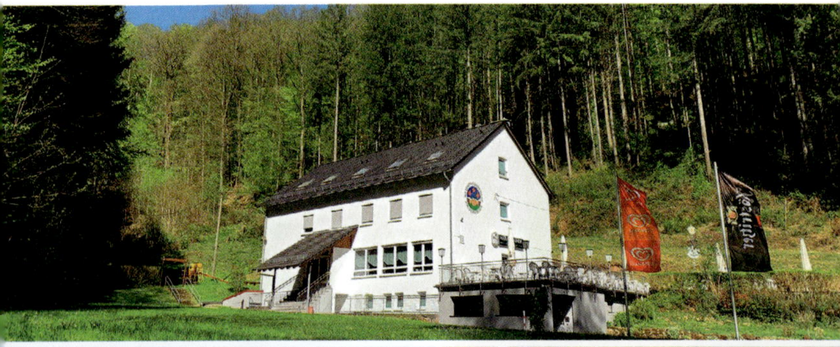

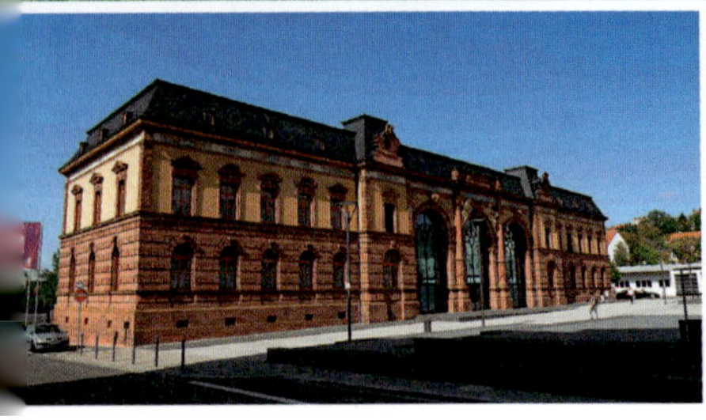

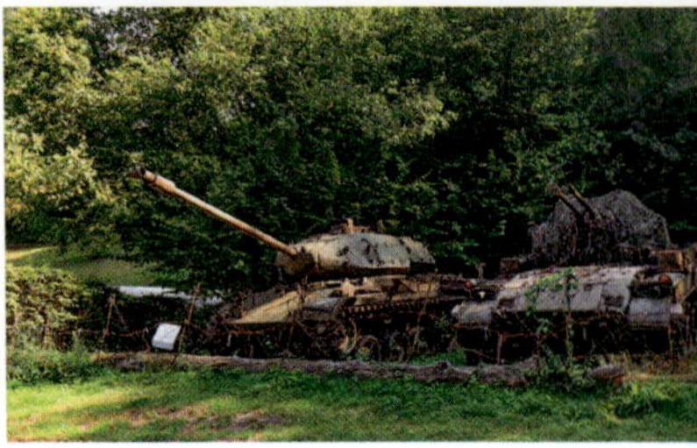

▲ Ausflugsziel und Wander-Startpunkt: das Naturfreundehaus ◀ Königlich Bayerisches Postamt ▶ Militärische Relikte im Westwallmuseum

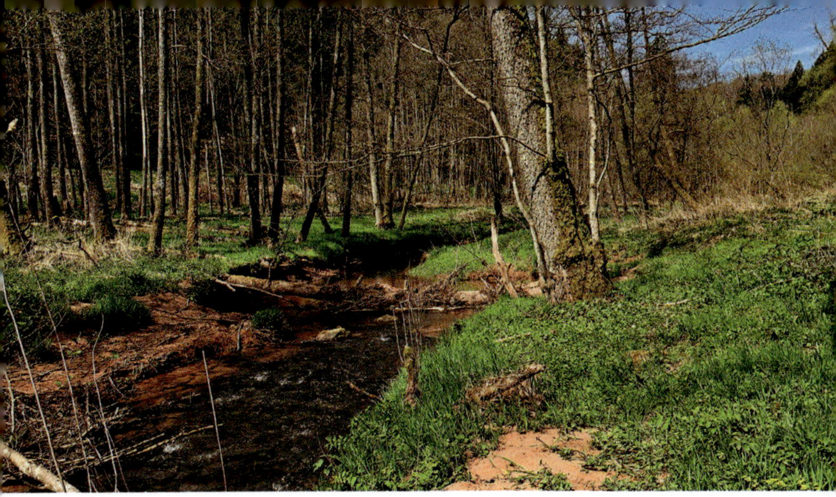

An diesem Flüsschen entlang geht es kurz vor dem Einstieg in die Klamm.

DURCH DIE SAGENUMWOBENE HEXENKLAMM

Ein abwechslungsreicher Weg mit schönen Panoramablicken und bunter Blütenpracht im Frühling führt kontinuierlich auf das heutige Wander-Highlight zu, die wildromantische Hexenklamm. Ein schmaler Pfad schlängelt sich an den bizarren Felsformationen und an Wasserfällen vorbei durch die enge Schlucht. Die Wegmarkierung ist passenderweise eine auf einem Besen reitende Hexe.

WIESENLANDSCHAFT UND MINI-SCHLUCHT

Wir starten am **Parkplatz** beim Sportplatz Pirmasens-Gersbach und gehen entlang eines schmalen Wegs am **Friedhof** vorbei und über ein romantisches Holzbrückchen, dann müssen wir 300 Meter durch ein Gewerbegebiet (der Rotmühlstraße folgend) hinter uns bringen. Danach aber wird es schlagartig schön, vor allem im Frühjahr: Blühende Rapsfelder nehmen uns auf und offenbaren uns Blicke auf Pirmasens und ins benachbarte Frankreich. Im Sommer sollte man auf diesem schönen Wegabschnitt die Tageszeit beachten, da man vollständig der Sonne ausgesetzt ist. Nach der vom Pfälzerwaldverein Winzeln bewirtschafteten **Stockwaldhütte** biegen wir rechts ab und wandern noch ein letztes Stück über ein freies Feld mit Aussichtspunkten.

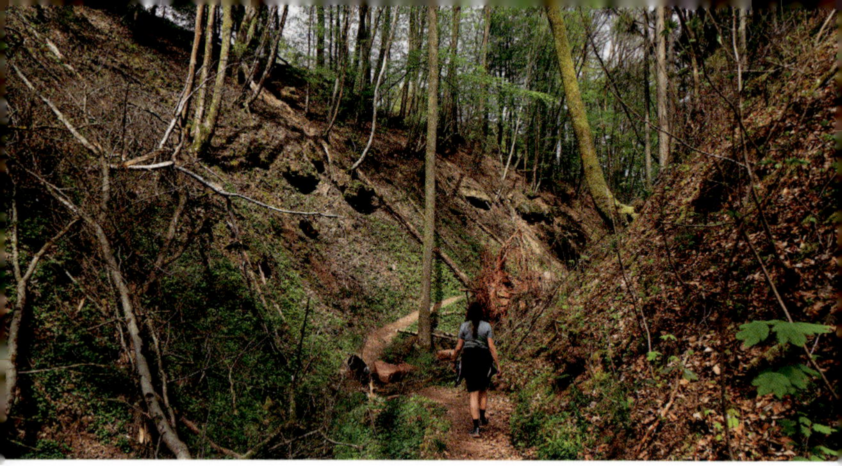

Die unberührte Natur der Hexenklamm zeigt sich rau.

Nun geht es über einen links abzweigenden Weg in den schattigen Wald. Wir wandern bergab und kommen kurze Zeit später über einen Trampelpfad zu einer Bank mit Blick auf ein Holzbrückchen. An dieser Stelle erreichen wir auch eine kleine **Klamm**, wo bei Weitem nicht so viel los ist wie später in der Hexenklamm. Danach führt uns der Weg vorbei an einsamen **Wochenendhäuschen** auf verwilderten und zugewachsenen Grundstücken und einem **Ententeich**, der leider eingezäunt und in Privatbesitz ist. Hier wenden wir uns nach rechts und folgen einem breiten Forstweg, der auf einen Parkplatz zuführt. Nun gilt es zu entscheiden, ob wir im Biergarten der **Eichelsbacher Mühle** eine Rast einlegen – es wären nur ein paar wenige Schritte Umweg.

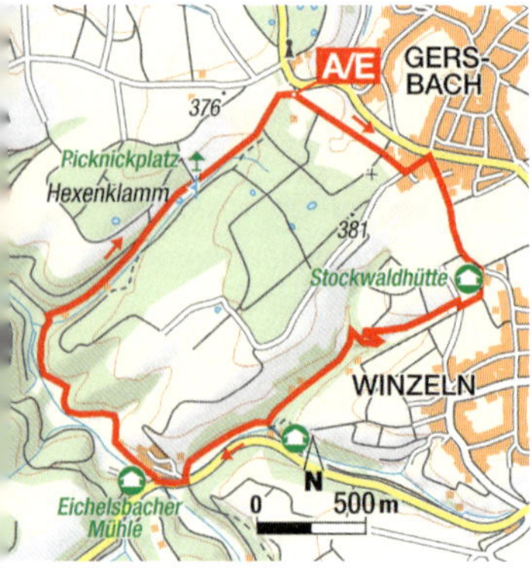

WILD UND NATURBELASSEN – DIE HEXENKLAMM

Mit oder ohne diese Einkehr biegen wir am **Parkplatz** rechts ab und spazieren oberhalb eines breiten und munter plätschernden Bachs entlang. An einer Kreuzung mit Bank können wir ausführlich auf **Informationstafeln** Interessantes über die Hexenklamm und andere lokale Gegebenheiten nachlesen. Hier biegen wir rechts ab und stehen schon bald an der **»Zugangspforte«** zum Highlight, dem offiziellen Einstieg in die Schlucht. Ein Holzschild quer über den Weg teilt uns mit, dass wir das Ziel erreicht haben.

Nun folgt die Durchquerung der **Hexenklamm**, die uns sofort zu einer der schönsten Ratsplätze der Klamm führt: Eine breite **Holzliege** lädt dazu ein, uns an dieser Idylle mitsamt **Wasserfall** ausgiebig zu erfreuen. Wahlweise können wir an der schattigen Sitzgruppe unter dem Felsen Platz nehmen und ein mitgebrachtes Vesper verzehren. Es folgen weitere **Kaskaden**, an denen je nach vorangegangenen Regenfällen die Wassermengen mehr oder weniger tosend hinabstürzen. War es zuvor lange Zeit trocken, entschädigt der abenteuerliche schmale Pfad für fehlende Wasserfall-Impressionen, denn er führt durch eine naturgewaltige Wildnis, die sich – vom gut gewarteten Weg abgesehen – weitgehend selbst überlassen bleibt. Es geht nun fast unmerklich bergauf. Wo nötig, erleichtern Steinstufen die unwegsameren Passagen, und Holzbegrenzungen am Boden sorgen dafür, dass man sich immer sicher fühlt.

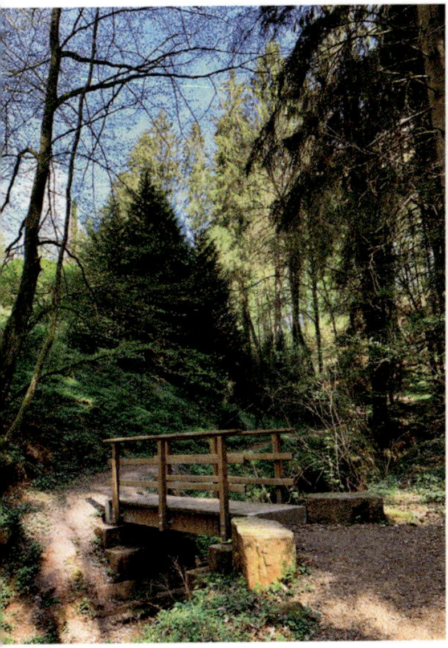

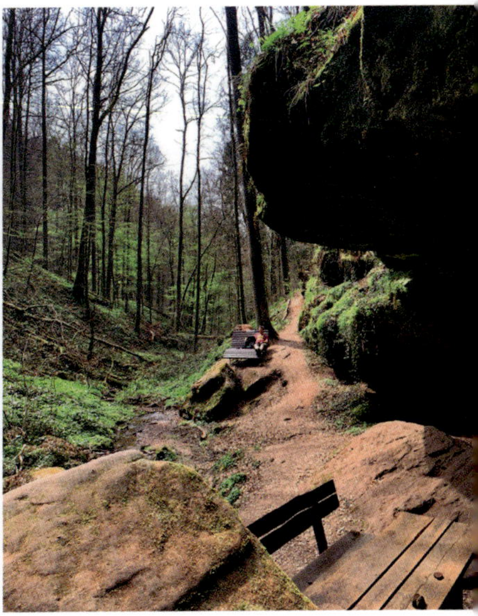

◀ Vorbote der großen Schlucht ▶ Rast in der Klamm am Picknickplatz

8

SANFTER AUSSTIEG

Alles Schöne geht einmal zu Ende, aber zumindest bewegen wir uns langsam und nicht schlagartig aus der Hexenklamm hinaus. Zuletzt verläuft der Weg noch ein Stück eben durch den Wald, vorbei an sogenannten **Mardellen**, wasser- und nährstoffreichen breiten Mulden. Dann folgt noch eine letzte Bank mit einer filigran geschnitzten **Holzhexe** – unter ihren Augen können wir noch einmal unsere Eindrücke Revue passieren lassen, ehe wir am Sportplatz vorbei zurück zum **Parkplatz** wandern.

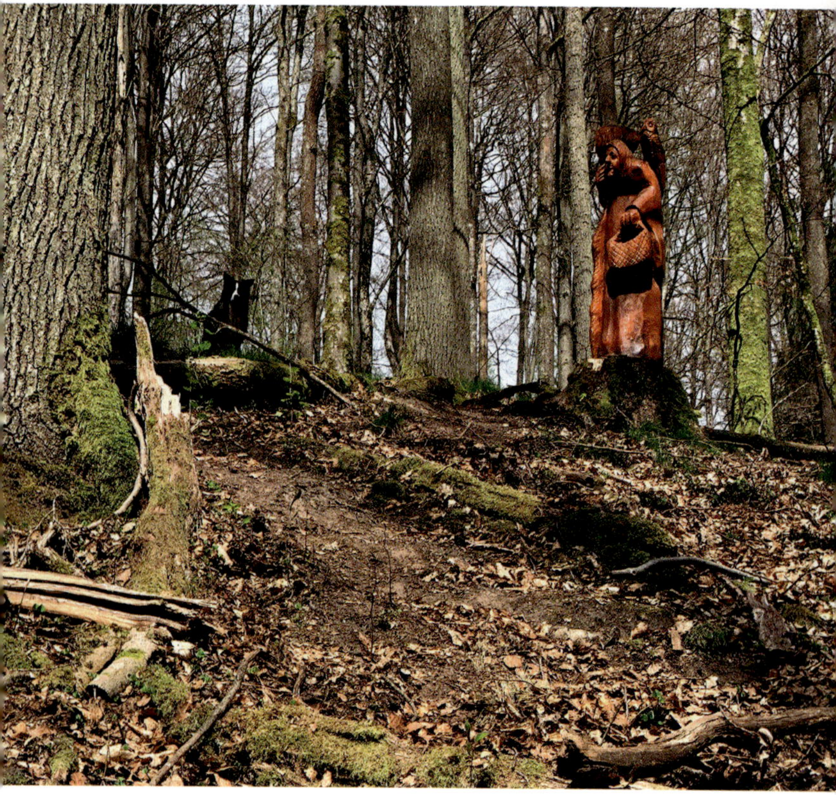

Mit Gruseleffekt: Mehrere Holzhexen haben ein wachsames Auge auf uns.

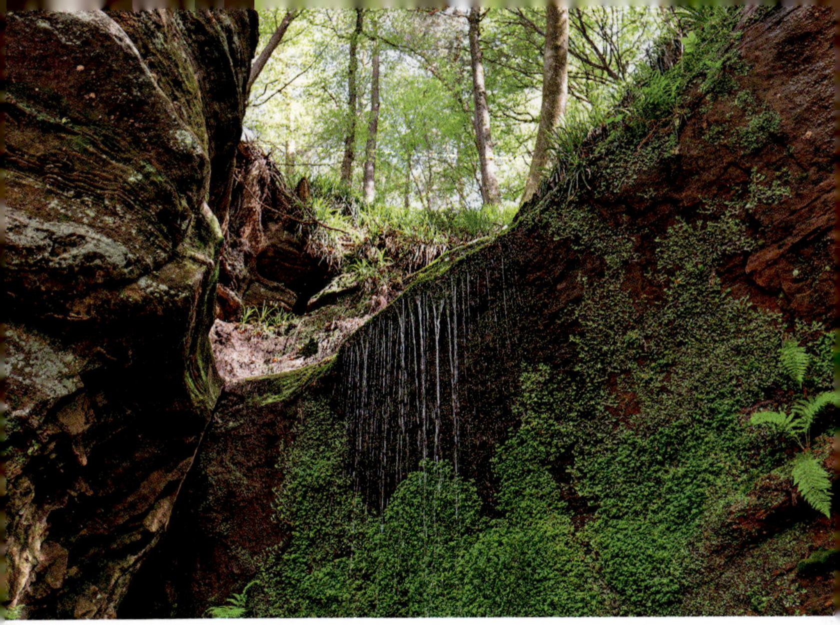

Quellwasser plätschert am Teufelsfelsen hinab.

FELSENREICHER TEUFELSPFAD

Es hätte schon mit dem Teufel zugehen müssen, wenn dieser besondere Wanderweg nicht einen Platz ganz vorne bei dem vom *WanderMagazin* ausgelobten Wettbewerb »Schönste Wanderwege 2020« belegt hätte. Der Teufelspfad besticht mit bizarren Felsformationen, allen voran mit dem imposanten Teufelsfelsen.

HINEIN INS ABENTEUER

Ein blaues Teufelchen mit Dreizack weist uns im Folgenden den Weg. Nach dem Start am **Naturfreundehaus Niedersimten** mit seinem einladenden Außenbereich biegt bald ein schmaler Pfad vom breiten Forstweg rechts ab und führt uns auf eine mit Farnen und Moosen überwucherte Bergflanke und in Serpentinen zum **Haspelfels** – ein schöner Ort mit einer markanten Felsformation, einer verwunschenen Picknickstelle und einer Quelle in der Felsengrotte.
Anschließend wandern wir auf einem schmalen, abenteuerlich gewundenen Pfad am Felsen entlang und gelangen so zum **Hühnerfels** mit einer Sitzgruppe unter dem Felsenüberhang. Noch einmal rasten? Aber klar!

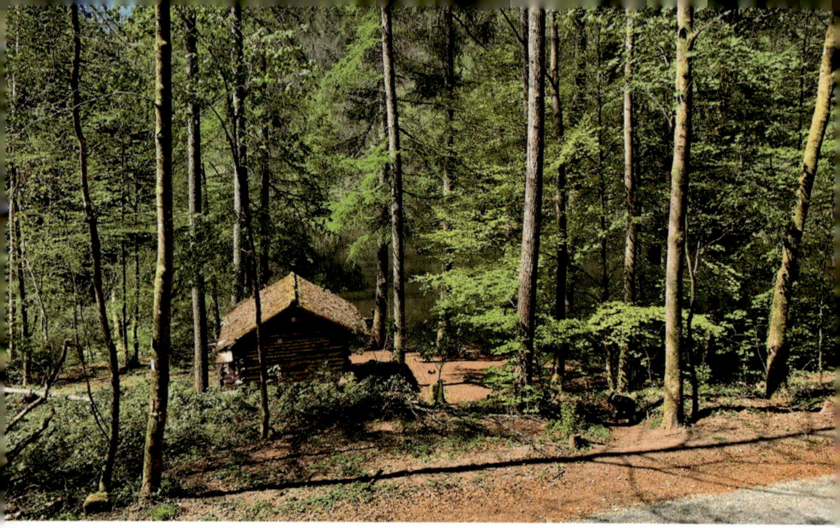

Kleine Hütte am Ufer des Gersbachtalweihers

KONTRASTPROGRAMM

Kurz windet sich der Pfad noch oberhalb der Forststraße entlang, dann geht es bergab und in einem großen Bogen zurück ins Tal. Wir überqueren einen **Damm zwischen zwei Weihern**, dann geht es sofort wieder bergauf – zunächst auf einem steinigen Pfad, dann auf einen breiten Waldweg, auf den wir nach rechts abbiegen. Es folgt ein entspanntes Stückchen Weg durch die Natur. Schließlich führt ein Pfad wieder weg vom breiten Waldweg und links empor auf einen Höhenzug. Wir machen Rast an einem **Holzteufel**, den abgesägte Baumstämme umgeben, die uns zum Niederlassen einladen.

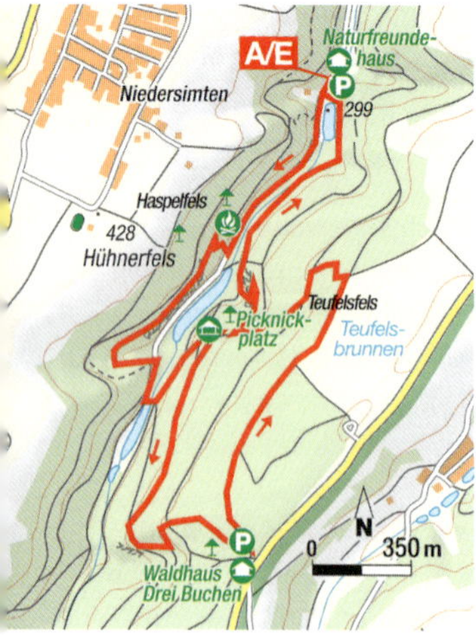

Nach der Rast verlassen wir an einem **Wanderparkplatz** den Wald und werden hier auf den Weg zum **Waldhaus Drei Buchen** hingewiesen, bei dem man einkehren kann. Anschließend erleben wir einen weiteren Kontrast zu den Felsformationen vom Beginn der Wanderung: Nach links führt uns der Weg zuerst durch ein Wäldchen und schließlich am **Waldsaum** entlang, zur Rechten begleitet uns ein freies **Feld**.

8

FELSENLAND UND EIN WEIHER ZUM ABSCHLUSS

Als Vorbote unseres Wander-Highlights zeigt sich der **Teufelsbrunnen** am Weg, eine steinerne, efeuumwucherte Quelle. Dann erreichen wir den **Teufelsfels**. Es handelt sich dabei um eine hoch aufgetürmte Felsformation, die aus einem Gewirr zahlreicher Felsen mit Türmchen und Höhlen besteht. Nach einer weiteren Pause ganz oben an dem mächtigen Felsgebilde wandern wir auf dem sich dahinschlängelnden **Felsenpfad** mit Brückchen und Holzgeländern durch dieses Labyrinth. Ein aus einer Quelle entsprungenes Rinnsal bahnt sich ebenfalls den Weg nach unten. Der Pfad mündet schließlich wieder in den bekannten Forstweg, wo schräg gegenüber der **Gersbachtalweiher** durch die Bäume hindurchschimmert. Beim Näherkommen stellen wir fest, dass der See mit einem Steg ausgestattet ist, und an einem **Holzhüttchen** können wir noch einmal Pause machen. Danach geht es über den Forstweg entlang dem **Gersbach** und vorbei am Ostufer des vorderen Weihers zurück zum **Naturfreundehaus Niedersimten**, wo Liebhaber deftiger Pfälzer Hausmannskost ganz auf ihre Kosten kommen werden.

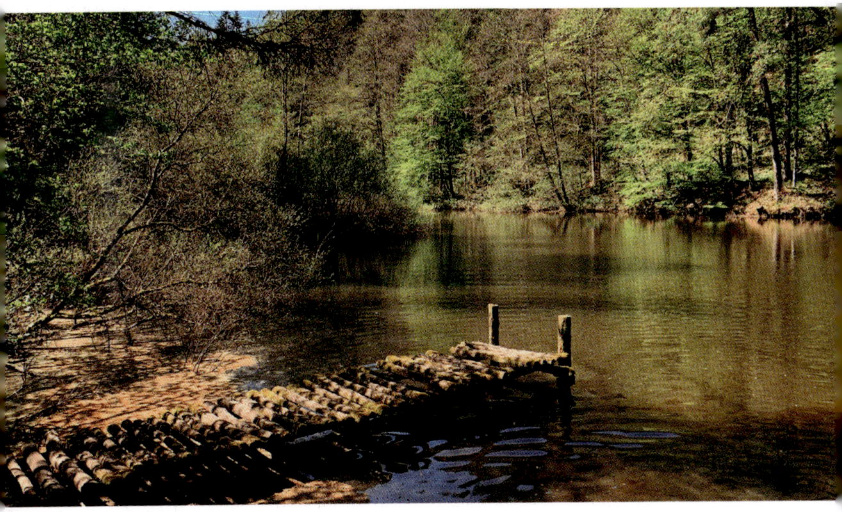

Pittoresk: Holzsteg im Gersbachtalweiher

AUF EINEN BLICK

Info

STADT/REGION: Pirmasens/Südwestpfalz
BESTE REISEZEIT: April bis Oktober
OPTIMALE REISEDAUER: 2 Tage
TOURISTINFO: Pirmasens Marketing, Fröhnstr. 8, 66954 Pirmasens, Tel. 6331/239 43 12, info@pirmasens-marleting.de, pirmasens-marketing.de

SEHENSWÜRDIGKEITEN

DYNAMIKUM SCIENCE CENTER PIRMASENS: Fröhnstr. 8, 66954 Pirmasens, Tel. 6331/23 94 30, info@dynamikum.de, dynamikum.de
WESTWALLMUSEUM: In der Litzelbach 2, 66955 Pirmasens, Tel. 6331/461 47, info@westwall-museum.de, westwall-museum.de
EISWEIHER PARK: Landauer Str. 103, 66953 Pirmasens

ÜBERNACHTUNG

HOTEL-RESTAURANT KUNZ: Bottenbacher Str. 74, 66954 Pirmasens, Tel. 6331/87 50, info@hotel-kunz.de, hotel-kunz.de €€€
FERIENAPPARTEMENT PIRMASENS: Erlenbrunner Str. 140, 66955 Pirmasens, zimmeranfrage@ferienappartment-pirmasens.de, ferienappartement-pirmasens.online €€
NATURFREUNDEHAUS NIEDERSIMTEN: Gersbachtal 100, 66955 Pirmasens, Tel. 6331/462 88, NFH-Niedersimten@gmx.de, naturfreunde-niedersimten.de €
CAMPING CLAUSENSEE: Schwarzbachstraße, 67714 Waldfischbach-Burgalben, Tel. 6333/57 44, info@campingclausensee.de, campingclausensee.de €

DURCH DIE HEXENKLAMM

DAUER: 2 Std.
HÖHENMETER: 120 Hm
LÄNGE: 6,7 km
SCHWIERIGKEIT: Leicht

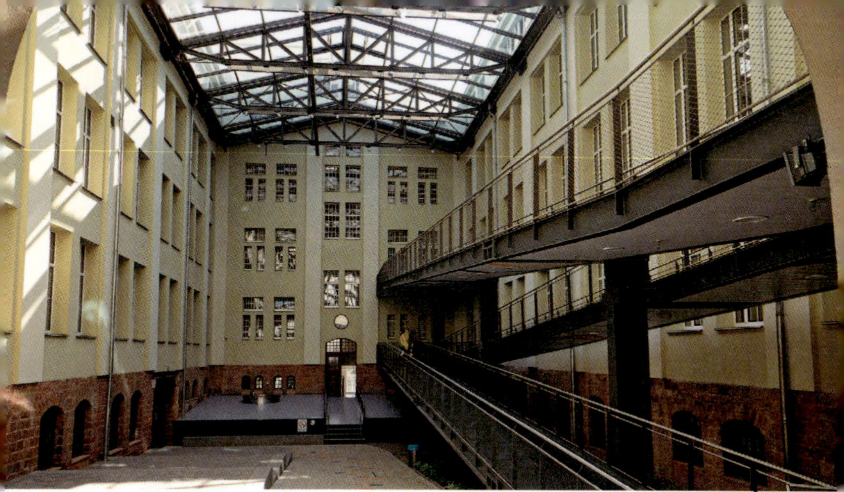

Viel Naturwissenschaft bietet das moderne Technikmuseum Dynamikum.

AUSGANGS-/ENDPUNKT: Parkplatz beim Sportplatz Pirmasens-Gersbach

TOURENCHARAKTER: Leicht begehbare Wege, anfangs asphaltiert, später schmale Waldpfade, keine steilen Anstiege; in der Klamm kann es rutschig werden.

BESTE JAHRESZEIT: April bis September

EINKEHR UNTERWEGS: Gaststätte des SV Gersbach am Ausgangspunkt, unterwegs die bewirtschaftete Stockwaldhütte und die Gaststätte Eichelsbacher Mühle

FELSENREICHER TEUFELSPFAD

DAUER: 2 Std.

HÖHENMETER: 163 Hm

LÄNGE: 6,4 km

SCHWIERIGKEIT: Mittel

AUSGANGS-/ENDPUNKT: Parkplatz am Naturfreundehaus Niedersimten

TOURENCHARAKTER: Gut begehbare Wege mit kurzen, steilen Anstiegen und z. T. steinigen Pfaden

BESTE JAHRESZEIT: Ganzjährig

EINKEHR UNTERWEGS: Naturfreundehaus Niedersimten am Ausgangspunkt, unterwegs Waldhaus Drei Buchen

AN DER FRANZÖSISCHEN GRENZE

Fischbach bei Dahn

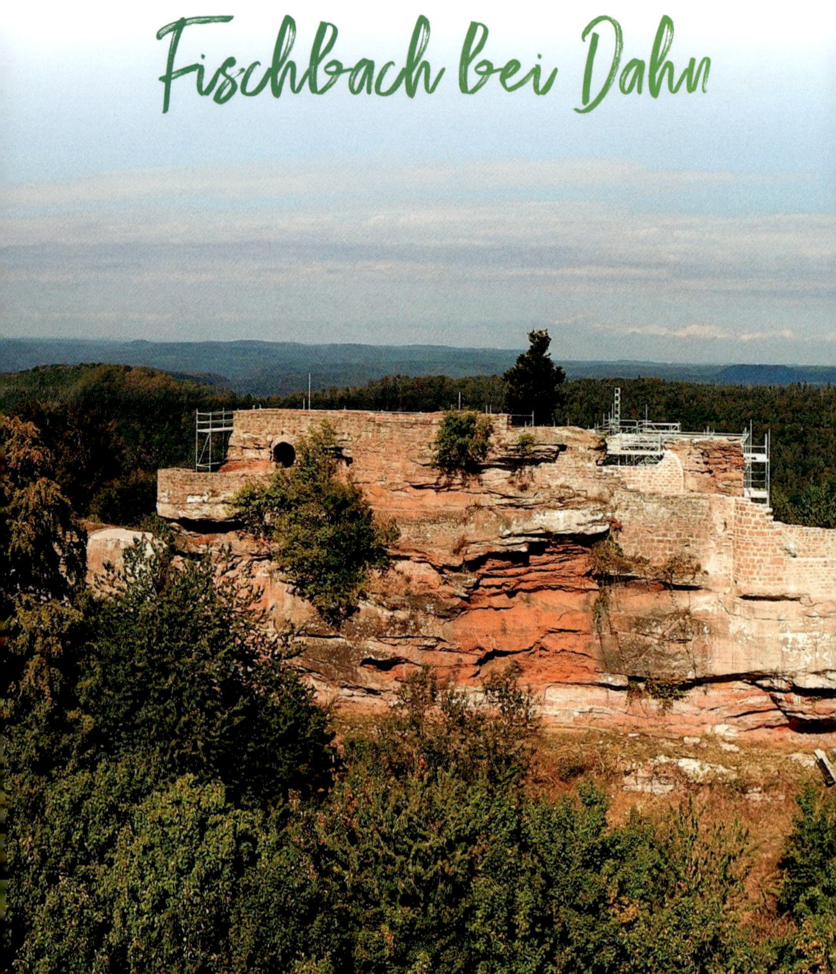

Die frisch restaurierte Wegelnburg ist Teil der 4-Burgen-Tour.

9

Das 18 Kilometer von Dahn entfernte Fischbach liegt inmitten des Gebiets Naturpark & Biosphärenreservat Pfälzerwald. Hier, in der einzigartigen Natur rund um den Mini-Ort nahe dem Elsass, wo sich Fuchs und Hase gute Nacht sagen, werden die Herzen aller Wanderer höherschlagen.

Das 725-Einwohner-Dörfchen Fischbach bei Dahn hat einige Berühmtheit durch das **Biosphärenhaus Pfälzerwald/Nordvogesen** erlangt. In dem gesamten Komplex werden zahlreiche Informationen und Aktivitäten angeboten. Herzstück ist der 270 Meter lange **Baumwipfelpfad** mit einem Aussichtsturm und einer Riesenrutsche am Ende. Hier hat man die Möglichkeit, den Wald aus luftigen Höhen zu betrachten. Er führt in 12–18 Metern Höhe auf festen Holzstegen und -brücken entlang der Baumwipfel des Pfälzerwalds, garniert mit Wackelbrücken und interaktiven Spielstationen. Im Hauptgebäude des Komplexes, dem Biosphärenhaus, erwirbt man nicht nur die Tickets für den Baumwipfelpfad – hier gibt es auch eine multimedial aufbereitete Ausstellung über die Region und ihre Bewohner. Angegliedert ist das **NaturErlebnisZentrum Wappenschmiede**, ein Veranstaltungsraum mit Übernachtungsmöglichkeiten und Restaurant. Ein **Hofladen** bietet regionale Produkte, Kinder können sich auf dem **Abenteuerspielplatz** austoben, und in der **Falknerei** finden Flugvorführungen statt.

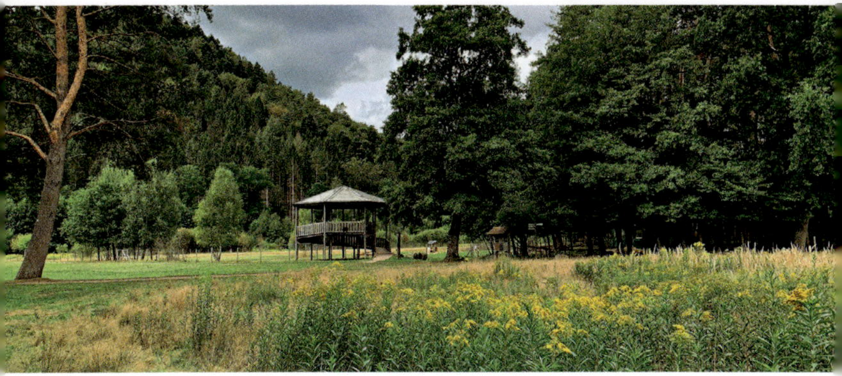

Auf dem Biosphären-Erlebnisweg, der am Biosphärenhaus startet

9

AUF DEM BIOSPHÄREN-ERLEBNISWEG (der beim Baumwipfelpfad startet) geht es auf ebenem Weg vorbei an informativen und interaktiven Stationen durchs Spießwoogtal. An zwölf Stationen kann man in einer Ruheschaukel oder Hängematte entspannen, experimentell die Natur erforschen oder Interessantes über die Besonderheiten der Region erfahren. Vor dem Umkehrpunkt der insgesamt 2,5 km langen Strecke befindet sich wunderschön gelegen der Weiher Spießwoog. Von einem kleinen Aussichtsturm neben einer Ziegenweide blicken wir u. a. auf die umgebenden Berge.

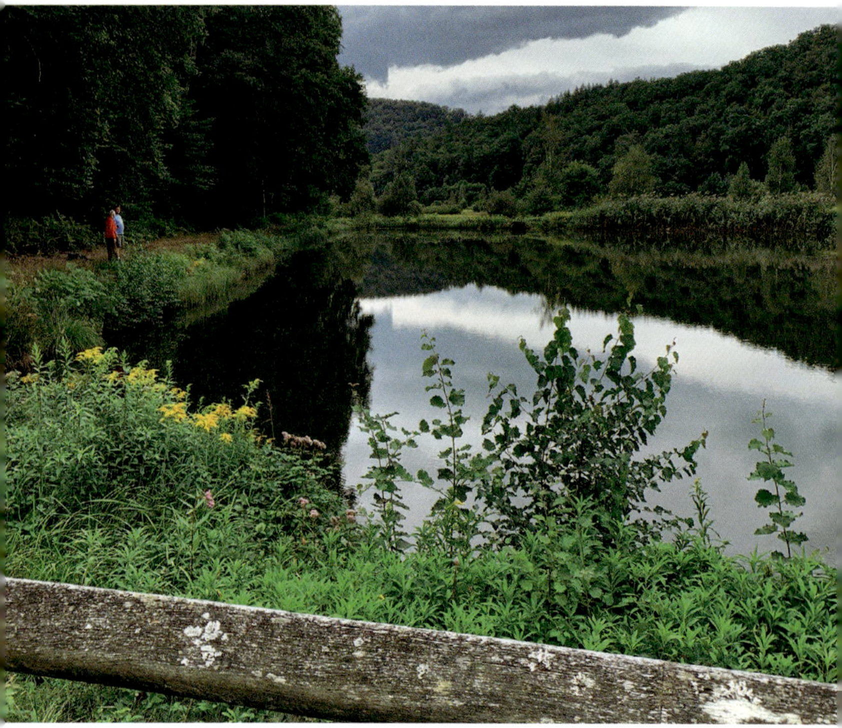

Kleiner Weiher Spießwoog im Spießbachtal

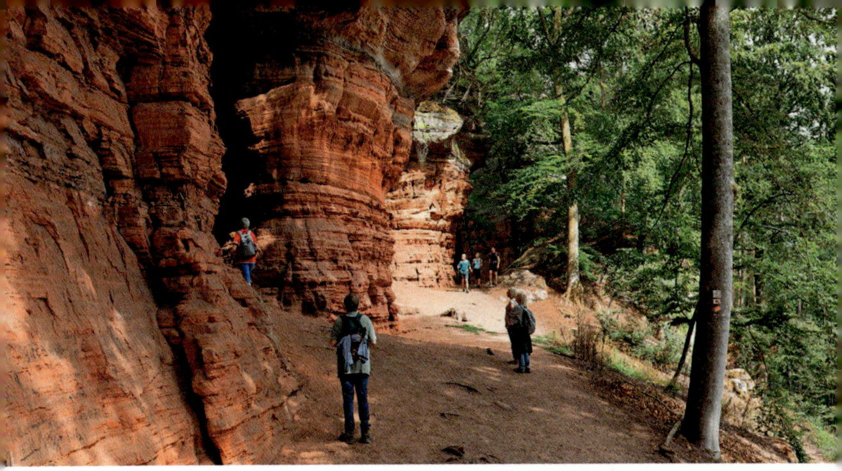

Bei den Altschlossfelsen leuchtet der Sandstein in allen Rottönen.

ZU DEN ALTSCHLOSSFELSEN

Es ist das größte Felsenriff der Pfalz, und wenn die Wanderung auch abseits der Zivilisation liegt, ist sie ein Muss in dieser Region. Regelrecht ergriffen steht man vor den pittoresken Sandsteinformationen, die in allen Rottönen leuchten und eine mystische Stimmung verbreiten.

AUF DEN SPUREN DES ALTKANZLERS

Am Ausgangspunkt der Wanderung, dem **Wanderparkplatz Spießweiher**, starten mehrere Themenwege – u. a. der **Helmut-Kohl-Wanderweg**, dessen Wegmarkierung wir nun für 1,5 Kilometer folgen. Wir begehen eine breite und bequeme geschotterte Forststraße. Schließlich weisen uns ein gelbes Schild mit der Aufschrift »Altschlossfelsen« sowie ein neueres, grün-weißes Schild »Altschlosspfad« auf einen Pfad, der links abzweigt. Es geht sofort steil bergauf, der Pfad ist zwar relativ breit, doch wachsen dicke Wurzeln über den Weg und machen ihn so etwas holprig. Nach einer Kreuzung, auf die wir am Rückweg wieder stoßen werden, atmen wir noch einmal tief durch, denn es wird im Folgenden noch ein bisschen steiler. Wenn allerdings die ersten rotbraunen Felsen durch die Bäume schimmern, ist jede Anstrengung vergessen: Majestätisch erheben sich die Türme der **Altschlossfelsen** über uns. Wir gehen zwischen den Steintürmen hindurch, laufen um sie herum und betrachten das bunte Farbspektakel aus der Nähe. Das Jungsandsteingebilde ist die größte Felsformation der Pfalz, und der Pfad, der sich an diesem Riff entlangwindet, ist 1,5 Kilometer lang.

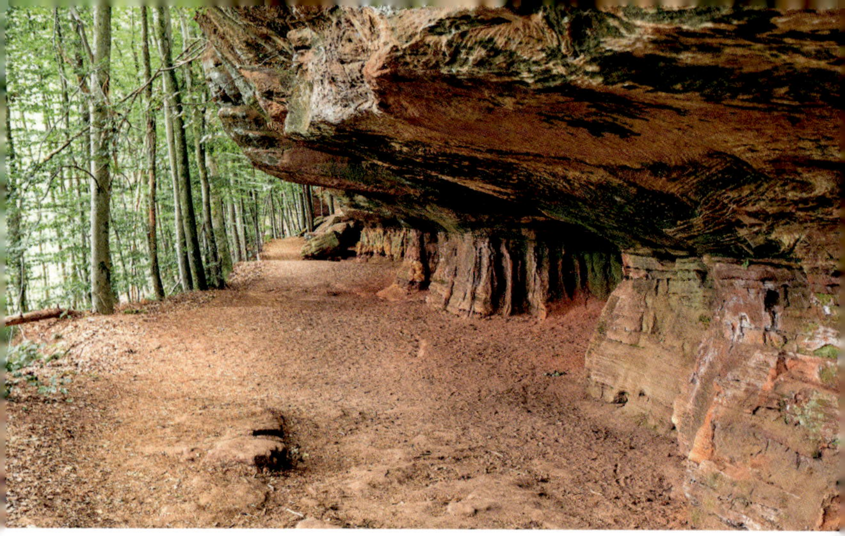

Unter Felsüberhängen hindurch führt der Weg abenteuerlich weiter.

FELSEN-REICH UND GERUHSAME SCHLUSSETAPPE

Auch im weiteren Wegverlauf bleibt uns die Felslandschaft noch ein wenig erhalten. Wir folgen der »Altschlosspfad«-Beschilderung, gehen dabei unter den **Felsüberhängen** hindurch wie durch Tunnel und haben immer wieder Gelegenheit, in eine der von den Felsen gebildeten Höhlen hinein zu spicken. Dabei geht es sanft bergab, bis wir auf den **Grenzstein zwischen Deutschland und Frankreich** treffen. Er stammt aus dem Jahr 1826 und markierte die Originalgrenze zwischen dem Elsass und Bayern (von 1816–1837 gehörte das linksrheinische Gebiet als sogenannter Rheinkreis zum Königreich Bayern). Wenden wir uns am Grenzstein in einer scharfen Kehre nach links, spazieren wir ein paar Schritte lang auf **französischem Boden** weiter.

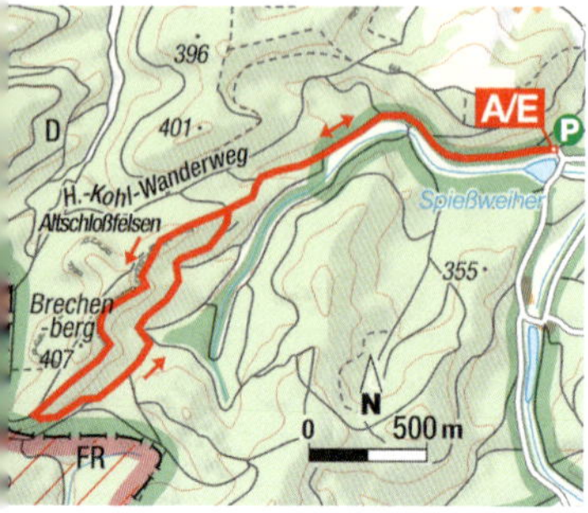

Anschließend nimmt uns wieder ein breiter **Forstweg** auf. Dieser bietet zwar nicht viel Spektakuläres, aber es ist nun deutlich weniger los als bei den beliebten Altschlossfelsen. An der Kreuzung mit dem Pfad zu den Altschlossfelsen biegen wir links ab, steigen bergab und treffen wieder auf den breiten Forstweg, dem wir nach rechts und entsprechend dem Hinweg bis zum Parkplatz folgen.

9

4-BURGEN-TOUR

Die Tour pendelt mehrfach zwischen Deutschland und Frankreich hin und her – je nach Lust und Kondition kann man sich auf dieser ganz besonderen Wanderung überlegen, wie viele Burgen man »abklappern« möchte. Die Runde ist ein Klassiker im südlichen Pfälzerwald und darf bei einem Wanderaufenthalt in dieser Gegend auf keinen Fall fehlen!

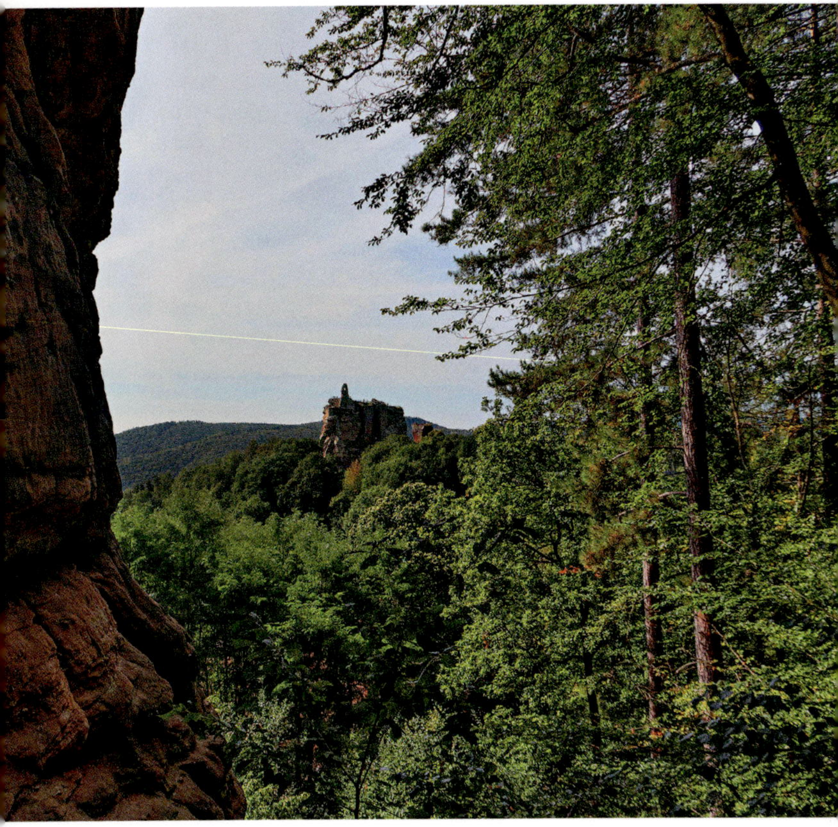

Blick von der Wanderung zurück auf die Burg Fleckenstein

9

BURG FLECKENSTEIN

Die Wegmarkierung ist eine schwarze Burg auf weißem Untergrund. Nachdem wir an einer Spitzkehre und am offiziellen **Parkplatz der Burgruine Fleckenstein** geparkt haben (wir befinden uns hier auf französischem Boden), tauchen wir in den Wald ein und erreichen kurz darauf das Besucherzentrum der **Burg Fleckenstein**. Hier erhält man die Eintrittskarten für einen Besuch der Burg, die man entweder individuell oder im Rahmen einer Führung besichtigen kann. Am Besucherzentrum gibt es das **Café des 4 Châteaux** mit kalten und warmen Gerichten, hausgemachtem Kuchen und Eis sowie jede Menge überdachte Picknickplätze.
Man kann im Übrigen auch ohne Lösen einer Eintrittskarte die Burg über den Burgrundweg bestaunen, aber es ergeben sich auch später während der Wanderung noch schöne Ausblicke auf Fleckenstein. Die mittelalterliche Burg im Elsass wurde als Festung in den riesigen Sandsteinfelsen gehauen und galt als uneinnehmbares Adlernest, bis sie 1680 den Armeen Ludwigs XIV. in die Hände fiel.

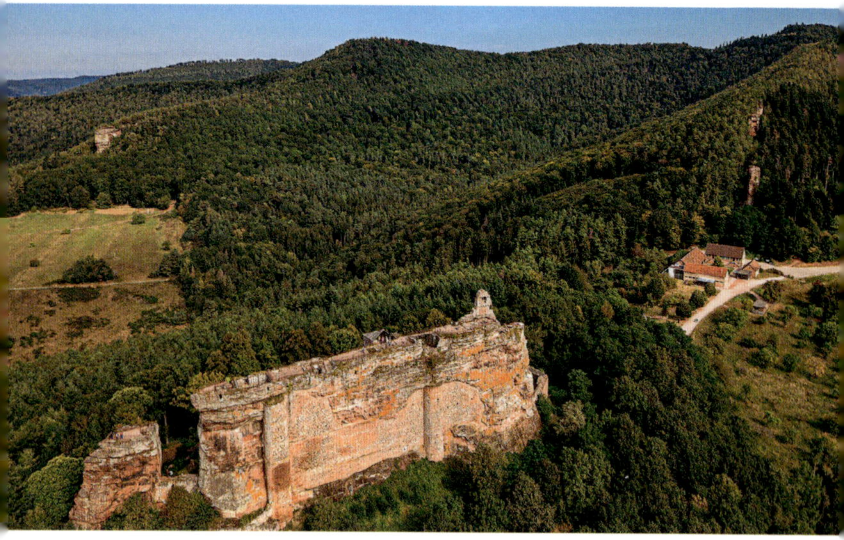

Die Burg Fleckenstein aus der Vogelperspektive betrachtet

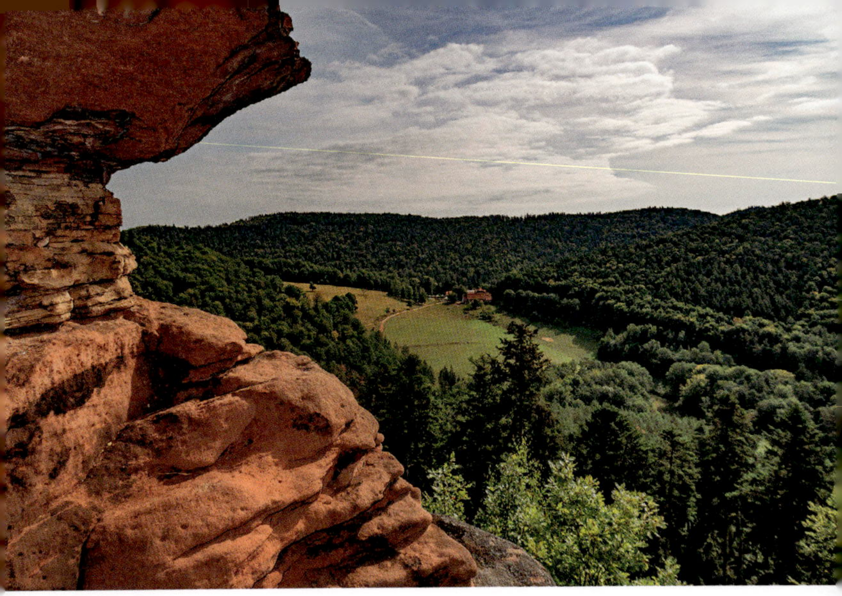

Von hier aus kann man bereits die verlockende Einkehr Gimbelhof sehen.

AM SENTIER DES ROCHES

Vom Besucherzentrum wandern wir alsdann auf dem **Sentier des Roches** hinauf zum Langenfels. Dieser erstreckt sich auf dem Bergrücken des Anstiegs und säumt den steinigen Pfad. Blicken wir zurück, erhaschen wir die oben versprochenen Blicke auf die Burg Fleckenstein, und vor uns können wir schon voll Vorfreude auf den Gimbelhof blicken, wo wir gegen Ende der Tour einkehren werden.

Wir wandern gemächlich durch das felsige Labyrinth. Immer weiter geht es bergauf, und wir erreichen schließlich den Sattelpunkt **Col de Hohenbourg**, eine große Kreuzung im Wald, an der wir die zweite Möglichkeit nach rechts wählen. So gelangen wir zum **Krappenfels**, von dem sich eine tolle Aussicht bietet.

RUINE LOEWENSTEIN UND HOHENBOURG

Zurück vom Felsen zweigt sofort nach rechts ein Weg ab, dem wir weiter steil bergauf folgen und auf dem wir nur wenige Schritte später die **Ruine Loewenstein** erreichen. Die Ruine einer Felsenburg auf französischem Terrain thront in 530 Metern Höhe und ist als historisches Denkmal klassifiziert. Über eine Stahltreppe erklimmen wir den Aussichtsfelsen, der oben von einem Geländer umgeben ist.

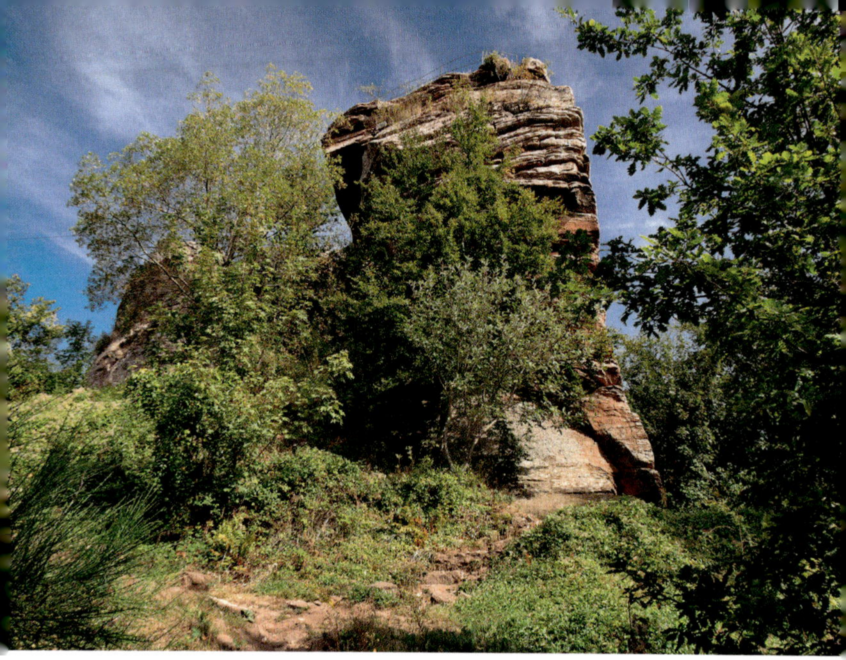

Wirklich nur eine Ruine ist Burg Loewenstein.

Ebenfalls in nur wenigen Schritten kommen wir danach zur **Hohenbourg**, desgleichen eine Felsenburg (vermutlich aus dem 13. Jh.) mit einem fantastischen Blick über die Pfalz, das Elsass und bei klarem Wetter über die Oberrheinische Tiefebene bis nach Karlsruhe. Die alte Festungsanlage hat etliche verwinkelte Ecken, die es zu entdecken gilt.

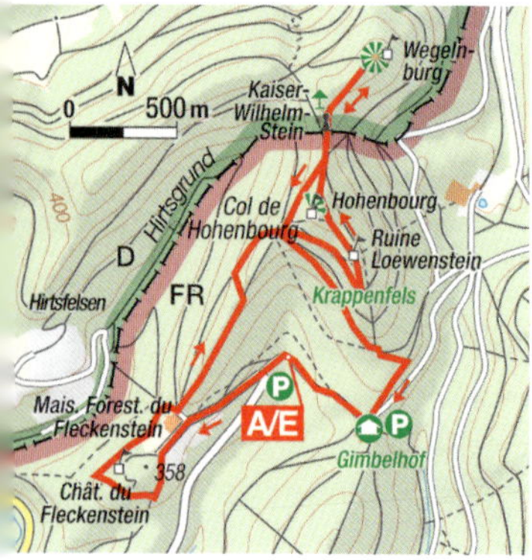

ABSTECHER NACH DEUTSCHLAND

Nun steigen wir hinab zum **Maidenbrunnen**, wo die Grenze zwischen Frankreich und Deutschland verläuft. An dieser Stelle entscheiden wir, ob es heute eine 3- oder eine 4-Burgen-Tour werden wird – der Abstecher zur Burgruine Wegelnburg und nach Deutschland beträgt ab hier 600 Meter einfache Wegstrecke.

Die **Wegelnburg** ist eine als Reichsburg errichtete imposante Anlage mit Resten von Toren, Gebäuden, Felskammern und Ringmauern. Sie liegt lang gestreckt auf einem Berggrat und bietet aufgrund ihrer Höhenlage auf 572 Metern (es ist die höchstgelegene Burganlage der Pfalz) einen unvergleichlichen Panoramablick. Die bis Ende 2021 komplett restaurierte Burg kann besichtigt werden.

BESONDERS SCHÖNE EINKEHR

An der Wegelnburg befindet sich der Umkehrpunkt der Wanderung. Es geht zurück zum **Col de Hohenbourg** und nach dem Abzweig zum Krappenfels einen Weg links hinunter, wo wir Kurs auf die **Ausflugsgaststätte Gimbelhof** nehmen. Dabei passieren wir mit Ritter-Motiven bemalte **Buntsandsteinskulpturen**. In dem Selbstbedienungsrestaurant mit französischer Gastronomie und einem tollen Biergarten angekommen, können wir die Tour entspannt ausklingen lassen. Bei einem Flammkuchen, einem Eintopf oder auch bei Kaffee und Kuchen – es gibt alles, was Herz und Magen begehren. Im rustikalen Innenbereich wird Service am Tisch und Essen à la carte angeboten.
Vor der Ausflugsgaststätte knickt der Weg nach rechts ab, und wir genießen noch einmal einen Blick auf die Burg Fleckenstein, die erste der vier Burgen, bevor wir kurze Zeit später wieder deren **Parkplatz** erreichen.

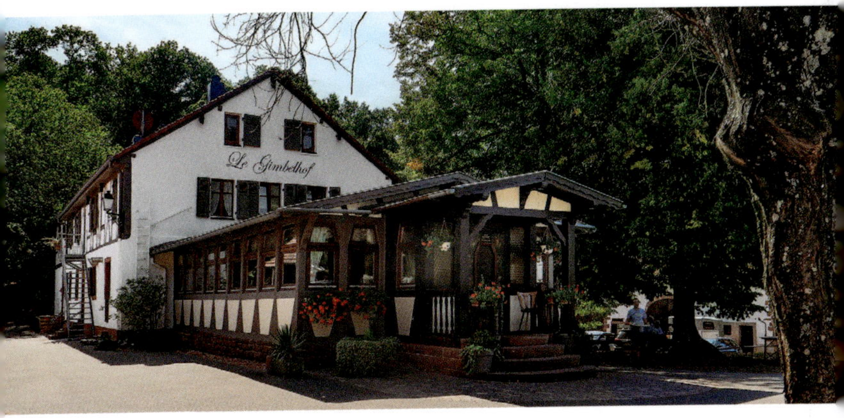

Elsässische Küche erwartet die hungrigen Wanderer beim Gimbelhof.

AUF EINEN BLICK

Info

STADT/REGION: Fischbach bei Dahn/Pfälzerwald-Nordvogesen
BESTE REISEZEIT: Mai bis September/Oktober
OPTIMALE REISEDAUER: 2–3 Tage
TOURISTINFO: Gemeinde Fischbach bei Dahn, Hauptstr. 37, 66996 Fischbach bei Dahn, Tel. 6393/204, fischbach-bei-dahn.de

SEHENSWÜRDIGKEITEN

BIOSPHÄRENHAUS PFÄLZERWALD-NORDVOGESEN: Am Königsbruch 1, 66996 Fischbach bei Dahn, Tel. 6393/921 00, biosphaerenhaus.de

ÜBERNACHTUNG

LANDHAUS TAUSENDSCHÖN: Bitscher Str. 7a, 66996 Fischbach bei Dahn, Tel. 6393/57 18, info@landhaus-tausendschoen.de, landhaus-tausendschoen.de €€€
NATURERLEBNISZENTRUM WAPPENSCHMIEDE: Am Königsbruch 2, 66996 Fischbach bei Dahn, Tel. 6393/99 34 06, info@wappenschmiede.de, wappenschmiede.de €
UNTERPETERSBÄCHLERHOF: Fabrikstr. 8 + 8a, 66996 Ludwigswinkel, Tel. 6393/993 71 07, service@unterpetersbaechlerhof.de, unterpetersbaechlerhof.de €
WOHNMOBILSTELLPLATZ AM BIOSPHÄRENHAUS: Am Königsbruch 1, 66996 Fischbach bei Dahn, biosphaerenhaus.de €

ZU DEN ALTSCHLOSSFELSEN

DAUER: 2 Std.
HÖHENMETER: 80 Hm
LÄNGE: 6,2 km
SCHWIERIGKEIT: Mittel
AUSGANGS-/ENDPUNKT: Wanderparkplatz Spießweiher

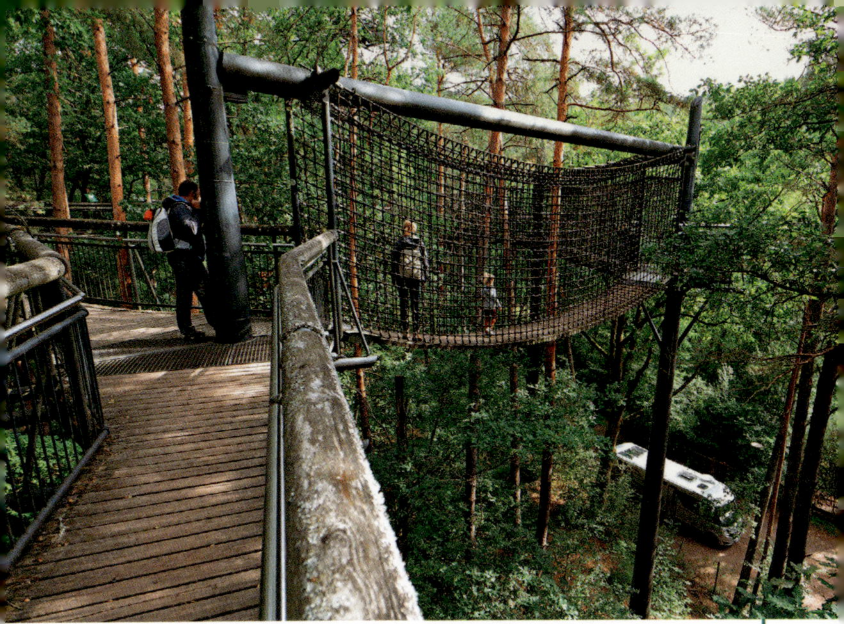

Der Baumwipfelpfad ist das Herzstück des Biosphärenhauses.

TOURENCHARAKTER: Überwiegend breite Wege, kurzer, knackig steiler Anstieg auf einem von Wurzelwerk überzogenen Pfad hinauf zu den Altschlossfelsen
BESTE JAHRESZEIT: April bis September
EINKEHR UNTERWEGS: Keine

4-BURGEN-TOUR

DAUER: 2.30 Std.
HÖHENMETER: 250 Hm
LÄNGE: 7,4 km
SCHWIERIGKEIT: Mittel
AUSGANGS-/ENDPUNKT: Parkplatz der Burg Fleckenstein, Frankreich (in einer Spitzkehre)
TOURENCHARAKTER: Knackige, auch längere Anstiege, felsige Pfade, aber alles problemlos machbar
BESTE JAHRESZEIT: Ganzjährig
EINKEHR UNTERWEGS: Café des 4 Châteaux, Hôtel-Restaurant Gimbelhof

NATURSPEKTAKEL FELSENLAND

Dahn

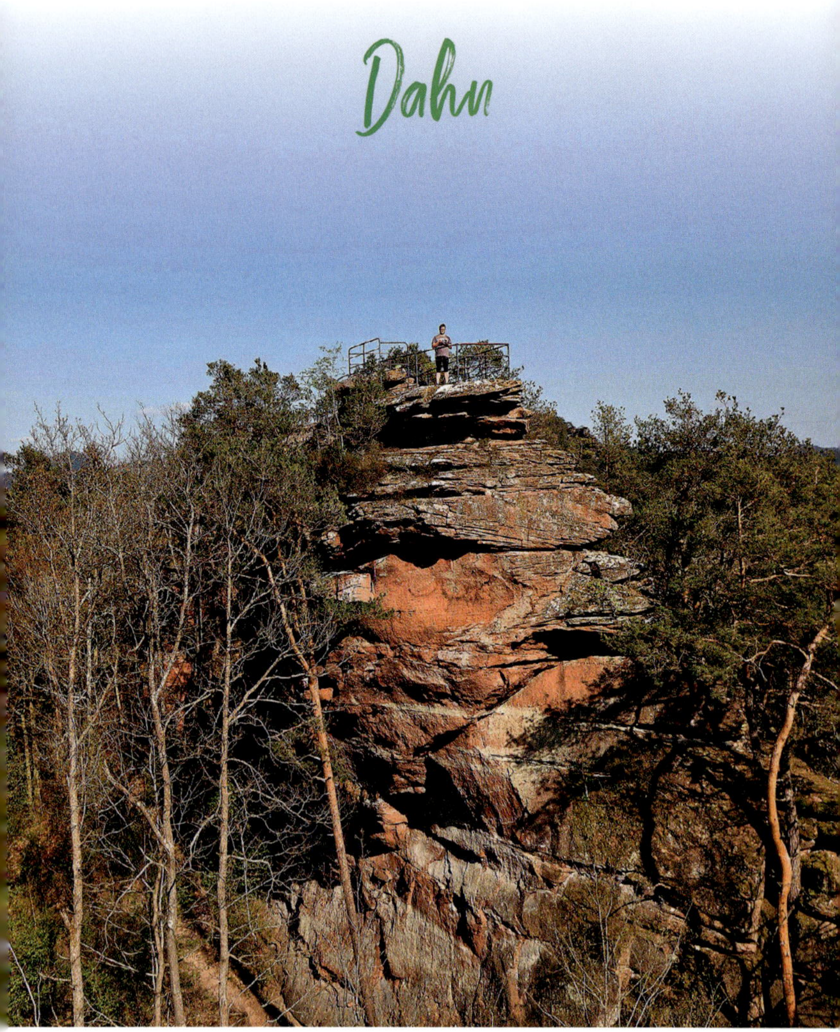

Einer von zahlreichen Felsen um Dahn herum: der Wachtfelsen

10

Das Dahner Felsenland wurde 2019 vom Deutschen Wanderinstitut als Premium-Wanderregion ausgezeichnet – damit spielt die Gegend in der obersten Liga der besten Wanderregionen Deutschlands mit, und auf dem Dahner Felsenpfad erlebt man dieses Naturschauspiel am eindrucksvollsten!

Mitten im größten Waldgebiet Westeuropas, im **Biosphärenreservat Pfälzerwald-Nordvogesen**, liegt das **Dahner Felsenland**. Seltene Tier- und Pflanzenarten bevölkern das Gebiet, das von der UNESCO als erstes grenzüberschreitendes Biosphärenreservat Europas anerkannt wurde. Hier findet man eine der beeindruckendsten **Buntsandstein-Felslandschaften** Deutschlands.

Zahlreiche Felsformationen gruppieren sich um Dahn – sie haben alle einen Namen und sind im Rahmen einer wunderbaren Wanderung erreichbar (siehe Wanderung 1). Ein Besuchermagnet im Ort und weithin bekannt ist das **Felsland Badeparadies Dahn**, ein Erlebnisbad mit ganz besonderer Urlaubsatmosphäre, in dem jeder findet, was er sucht. Ein bisschen Kulturluft schnuppern kann man beim Kunstverein Dahn im Alten Rathaus und in der Kreisgalerie Dahn: Der **Kunstverein** bietet wechselnde Kunstausstellungen, und in der **Kreisgalerie** in einem alten Schulgebäude kann man die Dauerausstellungen verschiedener Stiftungen betrachten, die meist einen lokalen Bezug haben, zudem gibt es monatlich wechselnde Ausstellungen.

Die sehenswerte **Dahner Burgengruppe** (siehe Wanderung 2) besteht aus den drei Felsenburgen Altdahn, Grafendahn und Tanstein. Die Gruppe, die sich auf einer Länge von 200 Metern über fünf Buntsandsteinfelsen erstreckt, gehört zu den größten Burganlagen der Pfalz. Alle drei bilden zusammen das **Burgenmassiv Altdahn**.

Am Nordende eines lang gestreckten Bergrückens thront auf einem der charakteristischen Sandsteinfelsen die **Felsenburg Neudahn**. Von ihr sind fast nur noch Mauerreste vorhanden, jedoch ist der markante Doppelturm mit seinen zwei Meter dicken Mauern mit allen Stockwerken und Gewölben erhalten geblieben. Außergewöhnlich ist auch die kleine Bastion im Süden der Burg, die von einer vorgelagerten Schildmauer umgeben ist.

10

AUF DEM DAHNER FELSENPFAD

Lichtdurchfluteter Wald, eine abwechslungsreiche Wanderstrecke, unterschiedliche Fernblicke und natürlich immer neue und bizarre Buntsandsteinformationen: Das alles bietet der Dahner Felsenpfad, der zwar ein wenig Kondition erfordert, aber bei einem Besuch in Dahn auf gar keinen Fall ausgelassen werden darf. Komprimiert befinden sich die für die Gegend so berühmten und alle mit Namen versehenen Felsformationen auf diesem Wanderweg.

FELSENWUNDERLAND UND PFÄLZER FABELWESEN

Das schwarz-orangefarbene Logo mit der Aufschrift »Dahner Felsenpfad« weist uns heute den Weg. Nach dem Start am **Parkplatz des Sportplatzes Dahn** werden wir nach einem kurzen, steilen Anstieg vom **Schillerfelsen** begrüßt, durch dessen Guckloch man hindurchschauen kann. Kurz darauf erreichen wir den **Schwalbenfelsen**, auf den man hinaufsteigen und auf Dahn und den Schillerfelsen blicken kann. Ein lauschiges Plätzchen auf der Aussichtskanzel lädt zur ersten Rast ein.

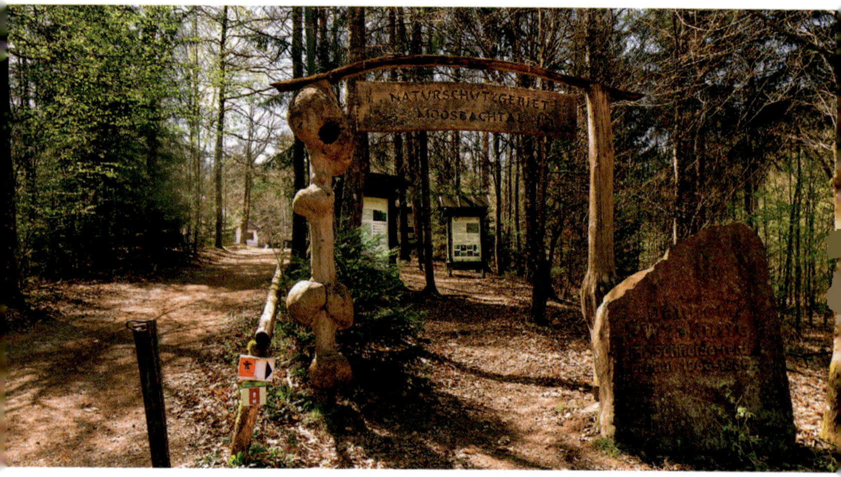

Teil des Felsenpfads ist auch das Naturschutzgebiet Moosbachtal.

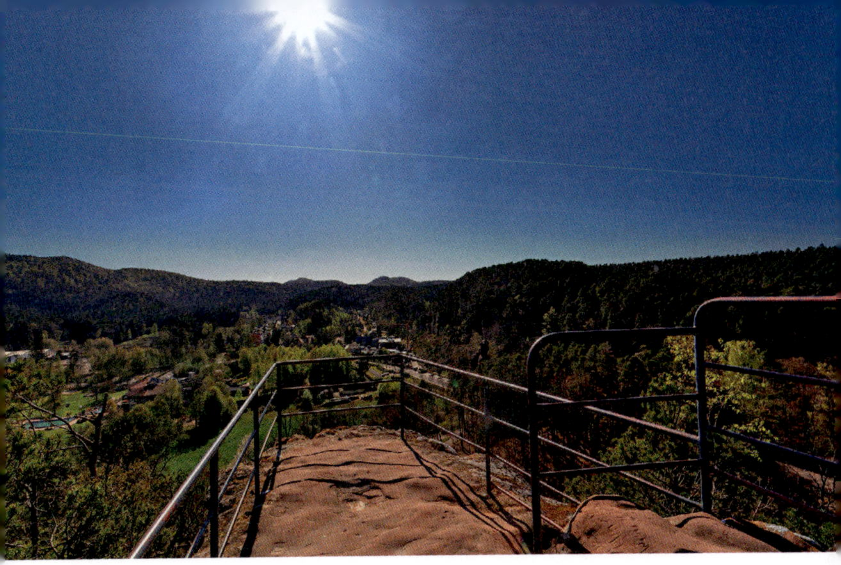

Panoramablick von der Aussichtskanzel des Wachtfelsens

Mit der Ausschilderung »Felsenarena« gelangen wir über einen Pfad und einen Abstecher von etwa 500 Metern zu überall im Wald verstreuten Felsen, ebenjener **Felsenarena** – durch die Fichten hindurch sind sie gut sichtbar. Nach insgesamt knapp drei Kilometern erreichen wir den **Elwetritschefelsen**. Die Fabel beschreibt Elwetritsche als vogelähnliche Wesen, die von der Kurpfalz bis in den Pfälzerwald hinein bekannt sind. Vom gleichnamigen Felsen aus kann man, so will es zumindest die Legende, das flugunfähige Tier zu bestimmten Zeitpunkten sehen. Ob dies nun stimmt, sei dahingestellt – Tatsache ist, dass dieser Felsen in allen Rot-Braun-Orange-Schattierungen schimmert.

ERFRISCHUNG GEFÄLLIG?

Wir marschieren weiter hinab und überqueren im **Moosbachtal** den Seibertsbach. Nach dem **Wanderparkplatz** folgt die urige, vom Pfälzerwaldverein bewirtschaftete **Dahner Hütte** inmitten des Naturschutzgebiets Moosbachtal – eine Stärkung unter einem der Schatten spendenden Sonnenschirme kommt jetzt gerade recht. Danach geht es zunächst gemütlich weiter über eine Feuchtwiese, die **Kühwoog**. Der Seibertsbach fließt hier so langsam, dass er sich über die Breite des Tals verteilt und einen wichtigen Lebensraum für Tiere geschaffen hat, die es feucht mögen. Unsere Füße bleiben natürlich trocken, der Weg ist befestigt.

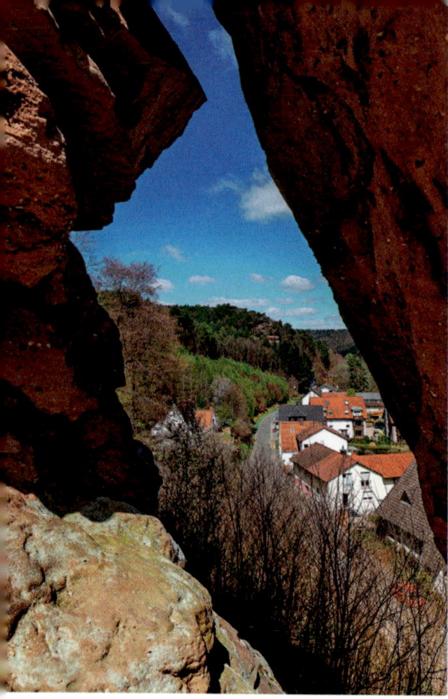

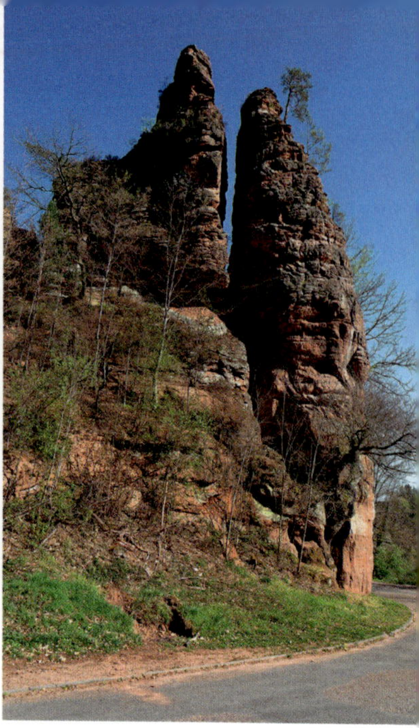

◀ Guckloch im Schillerfelsen ▶ Berühmt: das Felsenpaar Braut und Bräutigam

Wir steigen auf der anderen Talseite hinauf zum **Hirschfelsen**, einem kleinen Wackelfelsen. Direkt darüber thront die imposante Formation **Schusterbänkel**, und ein weiteres Highlight ist der etwa 200 Meter davon entfernt liegende **Schlangenfelsen**. Unterbrochen »nur« von herrlichen Ausblicken folgen am Weg dann die beiden Formationen **Mooskopf** und **Rosskegelfelsen** – um beide herum windet sich ein schmaler Pfad, der anschließend hinauf zum Felsenrücken führt. Am **Rothsteigbrunnen** können wir uns kurz erfrischen; er steht in der Talsohle auf einer Lichtung und bietet mit einer Bank und ein paar Baumstümpfen einen prima Platz für eine Pause mit Selbstversorgung.

VON UNGEHEUERN UND LÄMMERN

Dann geht es auch gleich wieder weiter, und nach einem Aufstieg gelangen wir zu den **Ungeheuerfelsen**, die sich entlang des Forstwegs rechts in den Wald hinein ducken. Sobald wir aus den Tiefen des Walds wieder auftauchen, erblicken wir die **Ausläufer von Dahn**. Dahinter ragt der steile **Büttelwoogfelsen** empor, den wir nun in einer anspruchsvollen

Steigung erwandern. Es handelt sich dabei um eine 15 Meter hohe, sehr steile Felswand, an der uns der Weg zunächst entlangführt. Durch einen Durchguck erspähen wir im Süden bereits das nächste Ziel, den Lämmerfelsen. Doch zunächst erklimmen wir über die Stahlleiter den erhabenen Aussichtsplatz und genießen in vollen Zügen einen wunderbaren Blick. Mit dem **Lämmerfelsen** mit seiner faszinierenden schmalen Form und dem beeindruckenden Panoramablick erreichen wir im Anschluss einen weiteren Glanzpunkt am Dahner Felsenpfad.

DAS BESTE KOMMT ZUM SCHLUSS

Anschließend steigen wir durch den Wald hinab und spazieren über saftig grüne Wiesen, dann erreichen wir nach einem weiteren Anstieg den **Wachtfelsen**, den man über eine Stahltreppe besteigen kann. Von seinem Steinplateau aus blickt man noch einmal zurück auf die letzten drei Kilometer der Wanderung und genießt einen sagenhaften 360°-Blick auf das gesamte Dahner Felsenland.
Dann bildet das **Felsenpaar Braut und Bräutigam** einen würdigen Schlussakt dieser überaus abwechslungsreichen Tour – sie sind die beiden markantesten Felssäulen im Dahner Felsenland und liegen direkt am Weg, können aber auch vom **Parkplatz**, also noch einmal aus der Ferne, bewundert werden. Ein letzter kleiner Anstieg führt zum Ausklang auf den **Pfaffenfelsen**.

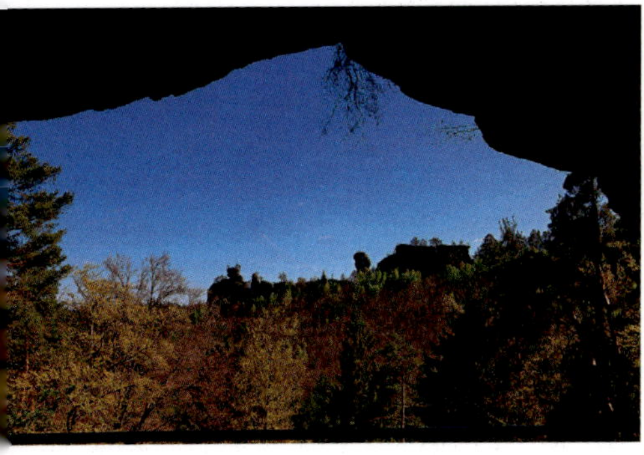

Ausblick auf den Lämmerfelsen

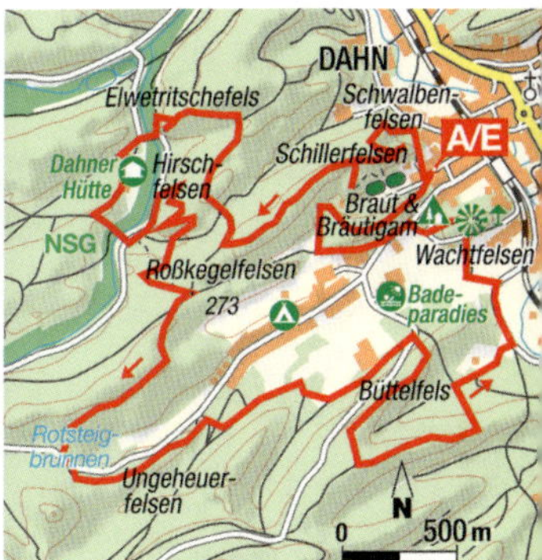

10

ZUM BURGMASSIV ALTDAHN

Eine empfehlenswerte Wanderung hat das Burgmassiv Altdahn zum Ziel. Wir wandern auf einer Teilstrecke des Dahner Rundwanderwegs; als Wegmarkierungen gelten eine grüne Tanne auf weißem Untergrund sowie die Beschriftung »Dahner Rundwanderweg«.

VOM EHRENFRIEDHOF ZUM HOCHSTEIN

Startpunkt ist der Parkplatz beim Haus des Gastes; von hier geht es durch den Wald zunächst zum Ehrenfriedhof und zur malerischen St.-Michaels-Kapelle, die beide zusammengehören. Auf dem Soldatenfriedhof liegen insgesamt fast 2500 Gefallene des Zweiten Weltkriegs; von der Kapelle aus kann man sehr schön über Dahn blicken. Die Anlage ist ein Ort der Ruhe, und man sollte sich Zeit nehmen, um die friedvolle Atmosphäre zu spüren.

Weiter geht es zum Hochstein, einem als Naturdenkmal ausgewiesenen mächtigen Felsmassiv. Hier kann man den Kletterern zuschauen und in der Abgeschiedenheit picknicken. Will man den Hochstein selbst erklimmen und von oben einen Panoramablick über die Region genießen, sollte man auf den markanten Felsen am Wegrand achten, der uns auf diesen Abstecher hinweist. Das gesamte Massiv des Hochsteins erstreckt sich auf einer Länge von 1,5 Kilometern.

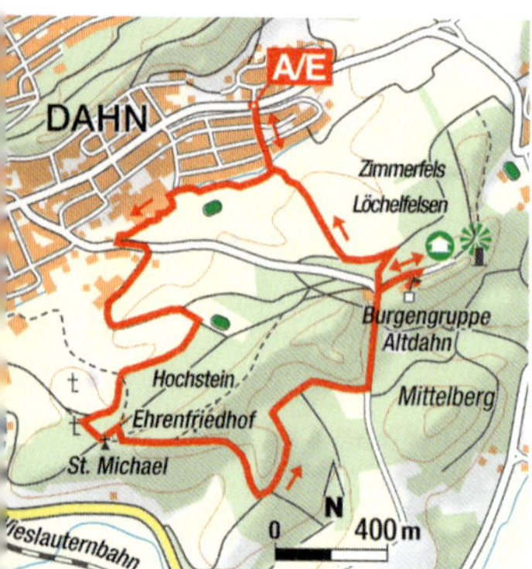

ZUM ALTDAHNER BURGENTRIO

Zurück auf dem Hauptweg bleiben wir auf der Höhe und erreichen nach einem Parkplatz und einem knackig steilen Anstieg das Burgmassiv Altdahn. Die Burg Altdahn stammt aus dem frühen 13. Jahrhundert; durch einen schmalen Felsspalt ist sie von der mittleren Burg Grafendahn getrennt. Die westlichste im Bunde ist die Burg Tanstein, zugleich die älteste der drei Burgen (das frühstaufische Mauer-

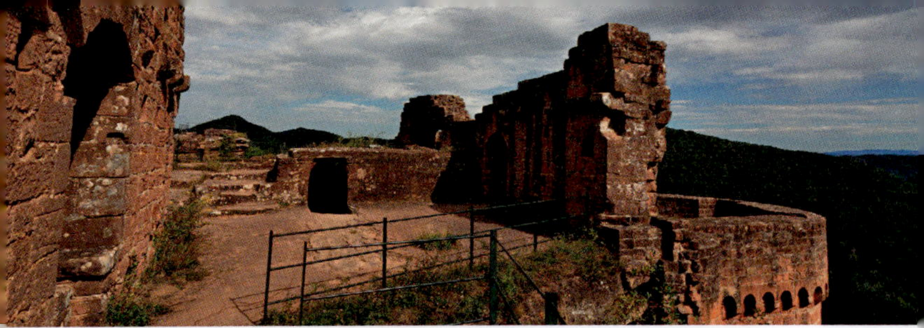

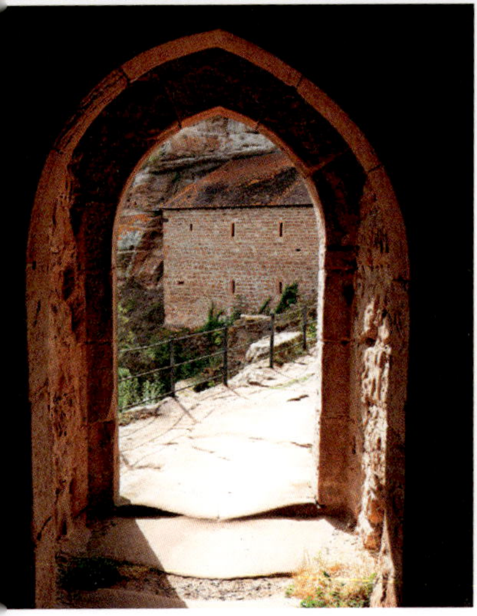

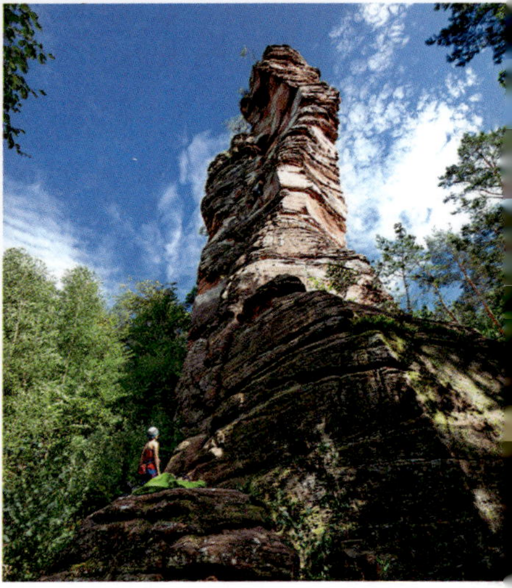

▲ Panoramablicke vom Burgmassiv aus ◀ Das Erforschen der Burg ist eine Zeitreise ins Mittelalter ▶ Bei Kletterern beliebt ist der Hochstein.

werk weist auf die erste Hälfte des 12. Jh. hin). Man kann sich in dem alten Gemäuer umschauen und über ausgetretene Stufen die Burgzinnen erklimmen. Ein kleines Museum und ein Audioguide informieren über die Geschichte des Burgmassivs. Allen drei Bauwerken ist gemeinsam, dass sie aufgrund ihrer exponierten Lage fantastische Rundumblicke bieten. In der Burgschänke kann man sich vor dem Rückweg stärken.
Vom Burgenmassiv aus wandern wir über den Besucherparkplatz zurück nach **Dahn** und zum Ausgangspunkt am **Sportplatz** – das sind insgesamt knapp sechs Kilometer. Der gesamte Dahner Rundwanderweg würde sich nach dem Burgenmassiv Altdahn noch weiter nach Osten erstrecken und im Westen noch an der Burg Neudahn vorbeiführen (das wären dann 17,5 km Gesamtstrecke).

AUF EINEN BLICK

Info

STADT/REGION: Dahn/Dahner Felsenland
BESTE REISEZEIT: Ganzjährig
OPTIMALE REISEDAUER: 2–3 Tage
TOURISTINFO: Tourist-Information Dahner Felsenland, Schulstr. 29, 66994 Dahn, Tel. 6391/91 96 00, info@dahner-felsenland.de, dahner-felsenland.net

SEHENSWÜRDIGKEITEN

FELSLAND BADEPARADIES & SAUNAWELT: Eybergstr. 1, 66994 Dahn, Tel. 6391/923 42 11, info@felsland-badeparadies.de, felsland-badeparadies.de
KUNSTVEREIN DAHN: Altes Rathaus, Marktstr. 7, 66994 Dahn, info@kunstverein-dahn.de, kunstverein-dahn.de
KREISGALERIE DAHN: Schulstr. 14, 66994 Dahn, Tel. 6391/32 22, lksuedwestpfalz.de/buergerservice/kultur-im-landkreis/kreisgalerie
BURGENMASSIV ALTDAHN: Grafendahn-Tanstein-Altdahn, 66994 Dahn, Tel. 6391/36 50 oder 6391/99 35 43
BURGRUINE NEUDAHN: 66994 Dahn, Tel. 6391/99 35 43

ÜBERNACHTUNG

HOTEL FELSENLAND RESORT: Im Büttelwoog 2, 66994 Dahn, Tel. 6391/923 70, info@hotel-felsenland.de, hotel-felsenland.de €€€
WACHTFELS LODGE: Am Wachtfelsen 8, 66994 Dahn, Tel. 6391/920 90 10, info@wachtfels-lodge.de, wachtfels-lodge.de €€
FELSENLAND JUGENDHERBERGE: Am Wachtfelsen 1, 66994 Dahn, Tel. 6391/17 69, dahn@diejugendherbergen.de €
CAMPING BÜTTELWOOG: Am Campingplatz 1, 66994 Dahn, Tel. 6391/56 22, buettelwoog@t-online.de, camping-buettelwoog.de €

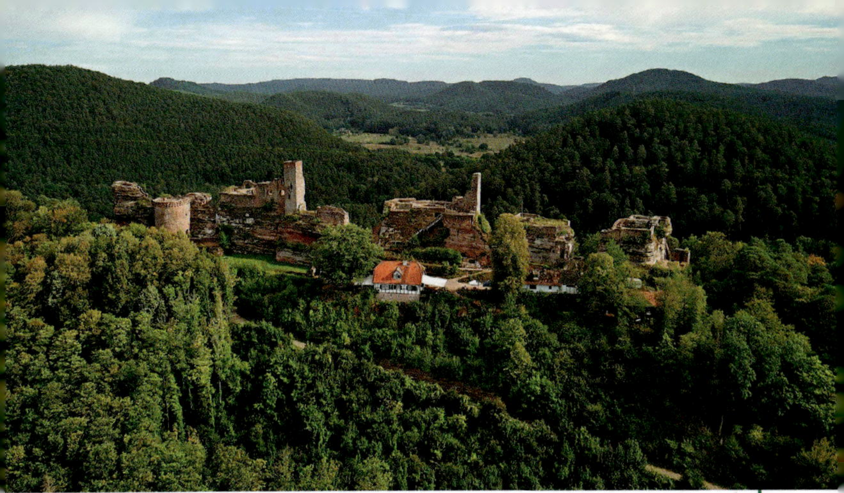

Eindrucksvoll ist der Gesamtkomplex Altdahn.

DAHNER FELSENPFAD

DAUER: 3.45 Std.

HÖHENMETER: 270 Hm

LÄNGE: 12,7 km

SCHWIERIGKEIT: Schwer

AUSGANGS-/ENDPUNKT: Großer Parkplatz am Sportplatz Dahn

TOURENCHARAKTER: Wenige Anstiege und Höhenmeter, aber gute Grundkondition und Trittsicherheit sowie festes Schuhwerk erforderlich

BESTE JAHRESZEIT: Ganzjährig

EINKEHR UNTERWEGS: Dahner Hütte

BURGMASSIV ALTDAHN

DAUER: 1.30 Std.

HÖHENMETER: 100 Hm

LÄNGE: 5,9 km

SCHWIERIGKEIT: Leicht

AUSGANGS-/ENDPUNKT: Parkplatz beim Haus des Gastes

TOURENCHARAKTER: Leichte Wanderung mit einem kurzen, sehr steilen Anstieg vor der Burgengruppe

BESTE JAHRESZEIT: Ganzjährig

EINKEHR UNTERWEGS: Burgschänke der Burg Altdahn

GEKÜRTE WANDERWEGE

Bruchweiler-Bärenbach

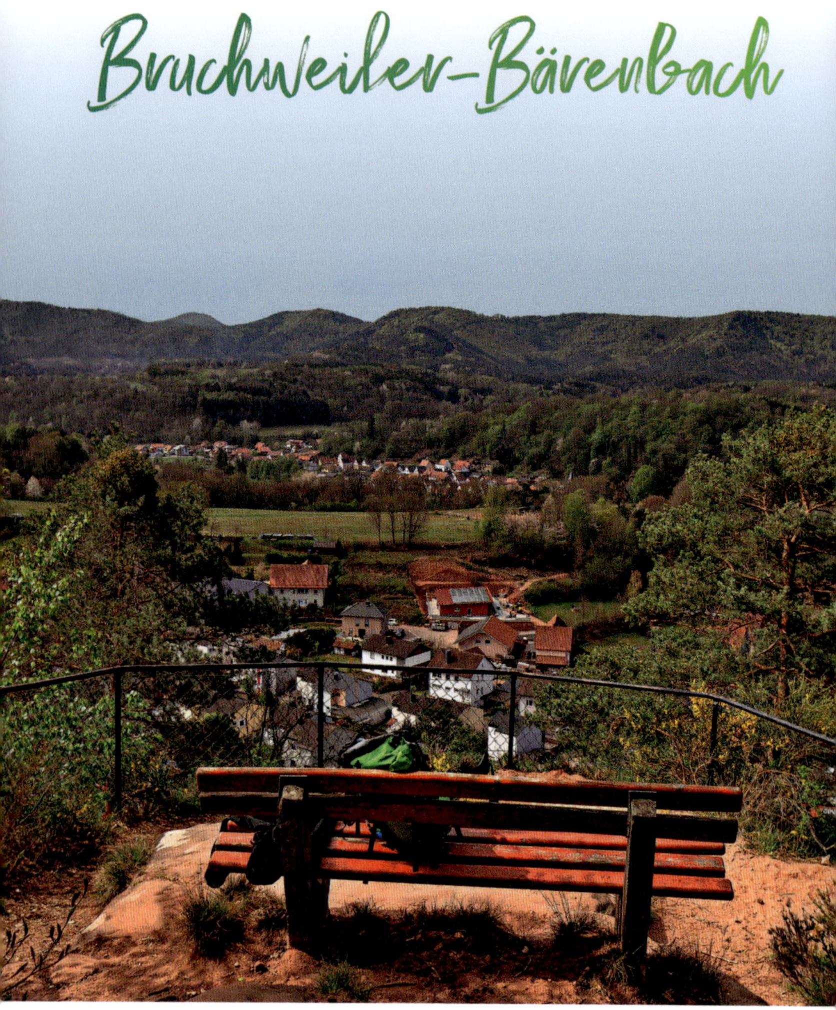

Blick auf den Mini-Ort vom Schuhfels aus (auf der Jüngstbergtour)

11

Mehrere prämierte und neu angelegte Wanderwege starten in dem verträumten Ort, dessen Hauptattraktion die umgebende faszinierende Landschaft mit den vielen Buntsandsteinfelsen ist. Auch hier stehen Aktivitäten wie Wandern, Mountainbiken und Klettern auf dem Programm. So ist es kein Wunder, dass die Sehenswürdigkeiten in und um den Ort ausschließlich inmitten der Natur zu finden sind. Drei Wanderwege starten direkt im Ort: die beiden unten beschriebenen Rundwanderungen Napoleonsteig und Jüngstberg-Tour sowie der ebenfalls empfehlenswerte Bärensteig.

Auf diesen Wanderungen genießt man immer wieder Blicke zur **Burg Drachenfels**, einem ganz besonderen Highlight der Region. Dabei handelt es sich um die Ruine einer Felsenburg, die auf einem 150 Meter langen Sandsteinfelsen sitzt. Der höchstgelegene Teil des Burgfelsens, aufgrund seiner Form »Backenzahn« genannt, ist der Bergfried. Man kann den Drachenfels besteigen, indem man bis zur Drachenfelshütte fährt und von dort 200 Meter zu Fuß zur Burgruine geht.

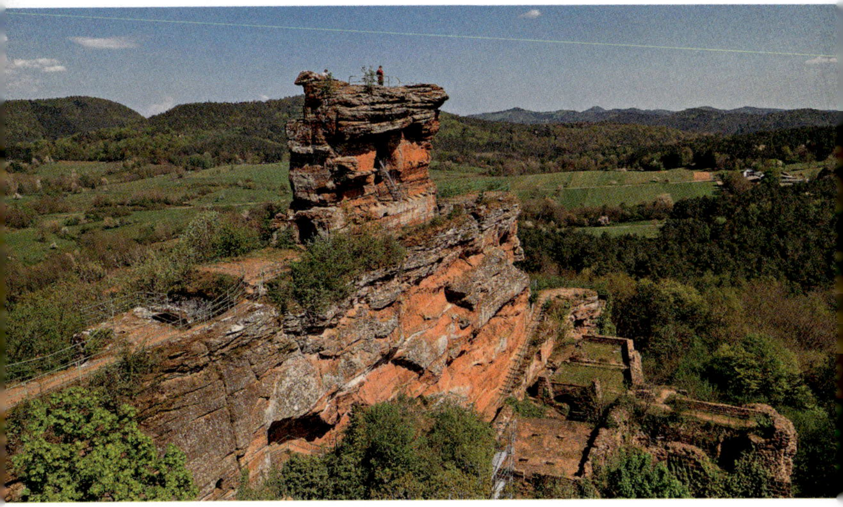

Über dem Pfälzerwald schwebt man auf der Ruine der Burg Drachenfels.

11

Ein schönes Ausflugsziel ist auch die gut erhaltene **Burg Berwartstein** bei Erlenbach, knapp zehn Kilometer von Bruchweiler-Bärenbach entfernt – eine Raubritterburg wie aus dem Bilderbuch. Die Felsenburg galt einst als uneinnehmbar, weshalb dort auch der Heerführer der gesamten Kurpfälzischen Streitkräfte residierte. Das Besondere an der Burg: Sie ist so gut wie kaum eine andere erhalten. Deshalb wird das Felsennest auf dem Sandsteinfelsen auch heute noch bewohnt und bewirtschaftet – mit Außengastronomie im Burghof.

Tipp

Die Burg Berwartstein thront auf einem hohen Felsklotz und ist ein einzigartiger Zeitzeuge des Mittelalters – im Rahmen von Burgführungen und Veranstaltungen wie Fackelführungen mit Imbiss und mit Übernachtungen im historischen Ambiente können Gäste diese besondere Atmosphäre hautnah erleben (burgberwartstein.de).

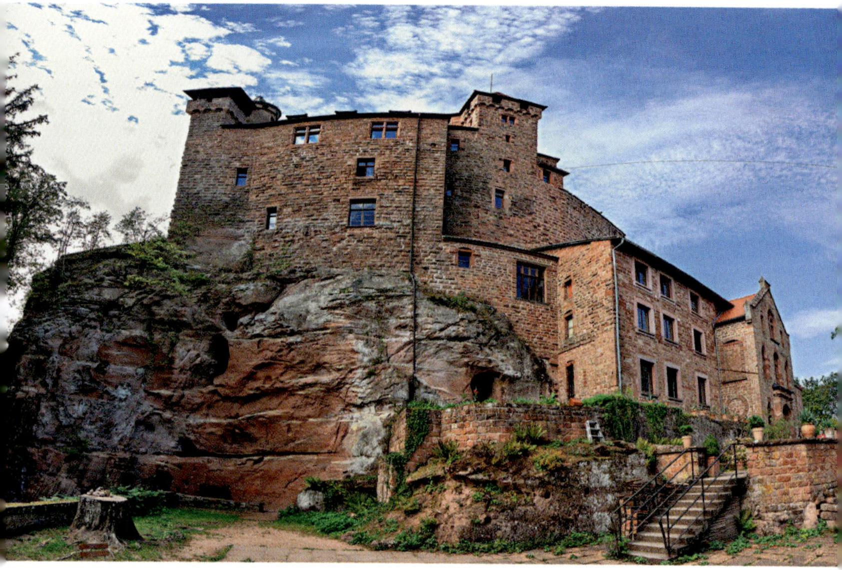

Gut erhalten ist die mittelalterliche Felsenburg Berwartstein.

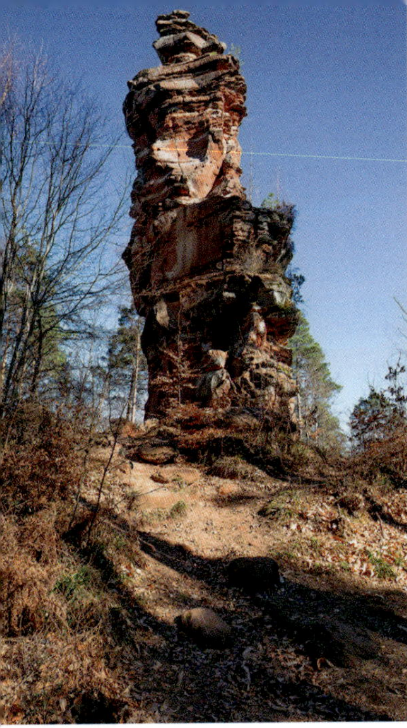

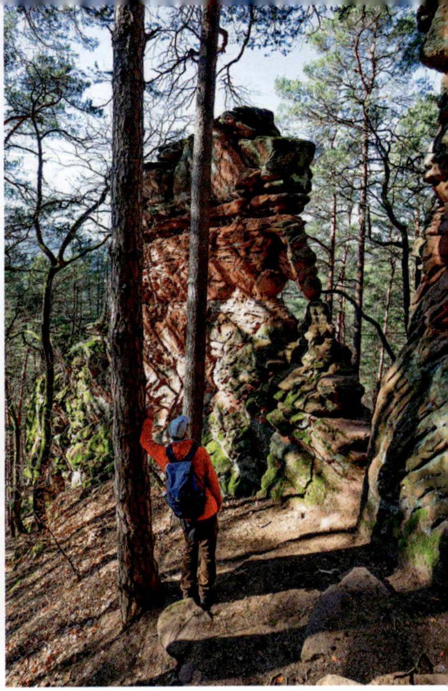

◀ Eindrucksvoller Napoleonfelsen ▶ Faszinierende Sandsteinformationen

AUF DEM NAPOLEONSTEIG

Heute begleitet uns das Konterfei des berühmten Franzosen auf unserer Wanderung als zuverlässige Wegmarkierung. Es erwartet uns eine beeindruckende Felsenlandschaft mit tollen Ausblicken. Der Napoleonsteig, ein recht neuer Wanderweg, ist als Premiumweg ausgewiesen, und wir dürfen uns auf eine abwechslungs- und erlebnisreiche Wanderung freuen!

EISENBAHN-, RAUHBERG- UND NAPOLEONFELSEN

Nur wenige Minuten nach dem Start am **Parkplatz** gelangen wir zum **Retschelfelsen**, einem imposanten, etwa 500 Meter langen Buntsandsteinmassiv. Nachdem wir dieses Naturphänomen ausgiebig bewundert haben, folgen wir einem schmalen Pfad über einen Grat bis zum **Eisenbahnfelsen**. Diesen umwandern wir einmal, d. h., wir laufen auf einer Seite des Felsmassivs entlang und auf der anderen wieder zurück. Nicht nur Hobby-Geologen sind fasziniert von den wabenförmigen Auswaschungen, für die das Dahner Felsenland bekannt ist.

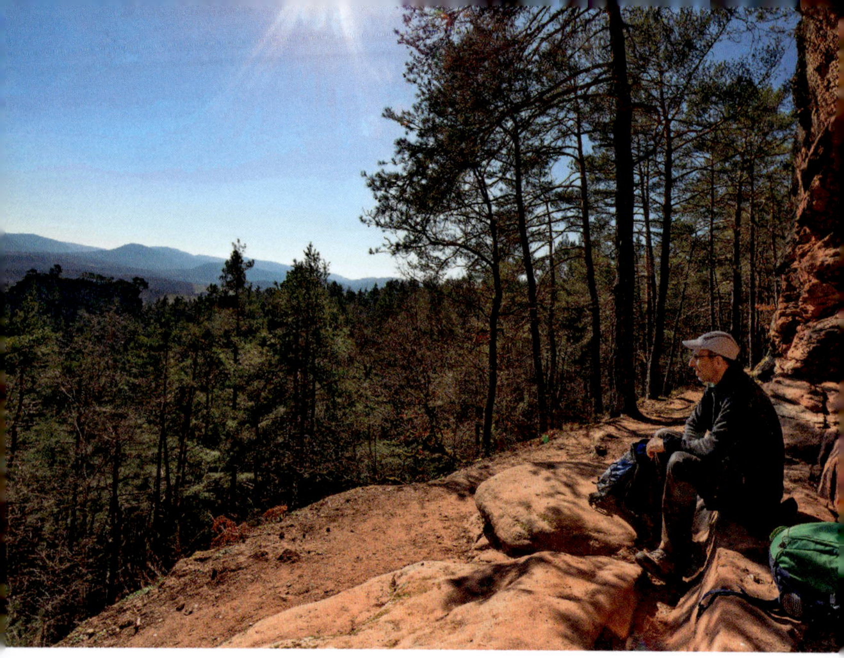

Rast mit Aussicht am Eisenbahnfelsen

Nachdem wir die **Kaiserslauterner Hütte** passiert haben, eine nicht öffentliche, unbewirtschaftete DAV-Hütte der Sektion Kaiserslautern, wartet der dritte Felsen auf uns, der **Rauhbergfelsen**. Ein Fenster im Felsen erregt unsere Aufmerksamkeit. Danach geht es erst einmal auf einem schmalen Steig bergab bis zur **Reinigshofquelle**. Das Wasser entspringt einer sehr alten Quelle, ist trinkbar und höchst erfrischend – und die Quelle ist auf jeden Fall ein ruhiger Ort für eine Rast auf einer Lichtung.
Entlang einer Talaue steuern wir dann dem Felsen entgegen, der unserer Wanderung den Namen gab. Hierfür wandern wir wieder aufwärts und stehen alsbald staunend vor dem bizarren **Napoleonfelsen**. Er liegt leicht abseits des Wegs, und der Anblick des wie eine Nadel aufragenden Felsens ist sehr beeindruckend. An seinem Fuß lassen wir uns nieder, genießen die Aussicht und beobachten – bei gutem Wetter – die Kletterer am Felsen.

HÜTTEN- UND PANORAMAFREUDEN

Es wird Zeit, dass unsere Mühen belohnt werden: 20 Minuten nach dem Napoleonfelsen erwartet uns die vom Pfälzerwaldverein bewirtschaftete **Hütte Am Schmalstein**. Nicht nur liegt diese Hütte traumhaft schön, hier

werden auch herzhafte Pfälzer Spezialitäten und leckere Kuchen angeboten. Nach der Pause wandern wir auf einem Waldweg an den **Käskammerfelsen** vorbei und hinauf zur **Flecksteinhochebene**. Dieser Bereich ist nicht bewaldet, sodass sich hier wunderbare Panoramablicke bieten, und zwar über den gesamten Wasgau hinweg bis hinein ins Elsass.
Über einen kurzen Abstieg erreichen wir auf einem schmalen Feldweg vorbei an Streuobstwiesen das **Wöllmersbachtal** und kehren von hier aus zurück zum **Parkplatz**. Dabei blicken wir noch einmal zurück auf die Felsen vom Anfang der Tour.

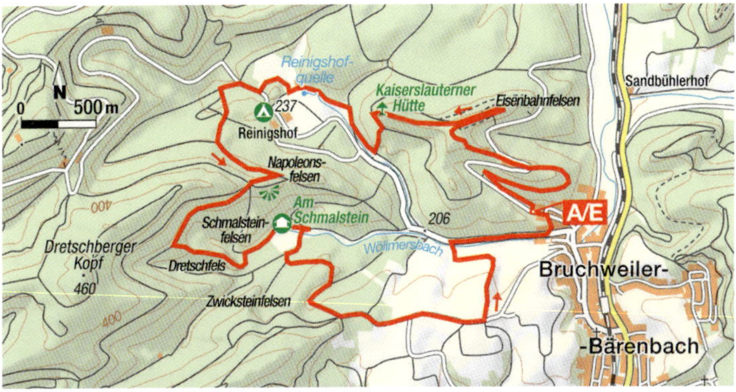

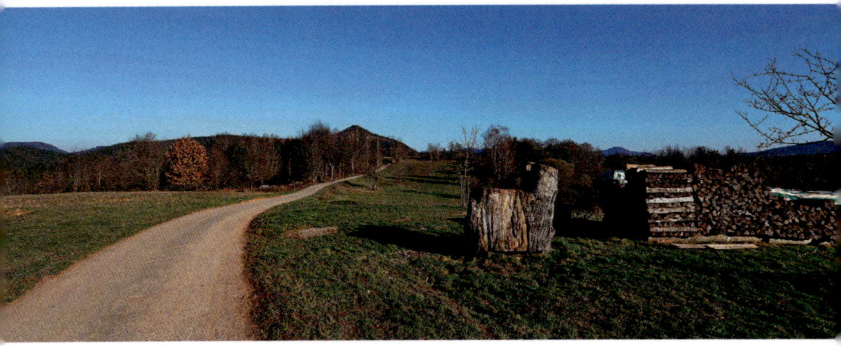

Der Rückweg des Napoleonsteigs führt am Feld entlang.

11

JÜNGSTBERG-TOUR – ZU DEN »SIEBEN BRÜDERN«

Am Friedhof von Bruchweiler-Bärenbach startet die Tour, die durch den Wald, entlang offener Felder und vor allem an beeindruckenden Felsformationen vorbei auf einen Berg hinaufführt. Sehr viel Abwechslung also auf relativ kurzer Strecke mit moderaten Höhenmetern und tollen Ausblicken – eine Rundwanderung, die man sich nicht entgehen lassen sollte.

ZUM SPEYRER PLÄTZEL

Ein stilisierter schwarzer Felsen mit Leiter auf gelbem Grund ist die Wegmarkierung dieser Tour. Ab dem **Wanderparkplatz** spazieren wir zunächst durch den Wald sanft bergauf. Wir erreichen eine kleine **Ranch**, bei der u. a. ein Shetlandpony namens Lillifee wohnt – ihr Besitzer zeigt uns stolz, wie gut das Pony auf ihn hört, und lässt sie zu Demonstrationszwecken ein bisschen mit uns laufen.

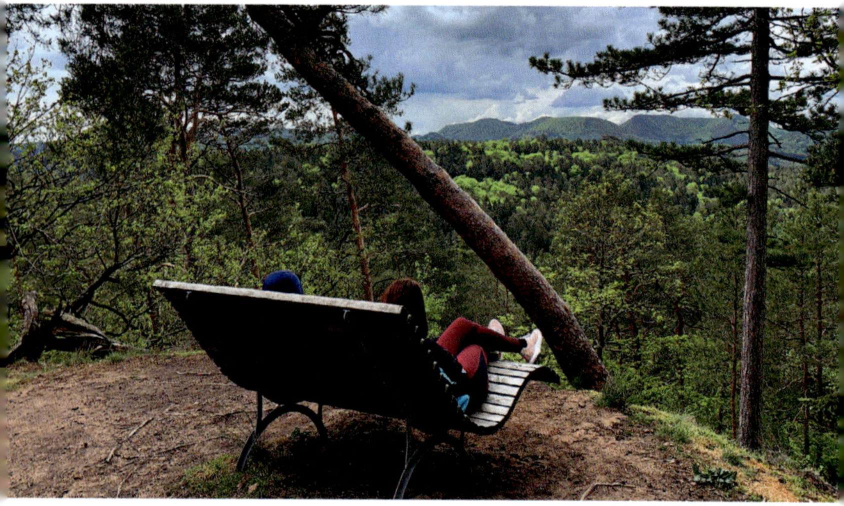

Entspannt auf der Holzliege den Blick schweifen lassen

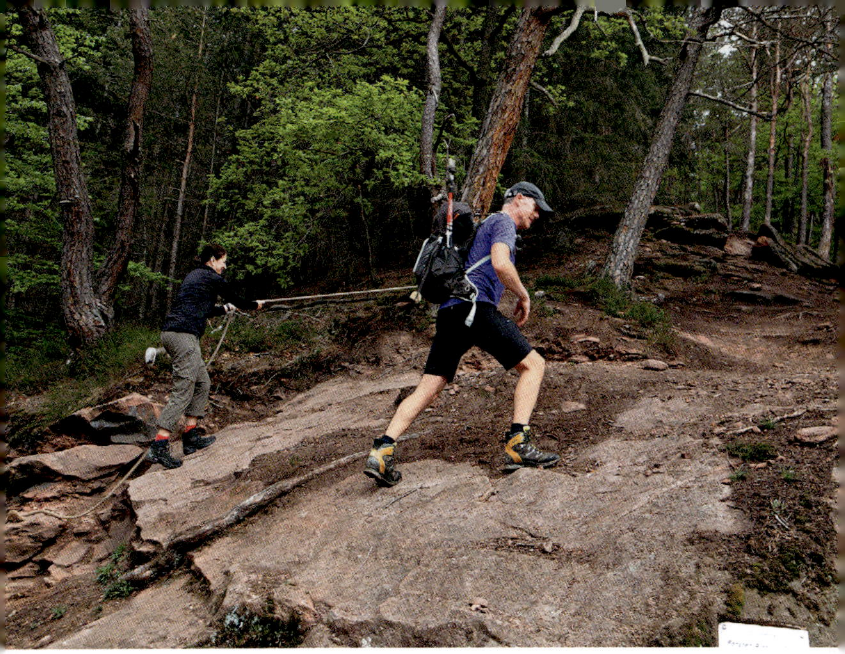

Knackiger Aufstieg mit einer unterstützenden Seilführung

Wir lassen Lillifee und die Ranch aber bald rechts liegen und wandern oberhalb der Ortschaft Bruchweiler-Bärenbach an **offenen Feldern** entlang. Dabei werden wir meist von Kuhherden kritisch beäugt. Wir passieren ein **Kruzifix**, biegen dann links ab und wandern bergauf bis zum idyllischen **Picknickplatz Speyrer Plätzel**, der den Auftakt zu einem ganz besonderen Highlight bildet.

FASZINIERENDE FLADENSTEINE

Wir folgen nun einem Teil des **Geopfads Bundenthal**, der sich hier entlang mehrerer sogenannter Fladensteine schlängelt – mächtige Felsmassive, die ihren Namen von den fladenartig gerundeten Sandsteinplatten haben, die an den Türmen der Felsgruppe häufig zu sehen sind. Der Geopfad ist ein Rundweg, und wir begehen ihn nicht komplett, aber die Felstürme auf unserem Teil des Wegs sind schon sehr beeindruckend. Bei jedem Turm steht eine anschaulich gestaltete **Infotafel**, und wir erfahren Interessantes über die Entstehung der Gesteine und darüber, wie sie genutzt werden: An manchen von ihnen kann man Kletterer beobachten. Die Fladensteine werden im Volksmund übrigens auch die »Sieben Brüder« genannt.

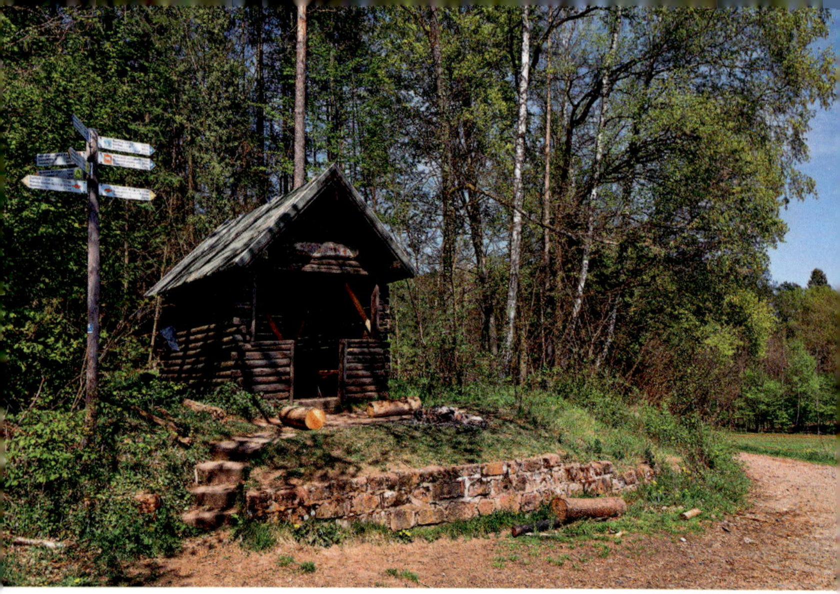

Markanter Wegpunkt und schattiger Rastplatz: die hübsche Jagdhütte

BERGZIEGENALARM!

Wir folgen weiter der Wegmarkierung der Jüngstberg-Tour, und da wir irgendwann ja auch zu unseren Höhenmetern kommen müssen, steigt der Weg im Folgenden deutlich an. An der Schutzhütte **Bundenthaler Jagdhütte** biegen wir links ab und gelangen wieder in den Wald (ab hier leitet uns zudem die Wegmarkierung des Bärensteigs). Kurze Zeit später steht an einem schönen Aussichtspunkt eine **Holzliege** – sollte sie gerade frei sein, wäre hier noch einmal tief durchatmen durchaus angebracht, denn ab jetzt wird es sportlich: Rechts hinauf und anfangs mit einem **Seil** als Hilfsmittel geht es nun knackig und im Zickzackkurs weiter. Der Weg ist wurzelig und anstrengend, doch wir werden bald für unsere Mühen belohnt.

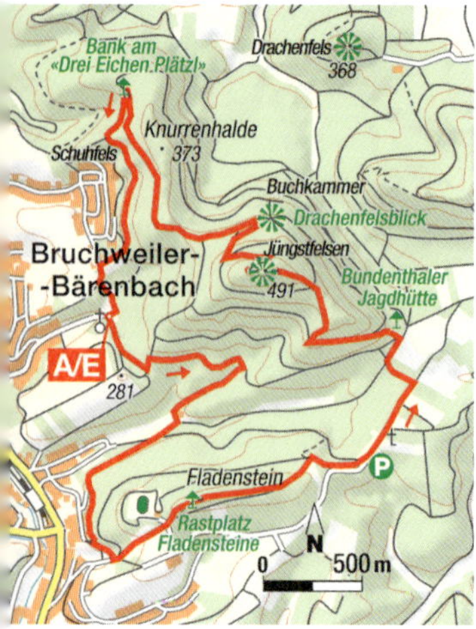

Oben angekommen, nehmen uns ein paar schöne Felstürme in Empfang, um die wir herumwandern und schließlich den

Höhepunkt unserer Tour erreichen: den **Jüngstberg**. Wir erklimmen die Stufen der Steigleiter und stehen auf der plateauartigen Aussichtskanzel mit Windrose, von der aus sich uns ein toller **Panoramablick** bietet. Mit im Blick sind auch die **Wegelnburg** der 4-Burgen-Tour (siehe Ziel 9), die **Burgengruppe Altdahn** (siehe Ziel 10) und der **Drachenfels** (auf diesen erhaschen wir später noch einmal einen schönen Blick). Der Jüngtsberg ist ein Kegelberg, den man auch von unten aus allen Richtungen sehen kann.

ABWÄRTS MIT AUSBLICK

Die gute Nachricht ist: Jetzt geht es nur noch bergab! Nachdem wir das Plateau des Jüngstbergs verlassen haben, wandern wir auf schmalem Weg hinunter bis zu einem breiten Wanderweg. Diesem folgen wir ein kurzes Stück nach rechts, um dann vom **Drachenfelsblick** den mächtigen Felsgiganten zu bewundern – das ist schönstes Naturkino!
Dann gehen wir das kurze Stück wieder zurück und folgen dem bequemen Weg, der uns vom **Schuhfels** noch einmal einen Fernblick beschert – Bruchweiler-Bärenbach liegt uns nun unmittelbar zu Füßen, und eine Bank lädt noch einmal zur Rast an dieser exponierten Stelle ein. Anschließend folgen wir der Wegmarkierung zurück zum **Wanderparkplatz** am Friedhof.

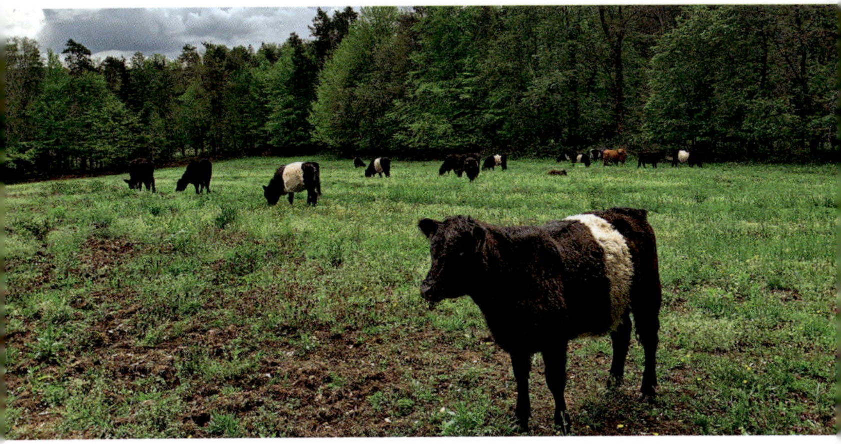

Neugierig beäugen die Kühe die Wandersleut'.

AUF EINEN BLICK

Info

STADT/REGION: Bruchweiler-Bärenbach/Südwestpfalz
BESTE REISEZEIT: Mai bis September
OPTIMALE REISEDAUER: 2–3 Tage
TOURISTINFO: Südwestpfalz Touristik e. V., Unterer Sommerwaldweg 40–42, 66953 Pirmasens, Tel. 6331/80 91 26, info@suedwestpfalz-touristik.de, suedwestpfalz-touristik.de

SEHENSWÜRDIGKEITEN

BURG BERWARTSTEIN: Burg Berwartstein 1, 76801 Erlenbach, Tel. 6398/210, burgberwartstein@t-online.de, burgberwartstein.de

ÜBERNACHTUNG

HOTEL FELSENGARTEN: Gartenstr. 78, 76891 Bruchweiler-Bärenbach, Tel. 6394/16 61, info@hotel-felsengarten.de, hotel-felsengarten.de €€€
PENSION GÄSTEHAUS SONNENHÖHE: Am Finkenschlag 1, 76891 Bruchweiler-Bärenbach, Tel. 6394/705, sonnenhoehe@web.de, haus-sonnenhoehe.de €€
FERIENWOHNUNGEN GEMAR: Dorfstr. 15, 76891 Bruchweiler-Bärenbach, Tel. 6394/16 90, info@ferienhaus-gemar.de, ferienhaus-gemar.de €€
NATURCAMPINGPLATZ AM BERWARTSTEIN: Im Laichfeld 1, 76891 Erlenbach, Tel. 173/684 45 32, campingplatz.am-berwartstein@t-online.de, naturcampingplatz-berwartstein.de €

AUF DEM NAPOLEONSTEIG

DAUER: 3.30 Std.
HÖHENMETER: 300 Hm
LÄNGE: 11,6 km
SCHWIERIGKEIT: Mittel
AUSGANGS-/ENDPUNKT: Parkplatz Fabrikstr. 18, Däumling-Schuhfabrik

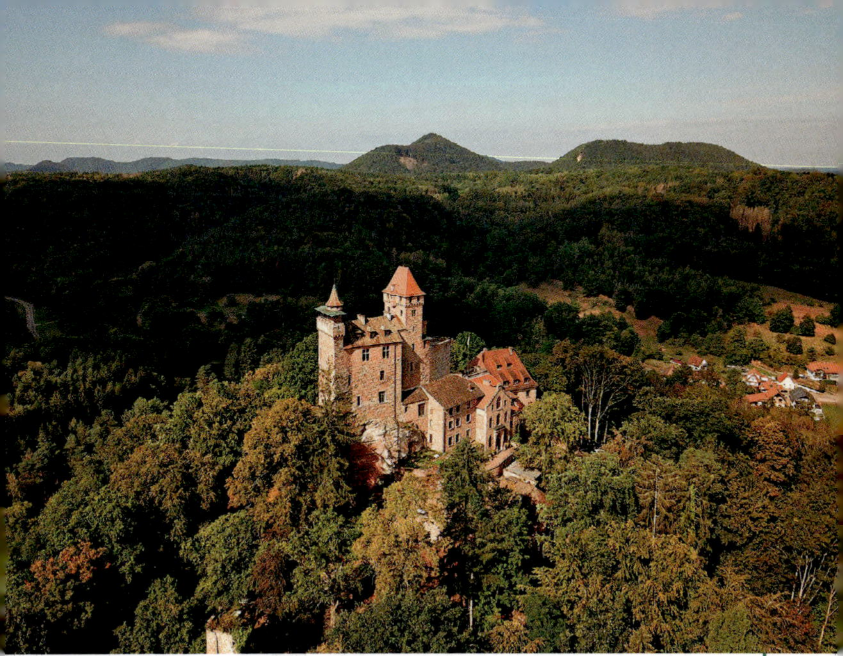

Die erhaben liegende Burg Berwartstein galt als uneinnehmbar.

TOURENCHARAKTER: Mittelschwere Wanderung mit einigen Höhenmetern, für die eine gute Grundkondition notwendig ist. Teils bequeme Wege, teils schmale Pfade
BESTE JAHRESZEIT: April bis Oktober
EINKEHR UNTERWEGS: Hütte Am Schmalstein

JÜNGSTBERG-TOUR

DAUER: 3 Std.
HÖHENMETER: 313 Hm
LÄNGE: 9,6 km
SCHWIERIGKEIT: Mittel
AUSGANGS-/ENDPUNKT: Wanderparkplatz am Friedhof von Bruchweiler-Bärenbach
TOURENCHARAKTER: Mittelschwere Wanderung mit einem sehr steilen Anstieg auf den Jüngstberg hinauf, Trittsicherheit erforderlich
BESTE JAHRESZEIT: Mai bis September
EINKEHR UNTERWEGS: Keine

KURSTADT MIT CHARME

Bad Bergzabern

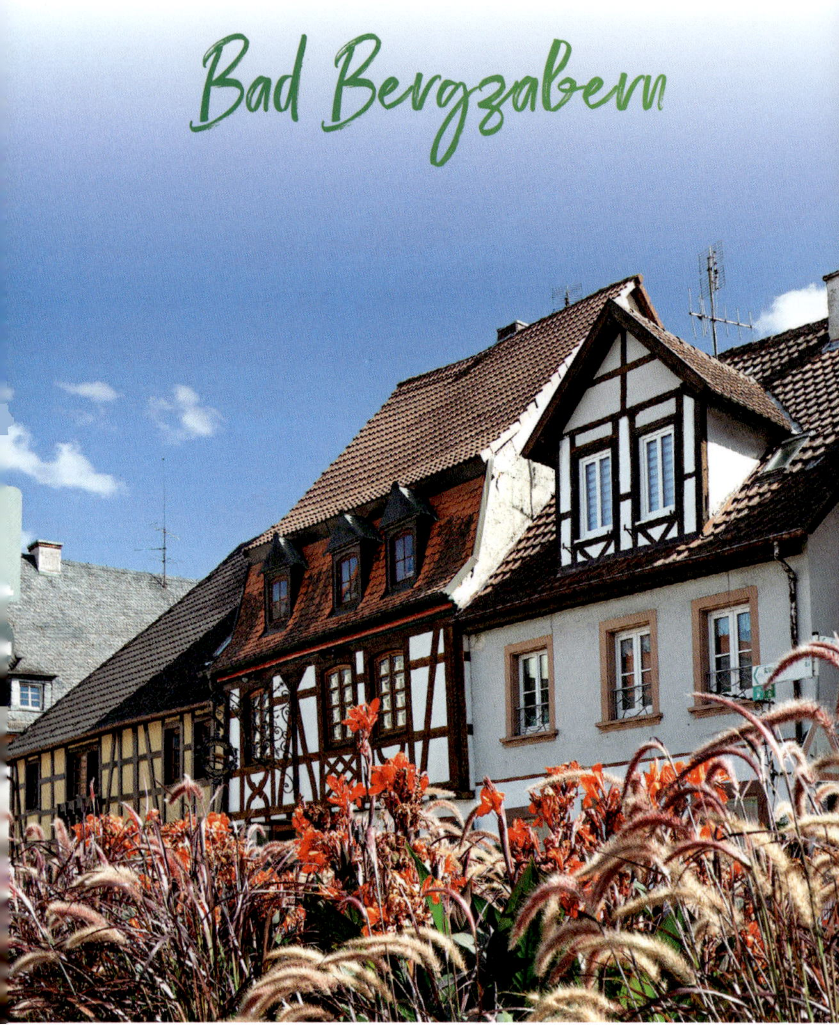

Bad Bergzabern wird liebevoll auch »Kultstädtchen der Lebensfreude« genannt.

12

»Genieß den Süden der Pfalz« – damit wirbt die Gemeinde Bad Bergzabern auf ihrer Homepage. Der Kurort liegt im äußersten Süden der Pfalz nahe dem französischen Elsass. Neben den Sehenswürdigkeiten des Ortes selbst bietet auch die Umgebung viel, und manches davon lässt sich in eine Wanderung integrieren.

Im Ort selbst gibt es drei Museen. Das **Zinnfigurenmuseum** im Haus der Buchhandlung Wilms beherbergt eine Sammlung von 20 000 Zinnfiguren, die mit Szenen historischer Schlachten und in kulturhistorischen Darstellungen 6000 Jahre Menschheitsgeschichte zeigen. Das **Westwallmuseum** ist in den letzten erhaltenen Bunkern des Westwalls untergebracht. Die Gebäude auf dem Museumsgelände sind denkmalgeschützt, und man erfährt hier viel Informatives über die politischen und militärischen Hintergründe und erhält einen Einblick in das Leben der Bunkerbesatzungen. Das **Museum der Stadt Bad Bergzabern** ist im ehemaligen Gasthaus Zum Engel untergebracht, das als eines der schönsten Renaissancebauten der Pfalz gilt. In der Ausstellung wird die Stadt- und Regionalgeschichte vermittelt, mehrmals im Jahr finden auch Sonderausstellungen statt. In unmittelbarer Nachbarschaft und mitten in der Innenstadt befindet sich der imposante Barockbau des **Schlosses Bad Bergzabern**.

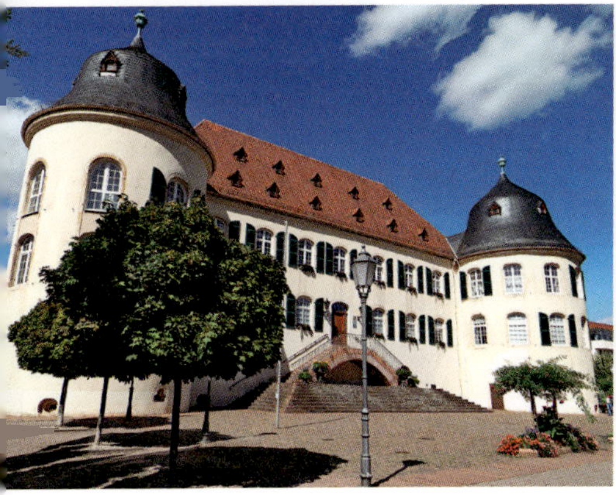

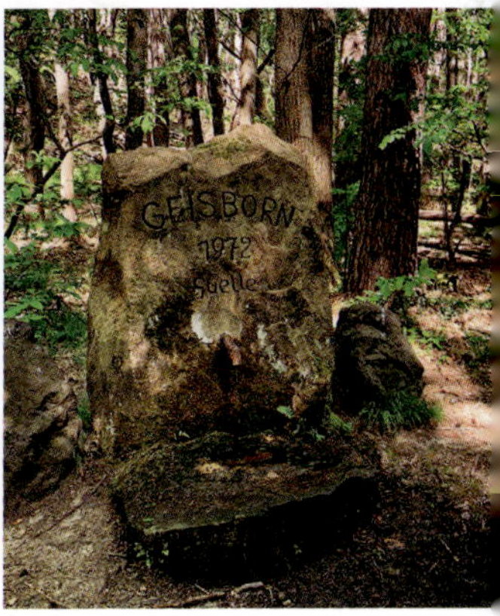

◀ Blickfang des Ortes: das Schloss ▶ An der Geisbornquelle

12

Entspannung nach dem Sightseeing finden wir in der **Südpfalz Therme**. Mit mehreren Thermalbecken sowohl im Innen- als auch im Außenbereich, einer Saunalandschaft für die unterschiedlichsten Bedürfnisse und einer Wellnessabteilung lässt sich hier wunderbar ein geruhsamer Tag verbringen.

Tipp

An die Therme grenzt der von einem Gartenbauarchitekten angelegte Kurpark von Bad Bergzabern. Hier sind alle richtig, die Ruhe und Beschaulichkeit suchen. Eine Minigolfanlage und der kleine Schwanenweiher, auf dem man Tretboot fahren kann, runden das Angebot ab.

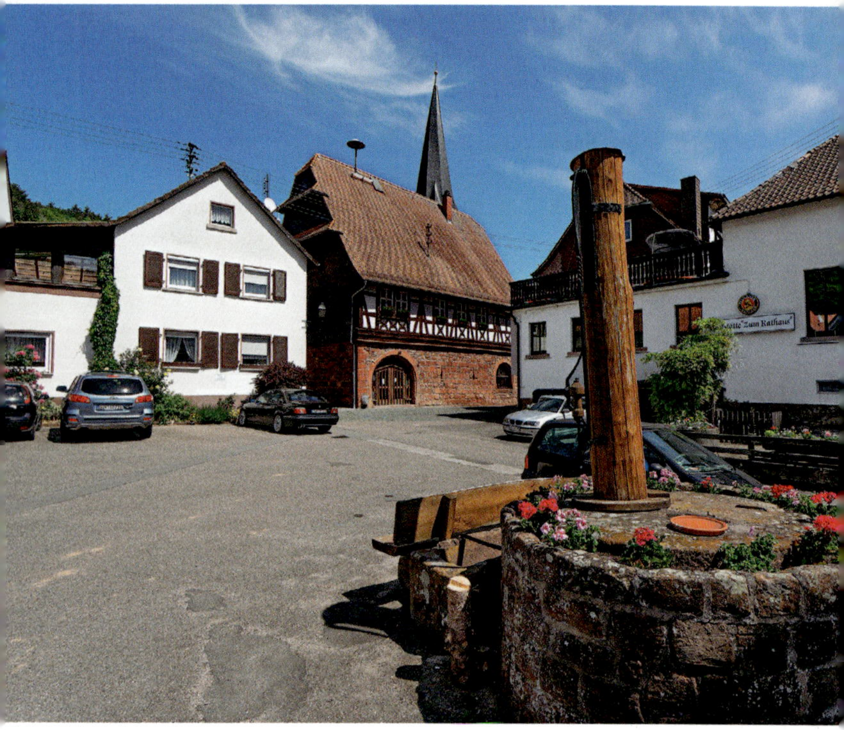

Die schmucke Dorfmitte von Dörrenbach ist umgeben von Winzerhöfen.

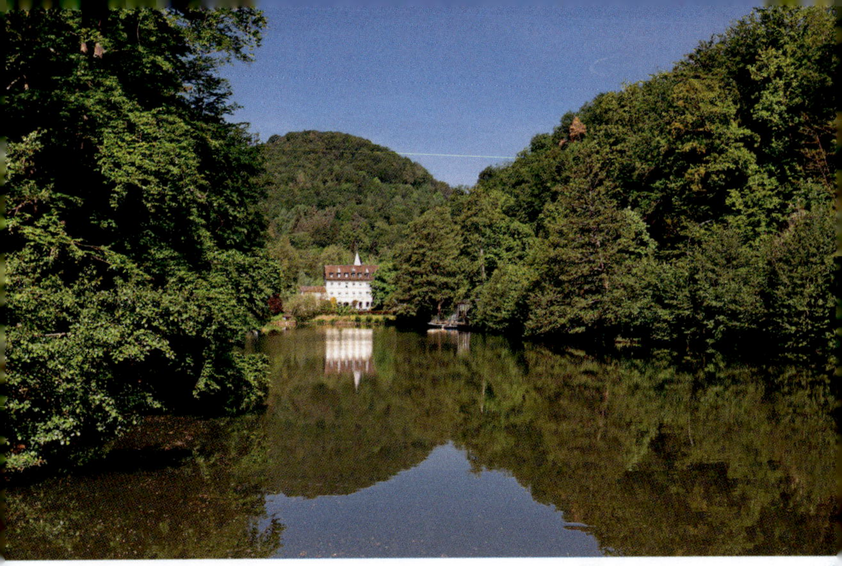

Los geht's am Kurpark von Bad Bergzabern mit dem Schwanenweiher.

ZUM STÄFFELSBERGTURM

Diese Wanderung verläuft teilweise auf den Wegetappen des Dörrenbacher Märchenwegs und schließt den malerischen Ort Dörrenbach mit ein, einen Nachbarort von Bad Bergzabern, der nicht umsonst auch das »Dornröschen der Pfalz« genannt wird und dem man ohnehin einen Besuch abstatten sollte.

ORT DER STILLE

Los geht's in Bad Bergzabern am **Kurpark**, wo wir zunächst den **Schwanenweiher** passieren. Dann wandern wir hinein in die Stille des Waldes und orientieren uns dabei an dem lilafarbenen Viertelfächer, das Symbol für den »Weg der Auszeiten«. Ein breiter Forstweg führt stetig bergan bis zur **Geisbornquelle**, einem verwitterten Stein mit Wasserquelle.
Hier zweigt ein schmaler Pfad zur **Kolmbergkapelle** ab, der auf einer Lichtung gelegenen kleinen Wallfahrtskapelle »Unsere Liebe Frau vom Kolmerberg«. Sie gilt als eine der beliebtesten ihrer Art in der Südpfalz, steht unter Denkmalschutz, wurde 2020 umfangreich restauriert und erstrahlt heute wieder in altem Glanz. Ein Kreuzweg umgibt das einsam gelegene Gebäude, und an einem neu gestalteten Picknickplatz lässt sich der Frieden, den dieser Ort ausstrahlt, besonders gut erspüren.

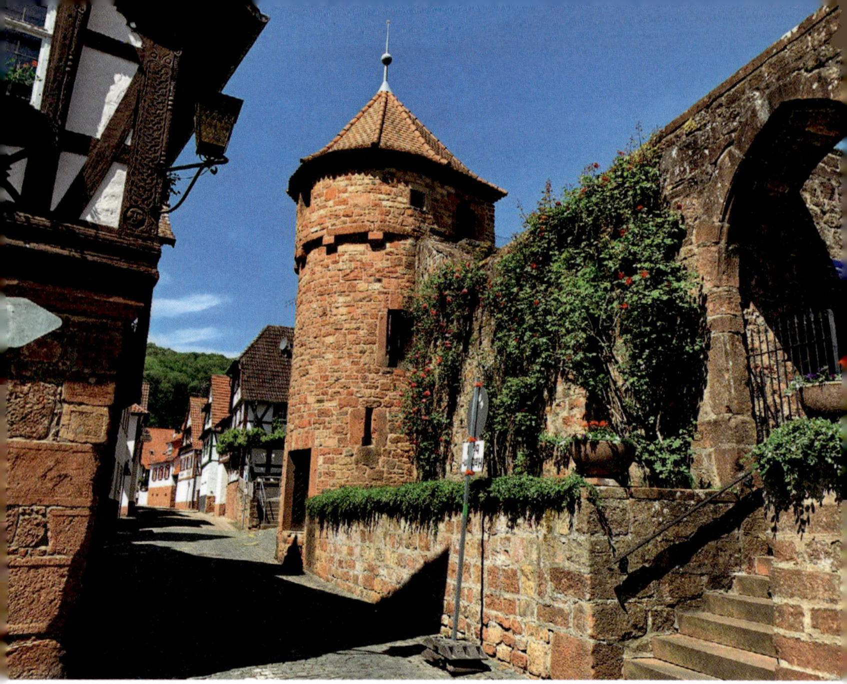

Die Wehrmauer mit Wehrturm in Dörrenbach ist gut erhalten.

AUF DEM MÄRCHENWEG ZUM AUSSICHTSPUNKT

Vorbei am Picknickplatz führt uns der Weg weiter Richtung Stäffelsbergturm, dem Umkehrpunkt unserer Wanderung. Nach einem weiteren geruhsamen Spaziergang durch den Wald erreichen wir eine Station des **Dörrenbacher Märchenwegs** – es ist die Station 4 und dargestellt wird …? Nun zeigt es sich, wer bei den Gebrüdern Grimm aufgepasst hat: Wer weiß, ohne das Schild zu lesen, was das aus Mosaiksteinchen gestaltete Mädchen mit seiner Schürze auffängt? Gespoilert wird an dieser Stelle nicht! Es folgt die Station »Hänsel und Gretel« (leicht erkennbar), und auch ein Trojanisches Pferd gibt sich ein Stelldichein – wir fragen uns hierbei jedoch ein wenig nach dessen Bezug zur klassischen Märchenwelt …

Danach geht es knackig bergauf zum **Stäffelsbergturm**. Wer hier einen romantischen Aussichtsturm erwartet, wird enttäuscht sein – aber als Aussichtspunkt ist das Plateau, auf dem der 24 Meter hohe Turm steht, fast nicht zu überbieten. Wir befinden uns auf dem gleichnamigen 481 Meter hohen **Stäffelsberg**. 120 Stufen führen auf die Turm-Plattform hinauf – von oben ist der Blick auf die Rheinebene, ins Elsass, in den Pfälzer Wald und bei klarer Sicht sogar bis zum Schwarzwald und zu den Vogesen einfach atemberaubend. Wieder unten und mit festem Boden unter den Füßen finden wir einige Picknickbänke, von denen sich der wunderbare Blick und die Stimmung hier oben beim mitgebrachten Vesper angemessen genießen lassen.

ZUR »PERLE DER PFALZ«

Vom Turm wandern wir auf einem schmalen Pfad bergab bis zu einer größeren Kreuzung, wo wir Kurs auf Dörrenbach nehmen, dem Highlight dieser Wanderung. Ein Schild weist die Strecke dorthin mit 3,8 Kilometern aus. Wir passieren den **Ritterstein Am alten Bild**, der vom Pfälzerwaldverein Dörrenbach aufgestellt wurde und eine frühere Betsäule ersetzt. Wir folgen weiter dem Märchenweg, betrachten dabei die kunstvollen Inszenierungen der verschiedenen Märchen am Wegesrand und erreichen steil bergab die **historische Dorfmitte Dörrenbachs**, die »Pfalz-Perle«, mit schick restaurierten Fachwerkhäusern, der alten Stadtmauer mit Rundturm, dem pittoresken historischen Rathaus und der Wehrkirche St. Martin. Zahlreiche Weingüter laden hier zur Einkehr mit einer süffigen Pfälzer Weinschorle ein.

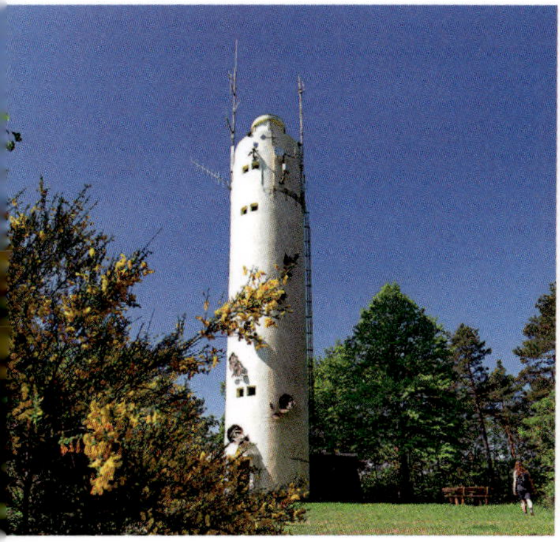

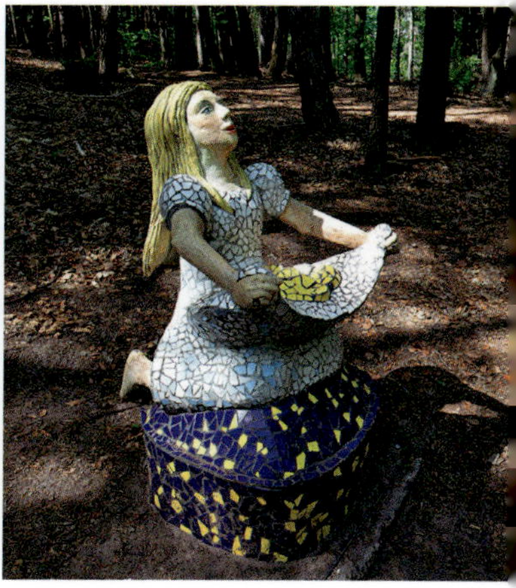

◀ Der Stäffelsbergturm auf der Hochebene ▶ Märchenszenen am Wegrand

12

AUSBLICK IN DIE WEINBERGE

Nach dem Spaziergang durch das Dorf geht es auf die Zielgerade zurück nach Bad Bergzabern. Zunächst laufen wir noch über die Hauptstraße Dörrenbachs, biegen dann nach links in die Wiesenstraße ein und gelangen über deren Verlängerung ins **Dörrenbachtal**. Es geht durch regenwaldähnliche farnreiche Natur, ehe wir mit schönen Ausblicken an den Weinbergen entlangwandern, wo einige Bänke noch einmal zum Verweilen einladen, und so geradewegs zurück nach Bad Bergzabern und zum **Kurpark** gelangen.

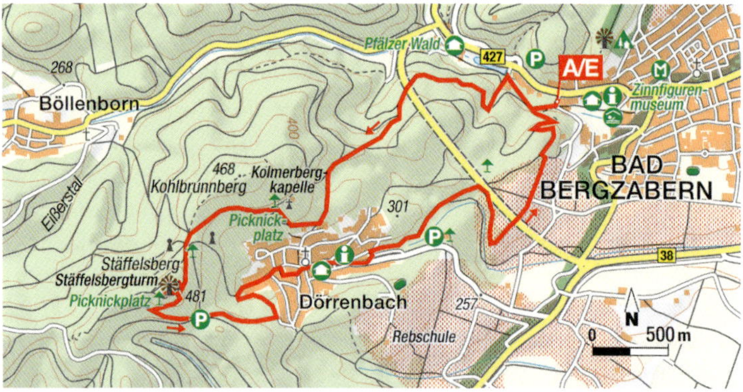

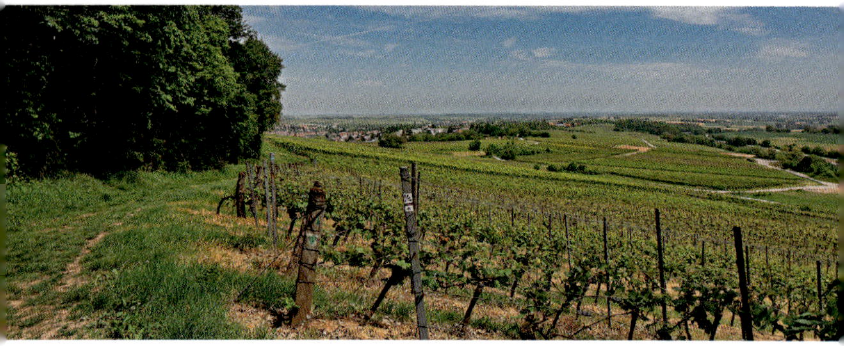

Der Rückweg führt entlang von Weinbergen mit vielen Ausblicken.

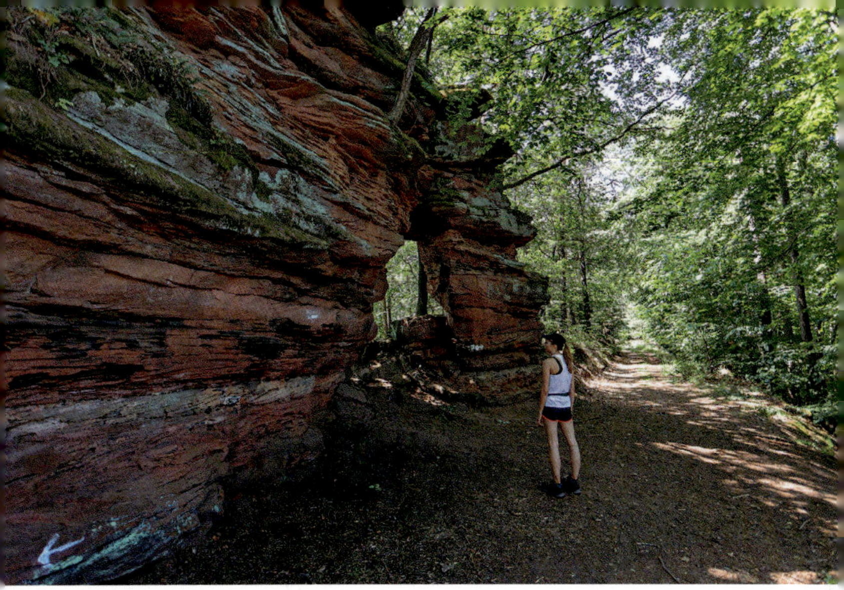

Durch die Öffnung im Kellerfels kann man hindurchgehen.

SILZER SEE UND FELS-SPEKTAKEL

Der Silzer See ist eine Besonderheit in der Pfalz: Er liegt malerisch eingebettet in ein Tal, und an seinen Ufern kann man sonnenbaden, auf den Wiesen picknicken und von den aufgestellten Bänken die Stimmung genießen. Das Beste aber ist: Dieses Naturidyll ist der Ausgangspunkt für eine höchst abwechslungsreiche Wanderung mit einigen wunderbaren Felsgebilden.

AUFTAKT UND BELOHNUNG ZUGLEICH

Der vom Klingenbach aufgestaute **Silzer See** ist ein Naherholungsgebiet – glücklicherweise kommen wir hier zweimal vorbei, denn der See ist Start- und Zielpunkt unserer Wanderung. Wir freuen uns also auf später und wenden uns vom **Parkplatz** aus am rechten Seeufer gegen den Uhrzeigersinn laufend talaufwärts. Zunächst geht es etwa 3,5 Kilometer leicht bergauf durch den Wald. Dann erreichen wir unterhalb der Burgruine Lindelbrunn das **Cramerhaus Lindelbrunn**, eine Waldgaststätte mit Biergarten und Gästezimmern. Die Einkehrmöglichkeit liegt relativ auf der Strecke, sodass nichts gegen eine Stärkung zur Halbzeit spricht. Ein Abstecher würde uns von hier zur Burgruine Lindelbrunn bringen (siehe Tipp).

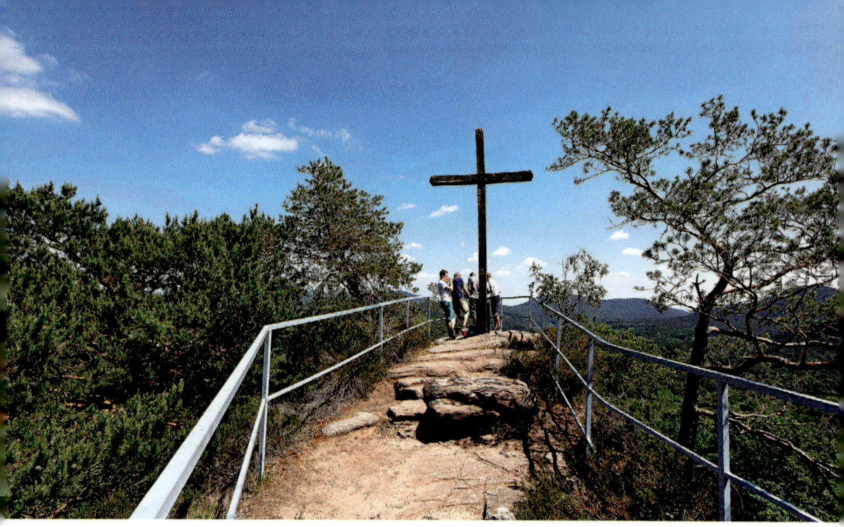

Glanzpunkt mit fantastischer Aussichtsplattform: der Schweinsfels

Tipp

Wer die Wanderung erweitern möchte, kann mit einem Abstecher ab dem Cramerhaus zur Burgruine Lindelbrunn gelangen, der mittelalterlichen Ruine einer Felsenburg aus dem 12. Jh. Zahlreiche Sagen ranken sich um die Burganlage, die einer der schönsten Aussichtspunkte der Pfalz ist (1,5 km Hin- und Rückweg, 90 Hm).

FELSENREICH

Das Cramerhaus (mit oder ohne Burgruine Lindelbrunn) ist der Umkehrpunkt unserer Wanderung. Nun heißt es Kurs nehmen auf außergewöhnliche Felsgebilde, von denen wir sogleich einige passieren werden. Zwei davon sind etwas ganz Besonderes: 1,5 Kilometer nach dem Cramerhaus gelangen wir zum **Kellerfels**, der oft im Schatten des nachfolgenden berühmteren Schweinsfelsens steht. Das liegt wohl daran, dass es kein Aussichtsfelsen ist, sondern »nur« eine interessante Formation mit großer Öffnung zum Durchgucken und Hindurchgehen. An seiner höchsten Stelle misst der Kellerfels 25 Meter.

Dann folgt die Attraktion der Wanderung, der **Schweinsfels**. Auf die Aussichtskanzel des Felsturms gelangt man über eine luftige Leiter – für den Wagemut wird man mit einem spektakulären Panoramablick belohnt! Wer etwas unsicher mit Höhen ist, der sei beruhigt: Ein Geländer sichert die Aussichtsplattform.

12

SILZER SEE, DIE ZWEITE

Nach der Besteigung des Schweinsfelsens geht es über Serpentinen wieder bergab. Es folgt eine weitere Wegvariante, nämlich der **Abstecher zum südlichen Schweinsfelsen**, der hin und zurück 1,5 Kilometer lang ist. Auf dem Normalweg geht es bis ins **Klingenbachtal** nach den Serpentinen noch weiter den Berg hinab, dann wandern wir entlang des anderen Seeufers und erreichen so wieder den Startpunkt der Wanderung, den **Parkplatz am Silzer See**.

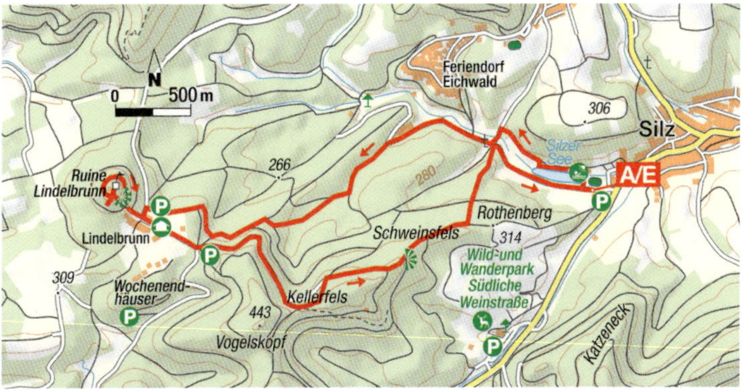

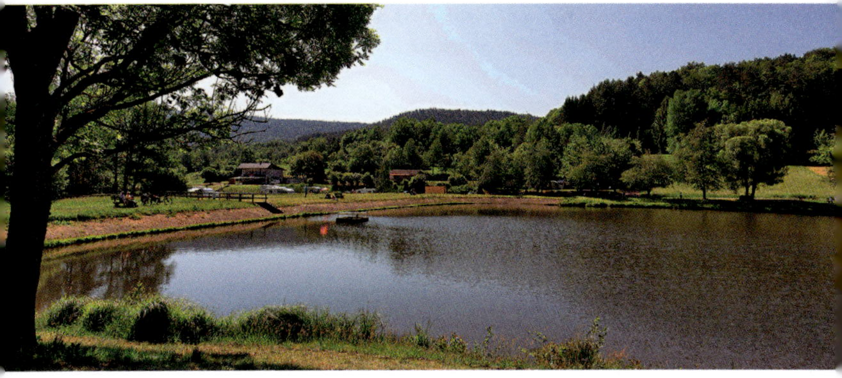

Herrlich entspannend geht es zu rund um den Silzer See.

AUF EINEN BLICK

Info

STADT/REGION: Bad Bergzabern/Südliche Weinstraße
BESTE REISEZEIT: April bis Oktober
OPTIMALE REISEDAUER: 3 Tage
TOURISTINFO: Tourismusverein Südliche Weinstraße, Kurtalstr. 27, 76887 Bad Bergzabern, Tel. 6343/98 96 60, info@bad-bergzabener-land.de, badbergzabernerland.suedlicheweinstrasse.de

SEHENSWÜRDIGKEITEN

ZINNFIGURENMUSEUM: Marktstr. 14, 76887 Bad Bergzabern, Tel. 6343/93 91 72, buchhandlung.wilms@t-online.de, antiquariat-wilms.de
WESTWALLMUSEUM BAD BERGZABERN: Kurfürstenstr. 21, 76887 Bad Bergzabern, Tel. 152/59 65 90 63, westwall-museum.bza@web.de, otterbachabschnitt.de
MUSEUM DER STADT BAD BERGZABERN: Königstr. 45, 76887 Bad Bergzabern, Tel. 6343/701 77, info@bad-bergzabern-land.de, bad-bergzabern.de/tourismus-kultur/stadtmuseum
SÜDPFALZ THERME: Kurtalstr. 27, 76887 Bad Bergzabern, Tel. 6343/93 40 10, info@suedpfalz-therme.de, suedpfalz-therme.de

ÜBERNACHTUNG

SCHLOSSHOTEL BERGZABERNER HOF: Königstr. 55–57, 76887 Bad Bergzabern, Tel. 6343/936 58 60, info@bergzaberner-hof.de, bergzaberner-hof.de €€€
HOTELPENSION SEEBLICK: Kurtalstr. 71, 76887 Bad Bergzabern, Tel. 6343/70 40 €€
HAUS AM KASTANIENWALD: Übergasse 32, 76889 Dörrenbach, Tel. 6343/93 19 13, hausamkastanienwald@gmx.de, hausamkastanienwald.de €€
WOHNMOBILSTELLPLATZ SILZ AM SEE: 76857 Silz, info@silz.de, silz.de €

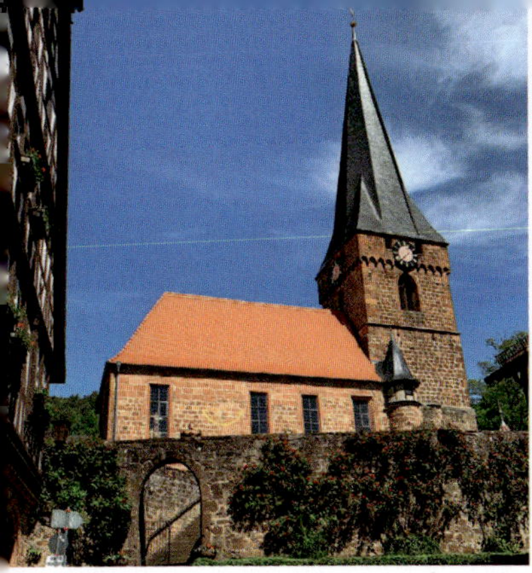

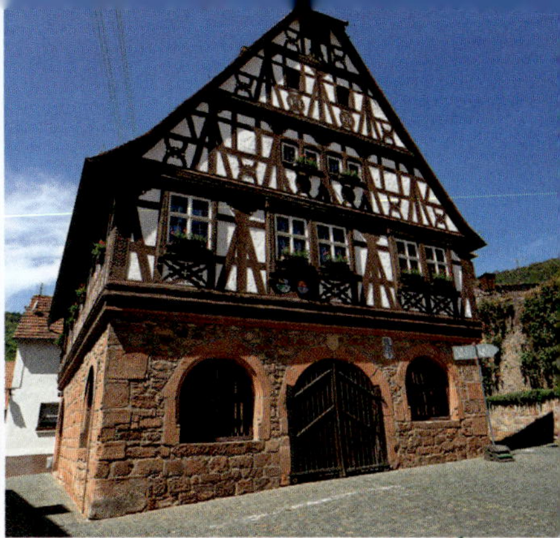

◀ Die Wehrkirche St. Martin in Dörrenbach ▶ Das historische Rathaus

STÄFFELSBERGTURM

DAUER: 2.45 Std.

HÖHENMETER: 270 Hm

LÄNGE: 9,4 km

SCHWIERIGKEIT: Mittel

AUSGANGS-/ENDPUNKT: Parkplatz am Kurpark in Bad Bergzabern (Kneippstraße an der B 427)

TOURENCHARAKTER: Mittelschwere Wanderung mit moderaten Höhenmetern vor allem auf dem ersten Teil des Wegs

BESTE JAHRESZEIT: April bis Oktober

EINKEHR UNTERWEGS: Diverse Weingüter in Dörrenbach

SILZER SEE

DAUER: 2.30 Std.

HÖHENMETER: 210 Hm

LÄNGE: 8,1 km

SCHWIERIGKEIT: Leicht bis mittel

AUSGANGS-/ENDPUNKT: Parkplatz bei den Tennisplätzen des SV Silz

TOURENCHARAKTER: Leiter und Aussichtsplattform am Schweinsfels bei Höhenangst nicht geeignet, ansonsten leichte bis mittelschwere Wanderung

BESTE JAHRESZEIT: Mai bis September

EINKEHR UNTERWEGS: Cramerhaus Lindelbrunn

SCHMUCKER ORT MIT BURG

Annweiler

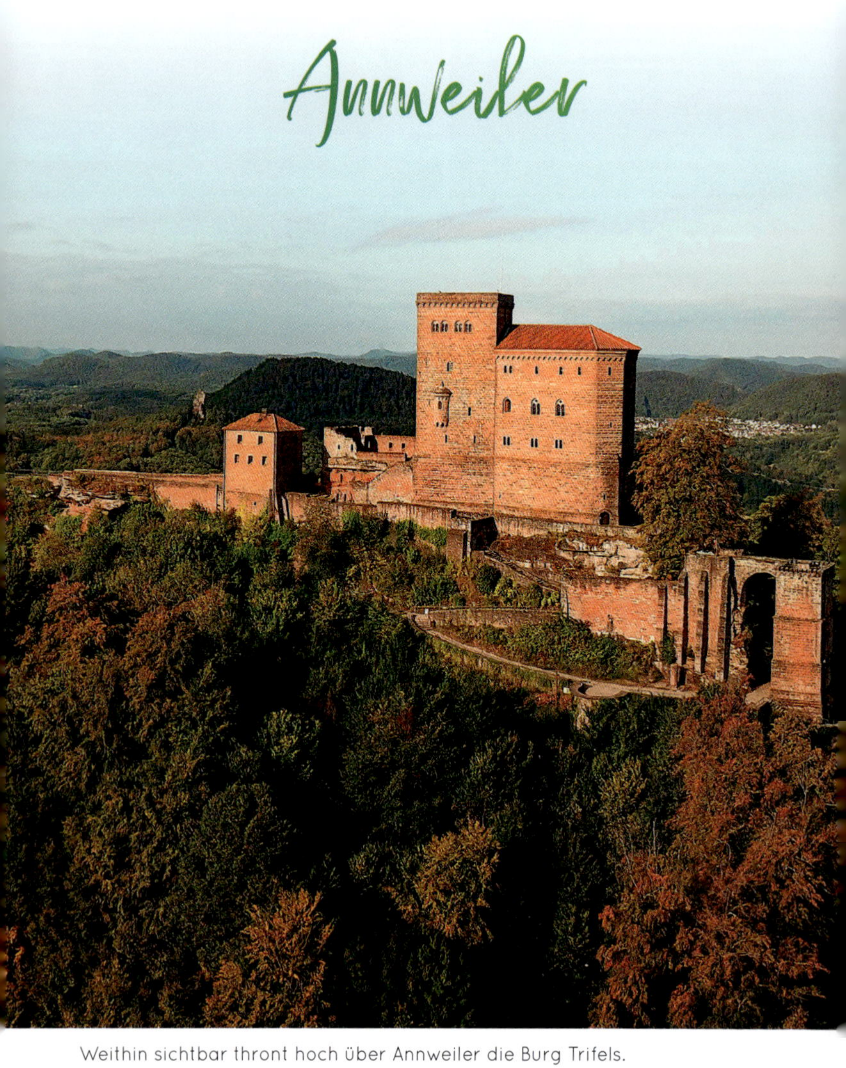

Weithin sichtbar thront hoch über Annweiler die Burg Trifels.

13

Markenzeichen nicht nur des schönen Ortes, sondern des gesamten Trifelslandes ist die hoch über der Ortschaft thronende und weithin sichtbare Burg Trifels. Von der romantischen Altstadt aus ist die Burg zu Fuß erreichbar. Umgeben sind Ort und Burg von Wäldern, Streuobstwiesen und sanften Erhebungen.

Die Stauferstadt Annweiler glänzt mit einer vom Flüsschen Queich durchzogenen **historischen Altstadt**. Brücken führen über den Fluss, gesäumt ist die Kulisse von schön restaurierten Fachwerkhäusern. Cafés und Restaurants laden zur Einkehr, z. B. das historische **Gasthaus Storchentor**, das in einem dreigeschossigen Barockbau aus dem Jahr 1560 untergebracht ist. Besonders pittoresk ist das **Alte Rathaus** von Annweiler – es wurde 1950/51 erbaut und befindet sich mitten im Zentrum am **Rathausplatz**. An der linken Gebäudeecke bewacht der in Sandstein gehauene Kaiser Friedrich II. das schicke Fachwerkgebäude. In direkter Nachbarschaft bewundern wir die ebenfalls sehr sehenswerte **protestantische Kirche**. Diese wurde im Jahr 1153 erbaut, 1944 zerstört und in ihrem heutigen Erscheinungsbild 1952 wiedererrichtet. Am Rathausplatz kann man besonders gut im Außenbereich des **Cafés Chelini** sitzend das muntere Treiben ringsum beobachten.

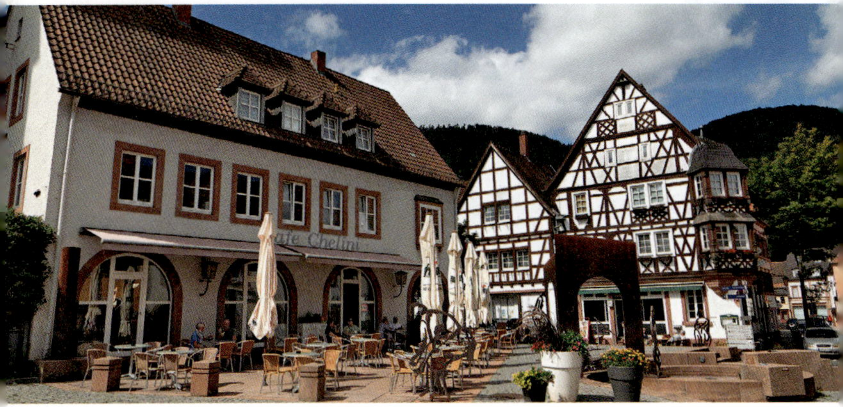

Schnuckelige Altstadt mit vielen Cafés und schönem Fachwerk

13

Die **Burg Trifels** sitzt auf der Kuppe des fast 500 Meter hohen Sonnenbergs. Die Felsenburg hatte während des Mittelalters den Status einer Reichsburg. Man sieht das mächtige Bauwerk sehr gut aus der Ferne, aber auch der Blick von der Burg ist ein Erlebnis: Annweiler und das Queichtal direkt darunter, im Osten die Rheinebene. im Westen die Höhenlagen des Pfälzerwalds.

Tipp

Verschiedene Themenführungen durch Annweiler bringen den Gästen das Städtchen noch ein bisschen näher. Als historische Persönlichkeit führt Sie beispielsweise Richard Löwenherz durch den Ort. Inhaltliche Schwerpunkte sind Kirchen, Fresken, die Stadtmauer, Tore und Türme oder die Gerber (Anmeldung beim Büro für Tourismus Annweiler, vg-annweiler.de/tourismus).

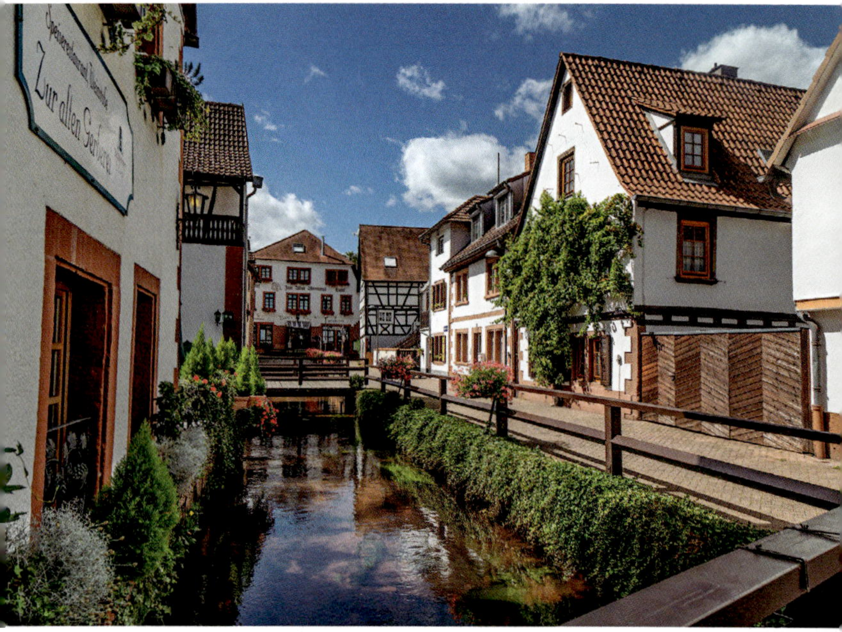

Durch die romantische Stauferstadt zieht sich das Flüsschen Queich.

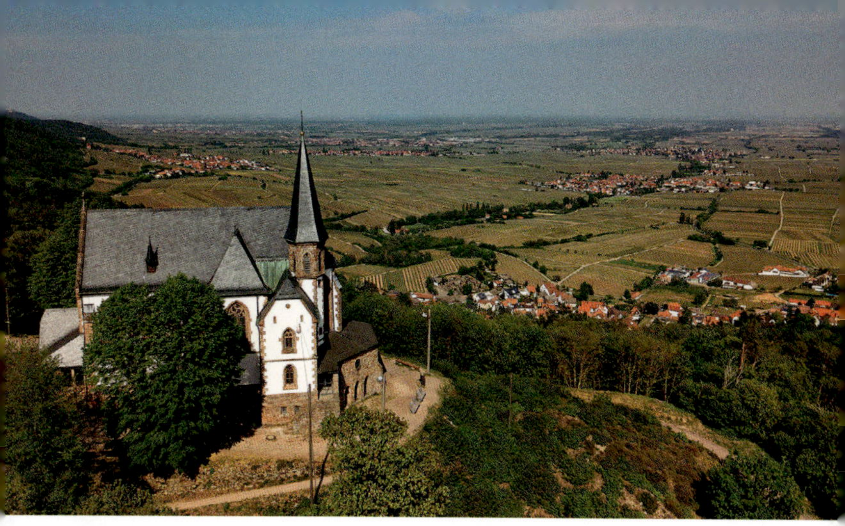

Von der schön gelegenen Wallfahrtskirche St. Anna ...

WANDERRUNDE VON GLEISWEILER

Kaum zu glauben, dass sich auf einer vergleichsweise so überschaubaren Runde so viele Attraktionen befinden: Da liegt mitten in der Pfalz ein subtropischer Park, auf einem Bergvorsprung wacht eine Kapelle, und mitten im Wald kann man duschen – eine erlebnis- und abwechslungsreiche Tour rund um den Ort Gleisweiler.

VON DEN SUBTROPEN AUF DEN BERG

Wir starten unsere Wanderung am **Parkplatz Lindenallee** (und zwar gegen den Uhrzeigersinn) und folgen zunächst dem »Pälzer Keschdeweg«, der mit einer stilisierten Kastanie markiert ist. Er führt uns als Erstes durch den **Subtropischen Park**, der sich auf dem Gelände der **Privatklinik Bad Gleisweiler** befindet. Mitten hindurch führt die Wanderung und vorbei an exotischen Pflanzen, Mammutbäumen und dem fotogenen Sonnentempel. Anschließend wandern wir bis zum **Luitpoldplatz**, wo wir scharf rechts abbiegen und in einem moderaten Anstieg zum nächsten Highlight gelangen: Auf einem Bergvorsprung am Osthang des Teufelsbergs und oberhalb des Ortes Burrweiler steht die **St.-Anna-Kapelle**, eine katholische Wallfahrtskirche. Von hier oben bietet sich ein herrlicher Blick über das Rheintal bis hin zum Odenwald und zum Schwarzwald. Jährlich finden im Juli und August verschiedene Wallfahrten zur heiligen Anna statt.

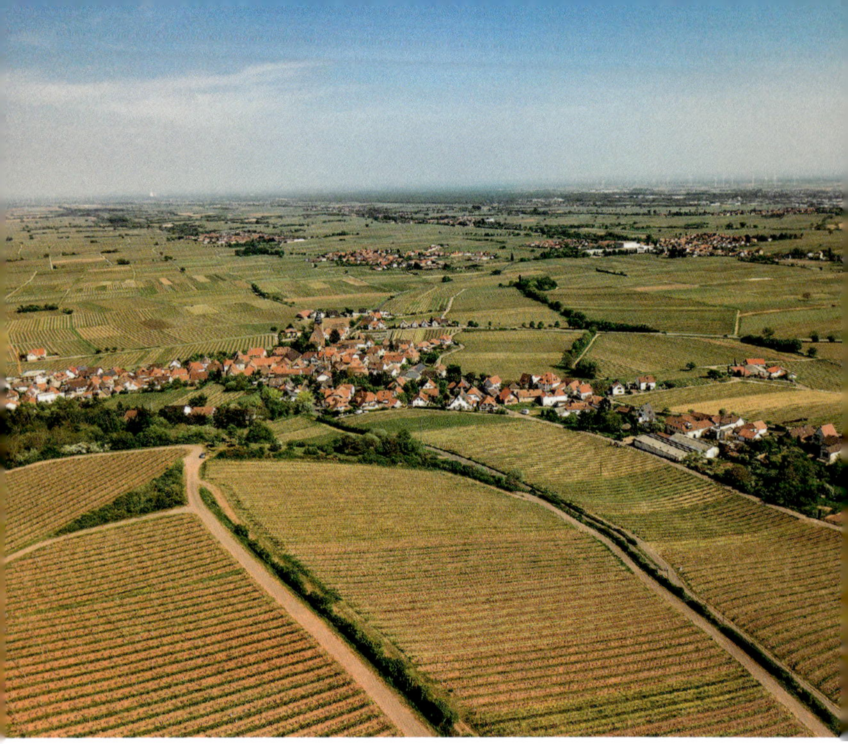

… bietet sich ein herrlicher Panoramablick über das Rheintal.

Gleich nebenan befindet sich die vom Pfälzerwaldverein bewirtschaftete **St.-Anna-Hütte**. In rustikalem Ambiente kann man sich mit Pfälzer Spezialitäten und einer Weinschorle verwöhnen lassen. Wer noch etwas länger beim schönen Blick an der Kapelle verweilen möchte, kann sich in der Hütte versorgen und das Essen mit zur direkt danebenliegenden Kapelle nehmen und es sich auf einer Bank oder im Gras gemütlich machen.

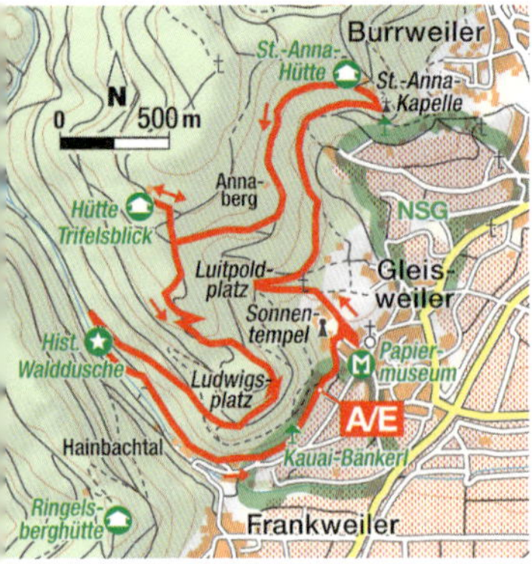

HÜTTE MIT AUSSICHT

Weiter geht es der Ausschilderung des Pfälzer Weinsteigs folgend sanft bergauf. Wir erhaschen noch einmal einen Fernblick auf die Kapelle und erreichen schließlich eine Kreuzung, an der es nach links zur nächsten Pfälzerwaldhütte ginge. Es ist ein kleiner Umweg, aber die **Trifelsblickhütte** mitten im Wald besticht dadurch, dass man von ihr auf das Trifelsland und auf die Felsenburg Trifels blicken kann. Doch nicht nur die Burg ist im Panorama mit inbegriffen, auch der Wasgau, der Schwarzwald, die Vogesen und bei besonders guter Sicht sogar das Straßburger Münster fügen sich in den Ausblick ein.

Auf demselben Weg geht es nun alsdann zurück zur Weggabelung, von wo aus wir nun entlang des Trifelsblickwegs weiterwandern und dabei am ehemaligen **Ringwall** vorbeikommen. Wir folgen dem Wegweiser »Ludwigsplatz Gleisweiler« bis zum **Ludwigsplatz**, von dem sich uns wiederum ein schöner Ausblick – diesmal auf Gleisweiler – bietet. Von den Bänken auf der Aussichtsplattform können wir diesen Blick besonders gut genießen.

EINMAL DUSCHEN, BITTE

Es geht nun bergab, und bald treffen wir auf eine Gabelung, an der unser Weg scharf links abzweigt. Ab jetzt ist die »Walddusche« ausgeschildert. Sind wir an einem warmen Sommertag unterwegs, klingt das verheißungsvoll. Gleich nach der Spitzkehre zweigt nach rechts der kurze Abstecher zur **historischen Walddusche** am Hainbach ab. 1848 von einem ortsansässigen Arzt errichtet, trafen sich hier an heißen Sommertagen tapfere Kaltduscher. Patienten wurden für Dusch-, Sturzbad- und Wellenbad-Anwendungen mit der Pferdekutsche hierher transportiert. Es ist die einzige noch existierende Anlage dieser Art in ganz Deutschland. Sie wurde in den 1990er-Jahren wieder instandgesetzt, sodass man sich heute sowohl im Kneipp-Becken die Beine vertreten als auch – dazu gehört aber einiges an Überwindung! – das zwischen 8–12 °C kalte Wasser unter dem drei Meter hohen Duschstrahl »genießen« kann.

WIEDER WARMLAUFEN

Falls wir uns unter den Wasserstrahl gewagt haben, können wir uns nun beim restlichen Wegstück wieder warmlaufen. Es geht zurück auf den Hauptweg, dann mit der Markierung rot-weißer Balken Richtung Talausgang, und schließlich treffen wir wieder auf den »Pälzer Keschdeweg«, der uns zurück zum **Parkplatz** bringt.

13

ZU DEN GEIERSTEINEN BEI LUG

So kurz die Geiersteine-Tour auch sein mag, so abwechslungsreich ist sie – und zu Recht als Premiumtour ausgezeichnet. Vorbei an bizarren und in allen Rottönen leuchtenden Felsformationen geht es zu den Geiersteinen mit sensationellem Ausblick. Eine perfekte Tour zum Sonnenuntergang!

KURZ UND KNACKIG

Der Reiz der Wanderung liegt darin, dass man ziemlich schnell in eine atemberaubende Landschaft eintaucht. Da ist es zu verkraften, dass es ab dem **Parkplatz in Lug** anfangs recht steil hinauf geht – was aber mühelos machbar ist. Nach einer halben Stunde Gehzeit erreichen wir über einen schmalen Pfad dann auch bereits den ersten Aussichtspunkt, den **Hornstein** mit seinem weißen Gipfelkreuz. Unter uns öffnet sich ein Blick auf den Ort Lug, und wir schauen auf die umgebenden Berge. Wer die Szene gern sitzend betrachten möchte, findet nach einem weiteren kurzen Anstieg eine Bank.

FELSMONUMENT GEIERSTEINE

Wir bleiben auf dem Plateau und nähern uns nun über einen Höhenweg bereits dem mächtigen Felsmonument, das wir über einen kurzen Abstecher nach rechts erreichen. Die **Geiersteine** ragen wie eine hohe Felsrampe

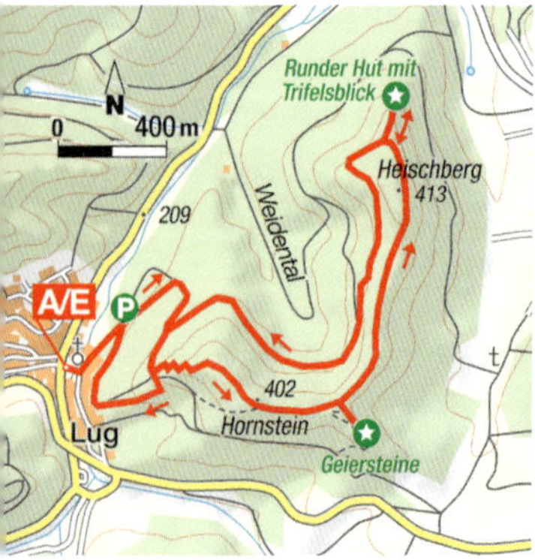

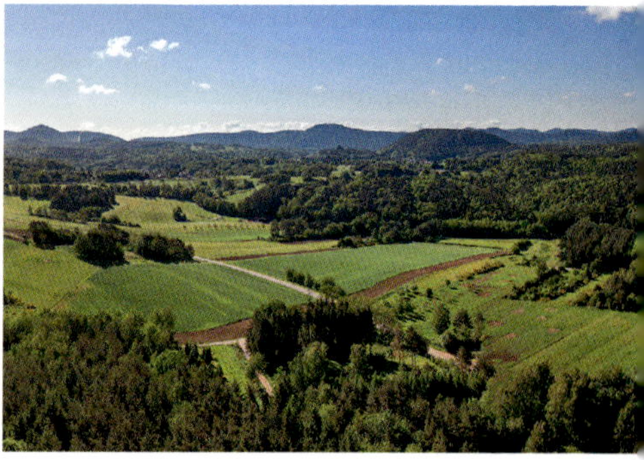

Kontrast zum roten Sandstein: Blick ins Grüne

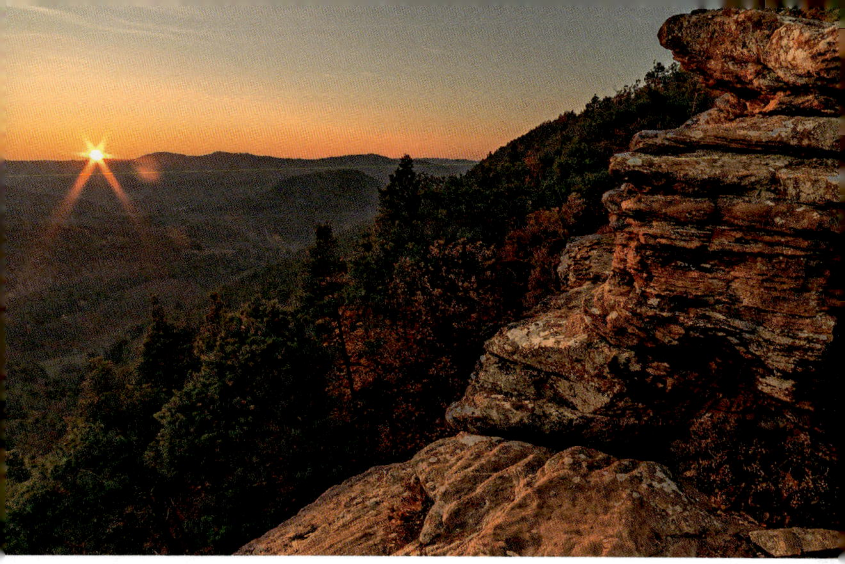

Besonders zum Sonnenuntergang sind die Geiersteine ein Naturspektakel.

aus dem Berg heraus. Wenn die Abendsonne die einzelnen Formationen anstrahlt, ist das Naturschauspiel perfekt – dann leuchten die bizarren Felspilze in allen nur denkbaren Rottönen. Aber auch die Aussicht lohnt den Weg herauf: Bei klarer Sicht bietet sich ein Panoramablick bis in die Ebene der Südlichen Weinstraße, auf die Burg Trifels im Osten und im Süden auf die Vogesen.

WEITERE FELSATTRAKTIONEN

Nach einer Pause auf dem Felsplateau geht es wieder zurück auf den Hauptweg und dann weiter zur nächsten Felsformation. Es folgt der **Runde Hut**, ein Fels, den man umwandern kann und von dem aus man über große Teile des vorderen Pfälzerwalds blickt. Auch von hier lässt sich die Burg Trifels erkennen. Dieser Fels ist ebenfalls über einen kurzen Abstecher vom Hauptweg aus erreichbar, man biegt nach rechts ab. Der Runde Hut ist der Umkehrpunkt der Wanderung.

Zurück auf dem Hauptweg folgen wir dem Weg weiter im Uhrzeigersinn und in einem Linksbogen und erreichen so wieder den Ort **Lug**. Unterwegs blicken wir noch einmal auf eine Attraktion: den 60 Meter hohen **Friedrichsfelsen**, im Volksmund auch »Luger Fritz« genannt und das Wahrzeichen des Ortes. Nach diesem imposanten Blick gehen wir zurück zum Ausgangspunkt beim **Parkplatz**.

AUF EINEN BLICK

Info

STADT/REGION: Annweiler am Trifels/Trifelsland
BESTE REISEZEIT: Ganzjährig
OPTIMALE REISEDAUER: 2–3 Tage
TOURISTINFO: Südliche Weinstraße Annweiler am Trifels e. V. – Büro für Tourismus, Meßplatz 1, 76855 Annweiler am Trifels, Tel. 6346/22 00, info@trifelsland.de, vg-annweiler.de/tourismus

SEHENSWÜRDIGKEITEN

CAFÉ CHELINI: Hauptstr. 18, 76855 Annweiler am Trifels, Tel. 6346/85 29, cafe-chelini.de
BURG TRIFELS: K2, 76855 Annweiler am Trifels, Tel. 6346/84 70, reichsburg-trifels.de

ÜBERNACHTUNG

L'ANTICA RUOTA – HOTEL ZUM ALTEN WASSERRAD: Am Storchentor 8, 76855 Annweiler am Trifels, Tel. 6346/933 44, mirable.franco@web.de, zum-alten-wasserrad.de €€€
GÄSTEHAUS ESCHERS EISWERK: Meßplatz 10, 76855 Annweiler am Trifels, Tel. 6346/83 43 €€
PENSION BERGTERRASSE: Trifelsstr. 8, 76855 Annweiler am Trifels, Tel. 6346/72 19, info@pension-bergterrasse.de, pension-bergterrasse.de €€
CAMPINGPLATZ NATURFREUNDE ANNWEILER: Viktor-von-Scheffel-Str. 18, 76855 Annweiler am Trifels, Tel. 6346/81 98, campingplatz@naturfreunde-annweiler.de, naturfreunde-annweiler.de €

WANDERRUNDE VON GLEISWEILER

DAUER: 2.45 Std.
HÖHENMETER: 265 Hm
LÄNGE: 8,9 km
SCHWIERIGKEIT: Mittel
AUSGANGS-/ENDPUNKT: Parkplatz Lindenallee in Gleisweiler

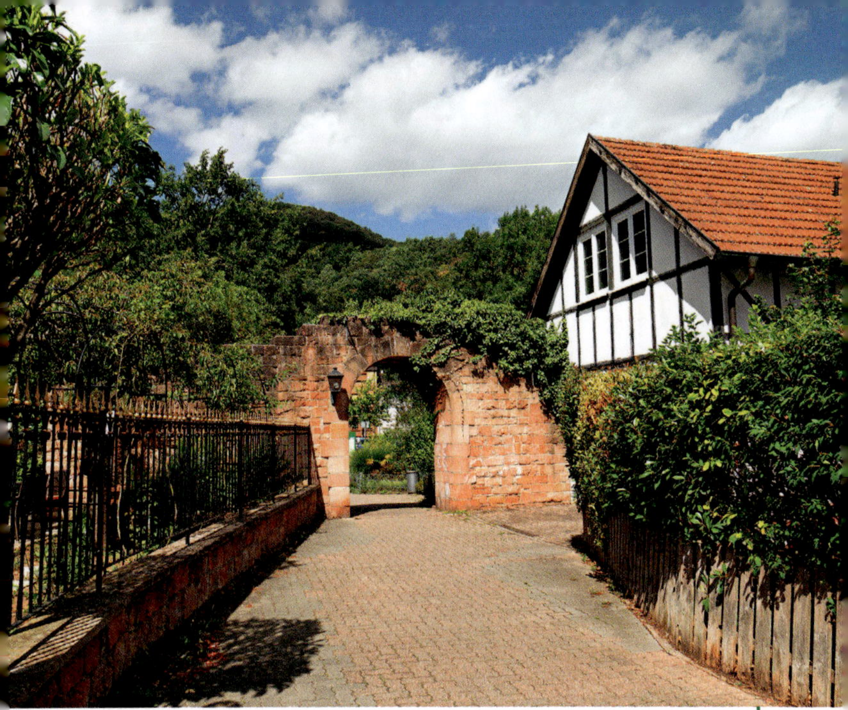

Einer der Zugänge in die Altstadt von Annweiler

TOURENCHARAKTER: Gut begehbare Wege mit moderaten Höhenmetern
BESTE JAHRESZEIT: April bis Oktober
EINKEHR UNTERWEGS: St.-Anna-Hütte und Trifelsblickhütte

ZU DEN GEIERSTEINEN BEI LUG

DAUER: 1.45 Std.
HÖHENMETER: 170 Hm
LÄNGE: 6 km
SCHWIERIGKEIT: Leicht
AUSGANGS-/ENDPUNKT: Parkplatz bei der Gemeindehalle in Lug
TOURENCHARAKTER: Leichte Wanderung mit einem Aufstieg zu Beginn, ansonsten ebener Weg auf der Höhe
BESTE JAHRESZEIT: Ganzjährig
EINKEHR UNTERWEGS: Keine

WEIN, BERG UND BURG

Landau

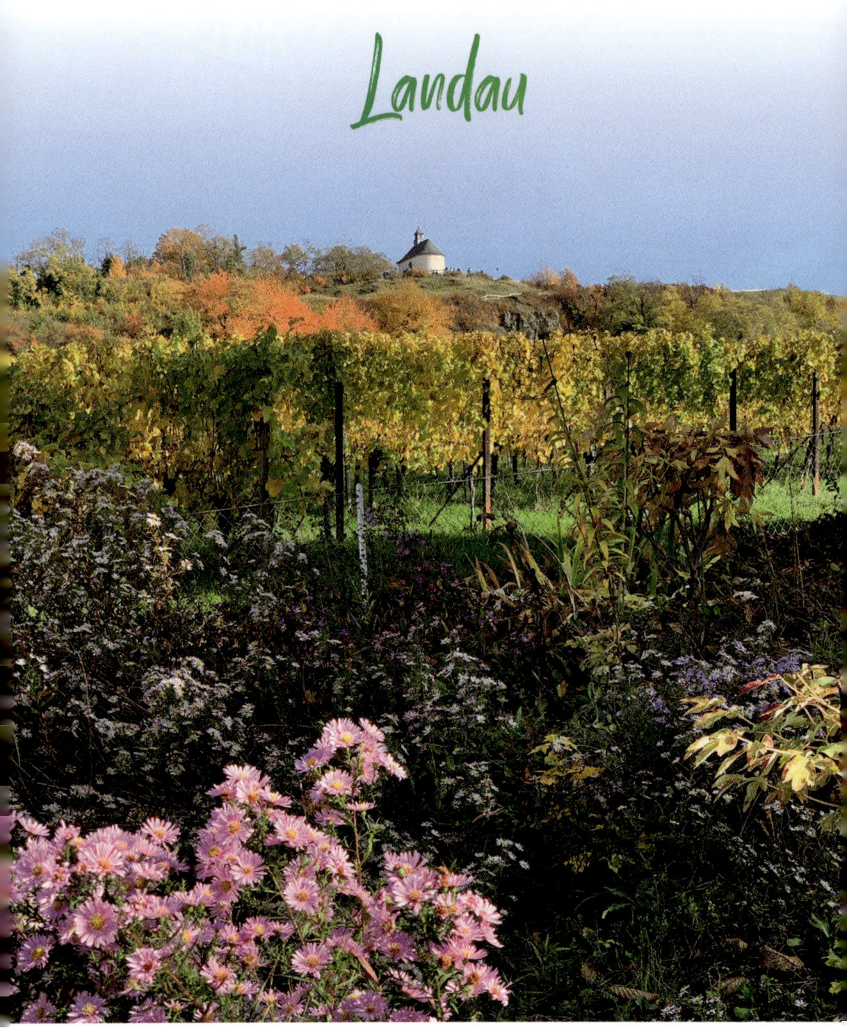

Erhebung mit Weinbergen und Kapelle – die Kleine Kalmit bei Ilbesheim

14

Die lebendige Stadt Landau in der Vorderpfalz trumpft neben dem städtischen Angebot mit einem abwechslungsreichen Umfeld auf. Dennoch hat man nicht die Qual der Wahl, sich zwischen Sightseeing und Aktivitäten entscheiden zu müssen – es ist nämlich beides an einem Wochenende möglich!

Fast schon zum Stadtgebiet gehört das entzückende Weindörfchen Ilbesheim mit malerischem Ortskern und schönen Fachwerkhäusern. **Ilbesheim** ist sechs Kilometer von Landau entfernt und bildet den Auftakt der berühmten **Südlichen Weinstraße**. Der historische Weinberg **Kalmitwingert** ist der Mittelpunkt des Ortes und bietet mit der Erhebung **Kleine Kalmit** eine wundervolle Wandermöglichkeit.
Im knapp 13 Kilometer von Landau entfernten **Klingenmünster** sind es vor allem das ehemalige Reichskloster Klingenmünster inmitten des Ortes sowie die beiden Ausflugsziele Burg Landeck und der Martinsturm, die einen Abstecher lohnen.

Tipp

Weithin berühmt ist der Zoo Landau. Nur wenige Gehminuten von der Innenstadt entfernt, beherbergt er 900 exotische Tierarten in naturnah gestalteten Gehegen. Mit Streichelzoo, Spielplatz, Führungen für alle Altersklassen und Ferienprogramm ist er ein beliebtes Ausflugsziel. Hunde an der Leine sind erlaubt (zoo-landau.de).

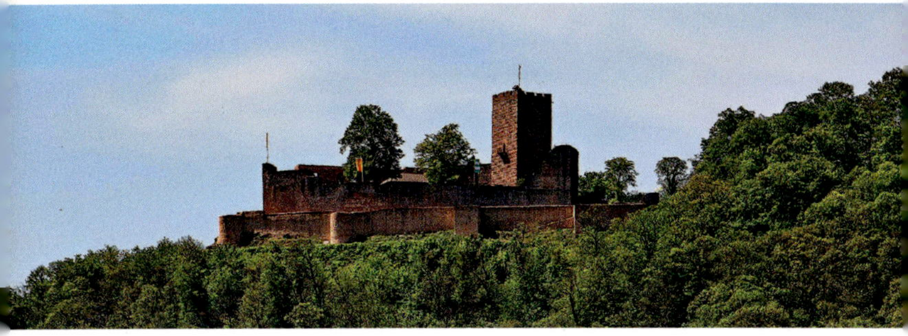

Einen Steinwurf von Landau entfernt befindet sich die Burg Landeck.

14

RUND UM DIE KLEINE KALMIT

Sowohl Ilbesheim als auch der Kalmitwingert und die Kleine Kalmit mitsamt ihrem Rebenmeer sind in einen sehr schönen, knapp fünf Kilometer langen Rundweg integriert. Er startet am Parkplatz in der Arzheimer Straße und folgt der Wegmarkierung 5 durch den Ort, vorbei am historischen Rathaus und einigen hübschen Winzerhöfen. Das pittoreske Ilbesheim sollte unbedingt in die Wanderung mit eingeschlossen werden.

HINAUS UND HINAUF

Wir wandern aus **Ilbesheim** hinaus und hinein in die **Weinberge**. Das ist vor allem im Herbst eine wahre Freude, denn dann leuchten die Rebstöcke in allen nur erdenklichen Rot- und Gelbtönen. Mit herrlichen Ausblicken erreichen wir schließlich oben auf der Erhebung die **Mater-Dolorosa-Kapelle** mit Bänken und einer sagenhaften 360°-Aussicht über Pfälzerwald, Odenwald und Schwarzwald. Die Kapelle ist das Wahrzeichen von Ilbesheim und der Kleinen Kalmit und weithin sichtbar. Sie ist als Ausflugsziel gut besucht, allerdings verteilen sich die Wanderer auch prima auf der Hochfläche, und jeder findet hier ein idyllisches Plätzchen für ein Picknick.

LEHRREICHER RÜCKWEG

Links vor der Kapelle geht es wieder hinab; der Weg führt dann unterhalb der Kapelle auf einem schmalen Pfad entlang. Wir gelangen zum **Kalmitwingert** auf der Südwestseite der Kleinen Kalmit, einer historischen

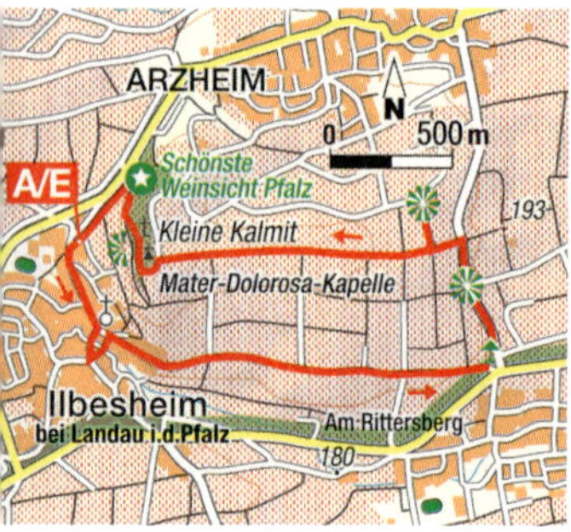

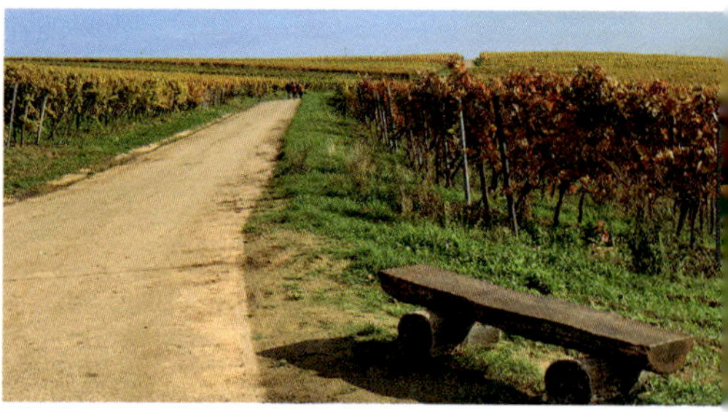

Sonnige Rast auf der Kalmit-Wanderung

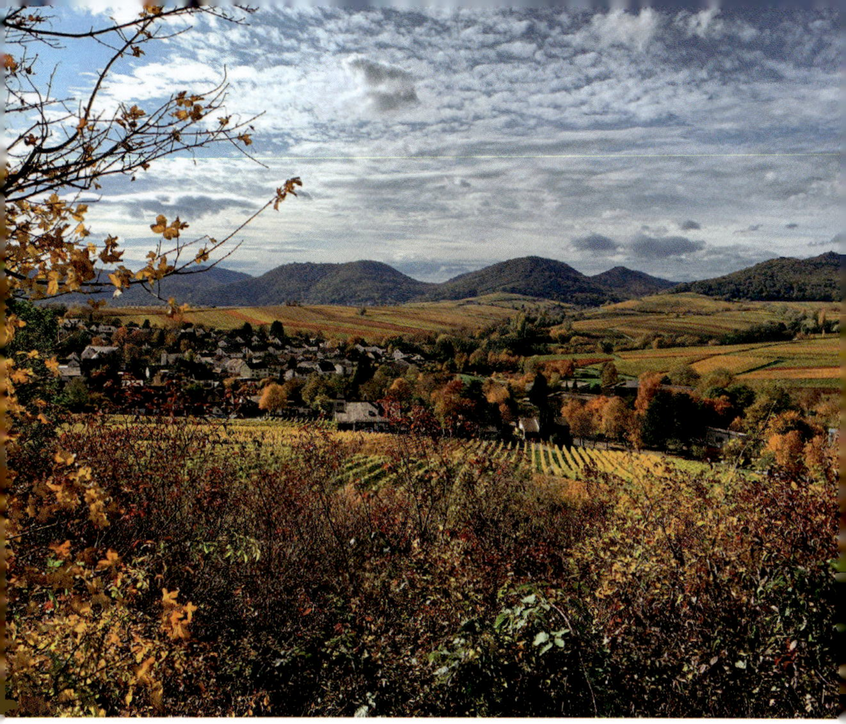

Spektakulärer Blick von der Kleinen Kalmit mit Herbstverfärbung

Weinberganlage, an der man Reberziehungsformen von der Antike bis zur Neuzeit bewundern kann. Hier gibt es Picknickbänke, die zu einer weiteren Rast einladen. Dass die Wanderung besonders schön ist, zeigt sich anhand der Tatsache, dass der Blick vom Kalmitwingert über die Rebenlandschaft der Südlichen Weinstraße bis zum Pfälzerwald 2020 vom Deutschen Weininstitut zur **»Schönsten Weinsicht der Pfalz«** gekürt wurde. Von hier aus gehen wir die letzten Meter zurück zum Ausgangspunkt in **Ilbesheim**.

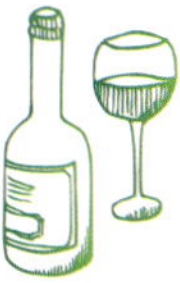

DAS KALMITWEINFEST findet jährlich Ende Juli statt und gilt als eines der schönsten Weinfeste der Pfalz: Mitten in den Rebbergen begrüßen die Ilbesheimer Weingüter die Gäste mit ausgewählten Tropfen und leckeren Köstlichkeiten – zuzüglich eines wunderschönen Blicks auf die Rebenhänge der Südlichen Weinstraße. Die Sitzgelegenheiten sind lauschig in die Weinberge integriert, und bei Anbruch der Dunkelheit wird die Szene illuminiert.

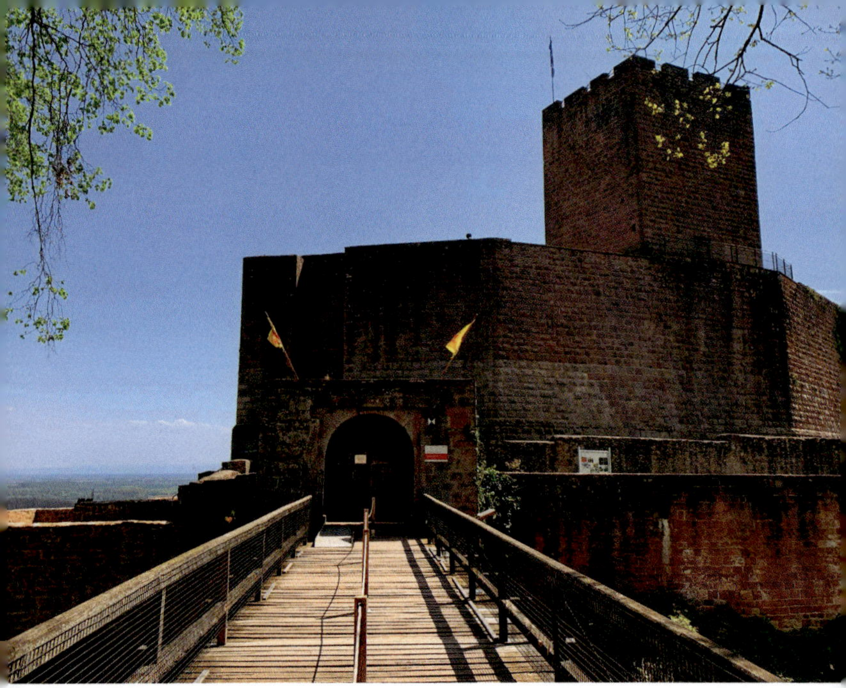

Die Burg Landeck ist Start- und Endpunkt des Quellenwegs.

QUELLENWEG BEI KLINGENMÜNSTER

Von Klingenmünster aus ist sie kaum zu übersehen: Die Burg Landeck thront nicht nur erhaben über dem Ort, sondern ist auch bei der Anfahrt aus Richtung Landau schon weithin sichtbar. Grund genug, dieses geheimnisvolle Bauwerk als Startpunkt für eine besondere Wochenend-Wanderung zu wählen.

STEILER AUFTAKT

Die einladende Burgschänke und die Besichtigung der Burg heben wir uns als Belohnung bis zum Schluss auf und starten vom **Parkplatz bei der Burg** umgehend zu der knapp sechs Kilometer langen Rundwanderung. Die Beschilderung wechselt mehrfach, zuverlässig können wir aber der Wegmarkierung 1 über den gesamten Weg hinweg folgen. Die meisten Höhenmeter werden auf dem ersten halben Kilometer zurückgelegt. Es geht knackig bergauf, allerdings wartet am Ende des anstrengenden Aufstiegs auch gleich die erste Bank – eine Verschnaufpause ist erlaubt. Anschließend geht es zwar weiterhin bergauf, allerdings deutlich moderater. Wir folgen dem hölzernen Wegweiser **»Weißer Felsen«** in eine Sackgasse und zu einem Aussichtspunkt mit sensationellem Blick über den Wasgau – besonders schön von einer Aussichtsbank zu genießen.

Kurz darauf stoßen wir an einer Kreuzung erstmals auf einen Wegweiser des Quellenwegs. Wir halten uns links, um zu einem Platz mit Picknicktischen zu gelangen, die von einem **Meer aus Steinmännchen** umgeben sind – ein richtiger kleiner Türmchenwald, der da zum Schauen und Staunen einlädt.

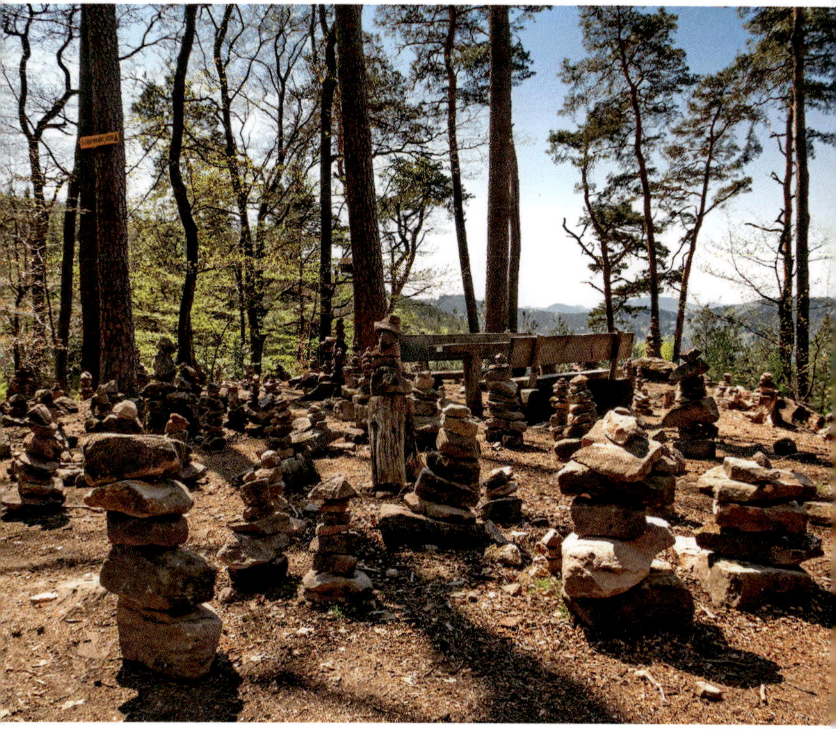

Mitten auf der Wanderung trifft man auf ein Meer aus Steinmännchen.

14

AUFSTIEG ZUM MARTINSTURM

Anschließend nehmen wir Kurs auf den großen Martinsturm. Hierzu verlassen wir den Hauptweg und biegen auf einen schmalen Pfad nach rechts ab, der uns im Zickzack und mächtig steil hinaufbringt. Oben erwarten uns wieder eine Bank zum Verschnaufen sowie ein weiterer Aussichtsfelsen, bevor wir nach rechts die restlichen Meter zum **Martinsturm** laufen. Dieser Sandsteinturm auf dem **Treutelskopf** ist 14 Meter hoch und wird von einem markanten achteckigen Kupferdach geziert. Über eine Freitreppe und eine im Inneren verlaufende steile Wendeltreppe ist die Aussichtsplattform erreichbar, von der man einen 360°-Blick über den Wasgau und die Rheinebene bis hin zum Odenwald, zu den Vogesen und über den Pfälzerwald genießt.

ENTSPANNTE ZWEITE WEGHÄLFTE

Nach dem Abstieg vom Turm umrunden wir ihn gegen den Uhrzeigersinn und biegen bei der Bank und dem Aussichtsfelsen rechts ab. Jetzt geht es fast nur noch bergab! Zuverlässig leitet uns dabei die Wegmarkierung des **Quellenwegs** zunächst über einen breiten, bequemen Weg durch den Wald. Dann folgen wir nach links einem schmalen Pfad Richtung **Marthaquelle** (ausgeschildert). Das beschauliche Plätzchen mitten im Wald mit der plätschernden Quelle hat etwas ungemein Entschleunigendes. Picknickbänke sind vorhanden, um den Ort länger auf sich wirken lassen zu können. Die Quelle ist der ältesten Tochter Martha des königlichen Direktors des heutigen Pfalzklinikums in Klingenmünster gewidmet.

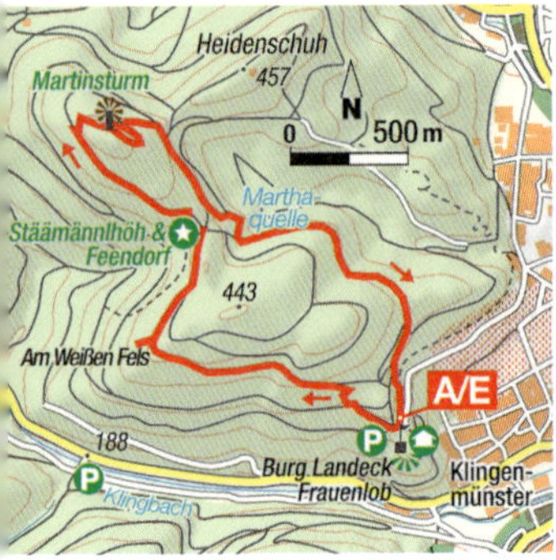

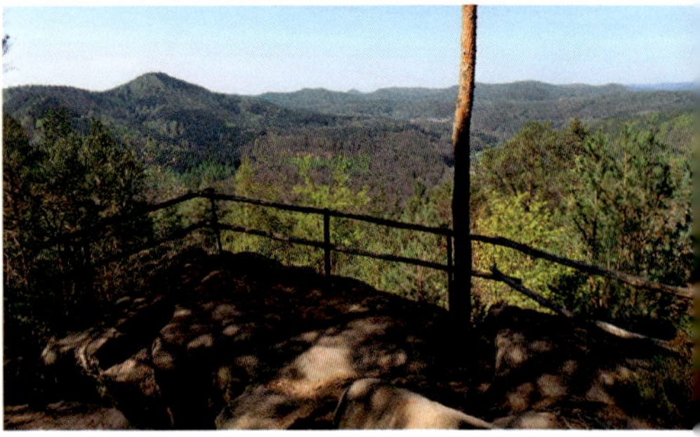

Blick vom Weißen Felsen über das Wasgau

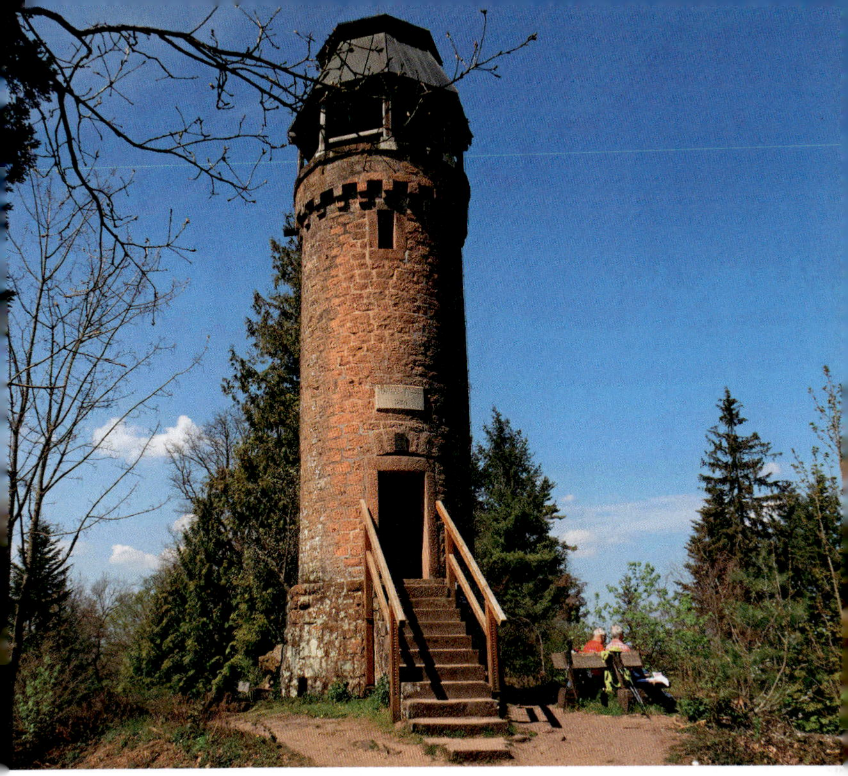

Der aus Sandstein erbaute Martinsturm ist ein Kulturdenkmal.

Glücklicherweise ist der Rückweg gut ausgeschildert, denn die vielen schmalen Pfade, denen wir nun bergab folgen, stoßen an so manche Abzweigung. Über ein paar letzte Meter auf einem breiten Forstweg erreichen wir schließlich wieder die **Burg Landeck** und bewundern entweder vom Aussichtsturm oder von den Zinnen den beeindruckenden Blick – uns liegt die Rheinebene regelrecht zu Füßen. Im ersten Stock der Burg befindet sich im Übrigen eine kleine Ausstellung.

SPEISEN WIE DIE ALTEN RITTERSLEUT' kann man nach der Wanderung in der Burgschänke von Landeck. Bei schönem Wetter sitzt man im herrlichen Burghof mit Ausblick, bei nicht so gutem Wetter lädt der Gastraum der rustikalen Schänke zum Entspannen und beispielsweise dem Genuss eines Flammkuchens mit Wein ein.

AUF EINEN BLICK

Info

STADT/REGION: Landau/Südliche Weinstraße
BESTE REISEZEIT: Ganzjährig
OPTIMALE REISEDAUER: 2–3 Tage
TOURISTINFO: Südliche Weinstraße – Büro für Tourismus Landau in der Pfalz e. V., Marktstr. 50, 76829 Landau in der Pfalz, Tel. 6341/13 83 11, touristinfo@landau.de, landau-tourismus.de

SEHENSWÜRDIGKEITEN

ZOO LANDAU IN DER PFALZ: Hindenburgstr. 12, 76829 Landau in der Pfalz, Tel. 6341/13 70 10, zoo@landau.de, zoo-landau.de
BURG LANDECK: Weinstraße, 76889 Klingenmünster, Tel. 6349/87 44, landeck-burg.de

ÜBERNACHTUNG

PARKHOTEL LANDAU IN DER SÜDPFALZ: Mahlastr. 1, 76829 Landau in der Pfalz, Tel. 6341/14 50, info@parkhotel-landau.de, parkhotel-landau.de €€€
GÄSTEHAUS KLEINE KALMIT: Prinz-Eugen-Str. 14, 76829 Landau in der Pfalz, gaestehaus.kleinekalmit@t-online.de, kleine-kalmit.de €€
GÄSTEHAUS KIEFER: Steinstr. 59a, 76889 Klingenmünster, Tel. 6349/36 12, rolf.kiefer@web.de, gaestehauskiefer.de €€
WOHNMOBILSTELLPLATZ WEINGUT LORENTZ: Lindenbergstr. 76, 76829 Landau in der Pfalz, Tel. 6341/632 24, weingut.lorentz@t-online.de, weingut-lorentz.de €

KLEINE KALMIT

DAUER: 1.30 Std.
HÖHENMETER: 100 Hm
LÄNGE: 4,8 km
SCHWIERIGKEIT: Leicht
AUSGANGS-/ENDPUNKT: Parkplatz in der Arzheimer Straße, Ilbesheim

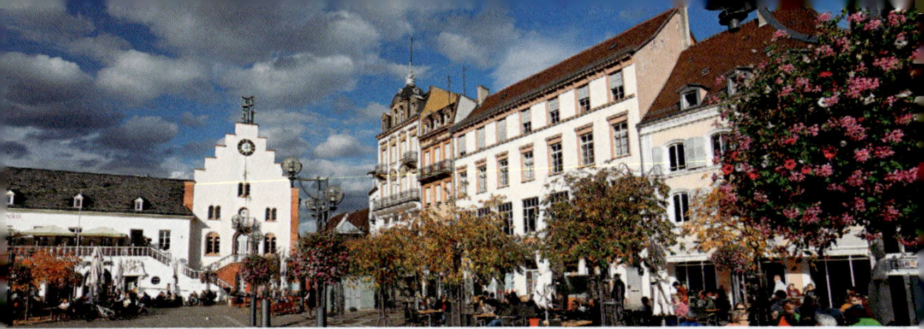

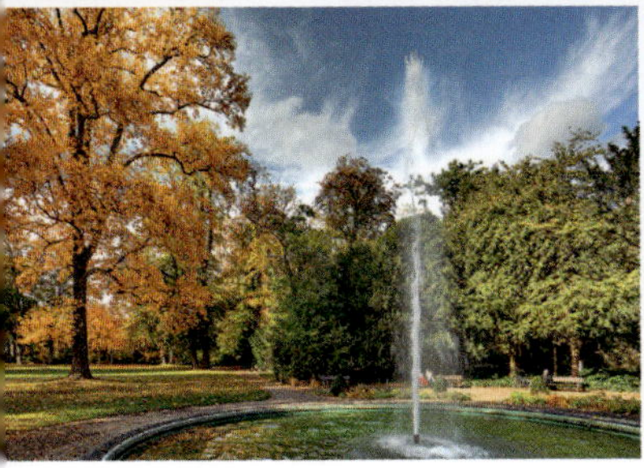

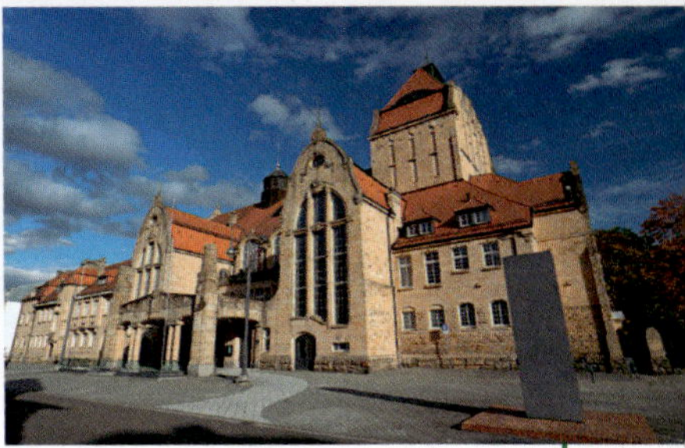

▲ Einladende, gepflegte Altstadt von Landau ◀ Im herbstlichen Goethepark, mitten in der Stadt ▶ Bedeutender Jugendstilbau: die Festhalle

TOURENCHARAKTER: Einfache und aussichtsreiche Wanderung auf bequemen Wegen und schmalen Pfaden
BESTE JAHRESZEIT: April bis Oktober
EINKEHR UNTERWEGS: Winzerhöfe in Ilbesheim

QUELLENWEG KLINGENMÜNSTER

DAUER: 2 Std.
HÖHENMETER: 203 Hm
LÄNGE: 5,7 km
SCHWIERIGKEIT: Mittel
AUSGANGS-/ENDPUNKT: Parkplatz bei der Burg Landeck
TOURENCHARAKTER: Mittelschwere Wanderung mit steilen Anstiegen vor allem auf der ersten Weghälfte und zum Martinsturm
BESTE JAHRESZEIT: Ganzjährig. Achtung: Im Herbst kann herabgefallenes Laub Unebenheiten, Wurzeln, Steine oder Löcher auf dem und im Weg verdecken!
EINKEHR UNTERWEGS: Am Ausgangs-/Endpunkt die Burgschänke der Burg Landeck

ORTS- UND SACHREGISTER

3-Burgen-Tour 30, 35
4-Burgen-Tour 105, 108, 111, 131

Abteikirche Otterberg 76
Altleiningen, Burg 57f., 64
Altrip 40
Altschlossfelsen 103f., 110f.
Annweiler 146ff., 154

Bad Bergzabern 134ff., 140, 144f.
Bad Dürkheim 44ff., 52, 61, 64
Baumwipfelpfad 101
Biosphären-Erlebnisweg 102
Biosphärenhaus Pfälzerwald-Nordvogesen 110
Bismarckturm 60, 63
Blaue Adria 38, 42f.
Bruchweiler-Bärenbach 122, 128f., 131f.
Burg Battenberg 59, 64
Burg Berwartstein 124, 132
Burg Breitenstein 31
Burg Drachenfels 123
Burg Fleckenstein 106f., 109
Burg Grafendahn 118
Burg Landeck 160, 163f.
Burg Spangenberg 30, 32ff.
Burg Trifels 147f., 151, 153f.
Burg Wilenstein 84
Burgenmassiv Altdahn 113, 118, 120f.
Burgruine Lindelbrunn 141f.
Burgruine Neudahn 120

Café des 4 Châteaux 106, 111
Cramerhaus Lindelbrunn 141, 145

Dahn 112ff., 118ff.
Dahner Felsenland 113, 117, 120, 125
Dahner Felsenpfad 113f., 117, 121
Dahner Hütte 115, 121
Deidesheim 14ff., 22
Deutsche Weinstraße 9, 14f., 18, 25, 55, 153, 157, 159
Dörrenbach 137, 139, 145
Dörrenbacher Märchenweg 137f.
Dürkheimer Riesenfass 45, 52
Dynamikum Science Center Pirmasens 89, 98

Eichelsbacher Mühle 99
Eisweiher-Park 90, 98
Elmsteiner Tal 25, 30f., 33
Erfenstein, Ruine 30, 33
Eselsweg 19f., 23

FCK Museum 79, 86
Fischbach bei Dahn 100f., 110
Forsthaus Breitenstein 35
Forsthaus zur Isenach 51ff.
Friedrichsfelsen 153

Ganerbenweg 60, 65
Geiersteine 152, 155
Geopfad Bundenthal 129
Gersbachtalweiher 97
Gimmeldinger Mandelblütenfest 25
Gleisweiler 149, 151, 154
Gradierbau 45

Hambacher Schloss 25f., 29, 34f.
Hardenburg 52
Heidenlöcher 16 f., 22
Hexenklamm 91ff., 98
Hinkelsteinweg 66, 68ff., 73ff.
Historische Walddusche 151
Historisches Museum der Pfalz 42
Hohe-Loog-Haus 27, 35
Hohenbourg 107f.
Hôtel-Restaurant Gimbelhof 111
Hütte Am Schmalstein 126, 133

Igelborner Hütte 71ff., 76
Ilbesheim 157ff.
Isenachweiher 49ff., 53

Jüngstberg 131, 133

Kaiserslautern 78ff., 86f.
Kalmitwingert 157ff.
Karlstalschlucht 83ff., 87
Kirche St. Nikolaus 56, 59

Klausenkapelle 19
Kleine Kalmit 157f., 164
Klingenmünster 157, 160, 162
Klosterruine Limburg 46, 48, 52
Klosterschänke KONRAD2 46, 53
Königsbach 19, 21
Kuckucksbähnel 32f.
Kunstverein Dahn 113, 120
Kurpark Bad Bergzabern 136f., 140

Landau 156f., 164
Leininger Burgenweg 55, 57, 64
Lindemannsruhe 63
Lindenklause 48, 53
Lug 152f.

Martinsturm 157, 162, 165
Mater-Dolorosa-Kapelle 158
Mehlinger Heide 68ff.
Michaelskapelle 16, 22
Moosalb 84f.
Museum für Weinkultur 15, 22

Napoleonfelsen 125f.
Napoleonsteig 123, 125, 132
Naturfreundehaus Niedersimten 95, 97ff.
Naturpark Biosphärenreservat Pfälzerwald 9
Neuleiningen 54ff., 59, 64
Neustadt an der Weinstraße 24ff., 30, 33f.

Otterberg 66ff., 73ff.

Parfuem Museum 71, 76
Pfälzer Spezialitäten 11, 127, 150
Pfalzgalerie 79, 86
Pirmasens 88f., 91, 98

Quellenweg 160ff., 165

Ruine Loewenstein 107

Schloss Bad Bergzabern 135
Schweinsfels 142f.
Seehotel Gelterswoog 82, 86f.
Silzer See 141, 143, 145
Speyer (Dom) 36f., 42, 67
St.-Anna-Hütte 150, 155
Stäffelsberg(turm) 137f., 145
Stausee Gelterswoog 80, 87
Stockwaldhütte 91, 99
Südliche Weinstraße 9f., 153, 157, 159
Südpfalz Therme 136, 144

Technik Museum Speyer 37, 42
Teufelspfad 95, 99
Theodor-Zink-Museum 79, 86
Thomas' Waldweinstube 18, 23
Trifelsblickhütte 151, 155
Trifelsland 147, 151
Trippstadt 83

UNESCO-Biosphärenreservat Pfälzerwald-Nordvogesen 9, 113
Ungeheuersee 62f.

Wachenheim 18
Wachtenburg 17
Waldgaststätte Pfalzblick 21, 23
Waldhaus Drei Buchen 96, 99
Waldschenke/Deidesheimer Hütte 23
Walkmühltal 80f., 87
Wegelnburg 108f., 131
Wein 6, 9ff., 15, 17, 45, 59, 156, 163
Weisenheimer Hütte 63, 65
Weißes Häuß'l 40, 43
Weißes Rössel 43
Westwallmuseum Bad Bergzabern 135, 144
Westwallmuseum Pirmasens 89f., 98
Wildpark Betzenberg 79, 86
Winnweiler 68, 72
Wolfental 49, 53

Zoo Kaiserslautern 79, 86
Zoo Landau in der Pfalz 157, 164

IMPRESSUM

Verantwortlich: Stefanie Krüger
Redaktion und Lektorat: Anette Späth
Layout: Silke Schüler
Umschlaggestaltung: Silke Schüler
Repro: P.R.O. MEDIEN PRODUKTION
Kartografie: Bruckmann Verlag GmbH, Heidi Schmalfuß
Herstellung: Alexander Knoll

Printed in Slovenia by Florjancic

Unser komplettes Programm finden Sie unter

www.bruckmann.de

★★★★★

Sind Sie mit diesem Titel zufrieden? Dann würden wir uns über Ihre Weiterempfehlung freuen. Erzählen Sie es im Freundeskreis, berichten Sie Ihrem Buchhändler, oder bewerten Sie bei Onlinekauf. Und wenn Sie Kritik, Korrekturen, Aktualisierungen haben, freuen wir uns über Ihre Nachricht an Bruckmann Verlag, Postfach 40 02 09, D-80702 München oder per E-Mail an lektorat@verlagshaus.de.

In diesem Buch wird aus Gründen der besseren Lesbarkeit das generische Maskulinum verwendet. Weibliche und anderweitige Geschlechteridentitäten werden dabei ausdrücklich mitgemeint, soweit es für die Aussage erforderlich ist.

Empfehlung der Redaktion
Sie sind auf der Suche nach weiterführender Literatur? Dann empfehlen wir Ihnen die Titel »Wander dich glücklich – Pfalz« und »Wochenend und Wohnmobil – Pfalz« von Marion Landwehr. Oder Sie werfen einen Blick in die Zeitschrift BERGSTEIGER. Hier werden Sie bestimmt fündig.

Bildnachweis: Alle Bilder im Innenteil und auf dem Umschlag stammen von der Autorin;
Illustrationen: Shutterstock/Tiwat K: passim

Umschlagvorderseite: Burg Landeck bei Klingenmünster (Kapitel 14)
Umschlagrückseite: Der Drachenfels auf dem Bärensteig (Kapitel 11)

Die Deutsche Nationalbibliothek verzeichnet diese Publikation in der Deutschen Nationalbibliografie; detaillierte bibliografische Daten sind im Internet über http://dnb.d-nb.de abrufbar.

Infanteriestraße 11a
80797 München

ISBN: 978-3-7343-2413-0